CODE PÉNAL D'ITALIE

(30 JUIN 1889),

TRADUIT, ANNOTÉ

ET PRÉCÉDÉ D'UNE INTRODUCTION

PAR

JULES LACOINTA.

PARIS.

IMPRIMERIE NATIONALE.

M DCCC XC.

COLLECTION DES PRINCIPAUX CODES ÉTRANGERS.

CODE PÉNAL D'ITALIE

(30 JUIN 1889).

Ce volume est publié par le Comité de législation étrangère avec le concours de la Société de législation comparée. Il a été imprimé aux frais de l'État, sur l'ordre de M. le Garde des sceaux.

M. Albert Desjardins, membre de l'Institut, membre du Conseil de direction de la Société de législation comparée, a suivi l'impression en qualité de commissaire responsable.

CODE PÉNAL D'ITALIE

(30 JUIN 1889),

TRADUIT, ANNOTÉ

ET PRÉCÉDÉ D'UNE INTRODUCTION

PAR

JULES LACOINTA.

PARIS.

IMPRIMERIE NATIONALE.

———

M DCCC XC.

TABLE DES MATIÈRES.

CODE PÉNAL D'ITALIE DU 30 JUIN 1889.

LIVRE PREMIER.

DES INFRACTIONS ET DES PEINES EN GÉNÉRAL.

TITRE Iᵉʳ. — DE L'APPLICATION DE LA LOI PÉNALE.

TITRE II. — DES PEINES.

A

Titre V. — De la tentative.

Titre VI. — Du concours de plusieurs personnes à une même infraction.

Titre VII. — Du concours des infractions et des peines.

Titre VIII. — De la récidive.

LIVRE SECOND.

DES DIFFÉRENTES ESPÈCES DE DÉLITS.

TITRE Ier. — DES DÉLITS CONTRE LA SÛRETÉ DE L'ÉTAT.

Pages.

LIVRE TROISIÈME.

DES DIFFÉRENTES ESPÈCES DE CONTRAVENTIONS.

TITRE Iᵉʳ. — DES CONTRAVENTIONS CONCERNANT L'ORDRE PUBLIC.

TITRE II. — DES CONTRAVENTIONS CONCERNANT LA SÉCURITÉ PUBLIQUE.

INTRODUCTION.

Dès les premières délibérations de la Chambre des députés, à Florence, un vote s'élevait contre la coexistence de plusieurs législations pénales en Italie et réclamait la rédaction d'un Code unique. De graves objections, la diversité des mœurs, les degrés inégaux de civilisation, le souvenir de compétitions violentes, des difficultés de tout genre, en suscitant de redoutables obstacles contre l'œuvre d'unification, ont fait longtemps douter de la réalisation de ce vœu, qui a rencontré dans la péninsule, en même temps que d'ardents défenseurs, de notables adversaires : un criminaliste illustre, Fr. Carrara, le chef de l'école classique italienne, ne s'est lui-même que tardivement rallié à ce dessein.

En exposant, en 1868, dans un discours de rentrée judiciaire, et en 1871, dans un mémoire, les efforts accomplis pour la confection d'un seul Code, nous nous demandions quel serait le sort de cette grande élaboration : « L'avenir nous apprendra, disions-nous, si toutes les objections pourront être écartées, si les juges de mandement en Piémont, les préteurs de Parme et de Toscane, les prudents de Modène, les juges d'arrondissement napolitains, les magistrats vénètes et lombards, ministres déjà d'une seule loi civile, seront aussi chargés d'appliquer la même législation pénale. » Cette entreprise si longtemps incertaine est aujourd'hui arrivée au terme; le Code pénal unique est promulgué. Habitué à ne jamais introduire dans les appréciations juridiques rien de ce qui pourrait nuire à leur caractère et à leur portée, nous n'insisterons ni sur les difficultés vaincues, ni sur l'ensemble de la situation, la science n'exigeant, du reste, le sacrifice d'aucune conviction, mais réclamant une impartialité sans défaillance. Pénétré de ce devoir, nous ne pouvons nous empêcher de rappeler les mémorables paroles de Rosmini : « Je suis le premier à demander pour l'Italie ce que Thibaut demanda pour l'Allemagne, un Code commun et plus encore une procédure commune. Ce serait un des moyens les plus puissants et les plus pacifiques, un moyen moral pour rassembler et rallier les membres épars de ce beau pays. »

I

Avant la guerre que suivit le traité de Villafranca, le Code du 26 octobre 1839, dit *Code Albertin*, régissait le Piémont et la Sardaigne; — le Code autrichien du 1er septembre 1852, le Lombardo-Vénitien (cette loi survécut même assez longtemps, en Vénétie, à l'annexion au nouveau royaume); — le Code édicté le 1er janvier 1821, les duchés de Parme et de Plaisance; — le Code du 1er mai 1856, le duché de Modène; — le Code du 29 juin 1853, revisé par la loi du 8 avril 1856, la Toscane; — le Code du 1er septembre 1819, les Deux-Siciles; — le Règlement grégorien du 10 novembre 1832, les États de l'Église. Les événements qui se sont succédé depuis le traité de Villafranca, sans priver la Toscane de sa législation, amenèrent la promulgation de deux Codes nouveaux, dont l'autorité s'est

étendue, la Toscane exceptée, sur toute la péninsule :
— au nord et au centre, le Code subalpin, du 20 novembre
1859, — au midi, le même Code, mais amendé et devenu
la législation sardo-napolitaine, en vertu d'un décret émané
de la lieutenance générale du royaume, le 17 février 1861;
tels sont les trois Codes qui ont, au point de vue pénal,
régi les diverses contrées de l'Italie jusqu'au 31 décembre
1889.

Des dispositions uniformes ont pu être successivement
préparées en ce qui concerne la législation civile (25 juin
1865), — la procédure pénale (26 novembre 1865), —
l'armée (28 novembre 1869), — le droit commercial (31 octobre 1882), — la marine marchande (24 octobre 1877, —
20 novembre 1879).

L'œuvre était particulièrement ardue concernant le droit
pénal.

Nous dépasserions de beaucoup les limites de cette étude,
si nous cherchions à exposer toutes les péripéties de cette
tâche et les modifications survenues dans les projets successifs, soit de l'initiative ministérielle, soit en conséquence
des délibérations des Commissions et des votes du Parlement. Nous ne saurions toutefois ne pas en résumer les vicissitudes.

Par l'organe du Ministre Miglietti, le Gouvernement
proposa, le 9 janvier 1862, d'étendre à toutes les provinces
le Code subalpin de 1859. Dans une circulaire, du 12 février 1863, le Garde des sceaux Pisanelli provoquait les
avis de la magistrature; pendant ce temps, une commission
élabora le premier livre d'un nouveau Code, texte revu par
ce Ministre et par de Falco, son successeur, puis transmis,

le 10 septembre 1864, aux Corps judiciaires pour obtenir leurs observations.

La préparation entreprise paraissant devoir être longue et l'unification étant jugée très nécessaire, la Chambre des députés décida, le 16 mars 1865, sur l'initiative de Mancini, que le Code subalpin serait étendu à tout le royaume, avec abolition de la peine de mort, en conviant le Gouvernement à poursuivre la préparation d'un nouveau Code. Mais le Sénat s'étant montré hostile à l'abolition de la peine capitale, le vote de la Chambre des députés demeura sans suite.

Le Gouvernement continua son œuvre, en instituant deux commissions, chargées, l'une de l'étude du système pénitentiaire à organiser, l'autre de la préparation du nouveau Code. D'importants projets furent, en 1868, le résultat de cette élaboration; la magistrature fut de nouveau invitée à présenter ses observations sur les textes qu'on lui communiqua. C'est elle surtout qui résistait à l'abolition de la peine de mort : la Cour de cassation de Florence, les Cours d'appel de cette ville, de Lucques, de Milan, de Brescia et d'Aquila se montraient, il est vrai, favorables à cette abolition; mais les Cours de cassation de Turin, de Naples et de Palerme, la juridiction de troisième instance en Vénétie, les Cours d'appel de Turin, Casale, Gênes, Venise, Parme, Bologne, Ancône, Naples, Palerme, Trani, Catanzaro et Cagliari, ainsi que le Conseil d'État, y étaient contraires.

Par décision du 3 septembre 1869, le Ministre Pironti chargeait une nouvelle commission de préparer un projet définitif à présenter au Parlement; du 12 octobre de cette année au 15 avril 1870, elle accomplit sa mission; au mois de décembre suivant, elle remettait au Gouvernement, avec le rapport d'Ambrosoli, trois projets de Code pénal, de police répressive et de règlement pénitentiaire.

Le Garde des sceaux de Falco arrêta, le 30 juin 1873, la rédaction d'un nouveau texte, que son successeur Vigliani présenta au Sénat, le 24 février 1874, projet qui réunissait dans un seul Code les dispositions relatives à toutes les infractions. Le 15 juillet suivant, une commission de cette assemblée exprimait son sentiment, sous la forme d'un contre-projet, au rapport du sénateur Borsani. La discussion, commencée le 25 février 1875, occupa trente-neuf séances, jusqu'au 27 avril de cette année. Le projet, définitivement approuvé par le Sénat, le 25 mai suivant, fut présenté, le 28 mai du même mois, à la Chambre des députés, et, derechef, le 9 mars 1876, pendant que l'on provoquait les avis des Facultés de droit, des Conseils de l'Ordre des avocats, des Académies de médecine, des criminalistes et des hommes versés dans les études médico-légales.

Une commission ministérielle rédigea le projet du premier livre et, le 25 novembre 1876, le Ministre Mancini l'apportait à la Chambre des députés, avec un remarquable exposé. Sur le rapport de Pessina, la Chambre l'approuvait, le 7 décembre 1877.

La commission ministérielle prépara le second livre; les compagnies judiciaires et les corps savants formulèrent leurs observations, qui, l'année suivante, furent publiées par les ordres du Ministre Villa.

Son successeur, le Garde des sceaux Zanardelli, en possession de tous ces documents, rédigea un projet qu'après de légères modifications, le Ministre Savelli déposa, le 16 novembre 1883, sur le bureau de la Chambre. Au sein de la commission nommée par cette assemblée, le Garde des sceaux Pessina formula quelques amendements, en 1885; et dans la séance du 8 juin de cette même année, la commission, par l'organe du député Tajani, présenta son rapport.

Redevenu Ministre de la justice, M. Zanardelli saisit la Chambre, le 22 novembre 1887, d'un projet complet, divisé en trois livres et accompagné d'un savant exposé. Après d'importants débats, la Chambre des députés, le 9 juin 1888, puis le Sénat, le 17 novembre suivant, ont autorisé le Gouvernement à promulguer le nouveau Code, en introduisant dans le texte les modifications réclamées par les votes du Parlement. Il suffit d'indiquer les noms des rapporteurs, Villa, à la Chambre des députés, Pessina, Canonico, Costa, Puccioni, au Sénat, pour montrer la haute compétence des appréciations exprimées. La sanction royale consacra, le 22 novembre 1888, les délibérations du Parlement.

Par décret du 13 décembre suivant, une commission a été constituée pour préparer le travail d'amendement et de coordination, confié au Gouvernement; cette tâche remplie, le Garde des sceaux a revu l'œuvre accomplie, œuvre considérable, dont M. Zanardelli a rendu compte au Roi, dans un rapport du plus haut intérêt, et le Code a été publié par un décret royal, du 30 juin 1889, qui a prescrit sa mise en vigueur à dater du 1er janvier 1890. — Un second décret, du 1er décembre suivant, a mis les nouvelles dispositions en harmonie avec celles du *Code de procédure pénale* et les autres lois du royaume, en même temps qu'ont été promulguées les dispositions transitoires. — Comme inévitable conséquence de l'unification, une loi du 6 décembre 1888 a attribué à la seule Cour de cassation de Rome la connaissance des pourvois dans toutes les affaires pénales du royaume.

Peu de codifications ont rencontré autant de difficultés, exigé autant d'efforts et de patience, obtenu un aussi précieux concours de science et de talent.

II

L'élaboration législative que l'Italie vient de terminer s'est accomplie dans la constante préoccupation, d'une part, des nouveaux Codes promulgués en Europe, de l'autre, des lois que nous venons de rappeler et qui avaient régi les différentes parties de la péninsule.

Les vicissitudes des législations criminelles, considérées dans leur ensemble, font apparaître la philosophie de l'histoire. Les règles de la procédure sont celles qui peut-être permettent le mieux de discerner le degré de civilisation; à ce point de vue, si désirables que soient certaines réformes, les États européens nous paraissent, la France notamment, mieux partagés que sous le rapport des dispositions répressives.

Le droit pénal date d'un siècle à peine, non qu'à toutes les époques de la vie des peuples, à côté de prescriptions législatives, barbares ou absolument inexactes, n'aient été formulées par des intelligences supérieures d'admirables conceptions, mais parce que ces idées, exprimées dans des œuvres immortelles, n'avaient pas pénétré l'organisation sociale.

A la fin du dernier siècle, les doléances étaient devenues si graves qu'il suffit de l'opuscule de cent pages d'un écrivain peu versé dans les études juridiques, mais d'une singulière force de pensée et d'expression, pour renverser le vieil édifice pénal. Les lois *Léopoldines* de 1786, le Code français de 1791 furent, sous le souffle de Beccaria, le point de départ de la rénovation.

Pendant la première moitié du xixe siècle, le Code promulgué à Paris, en 1810, et le Code bavarois de 1813, œuvre de Feuerbach, ont été les types sur lesquels se sont modelées le plus grand nombre des législations pénales de l'Europe. L'Espagne, en 1848, la Prusse, en 1851, l'Autriche, en 1852, l'île de Malte, en 1850 et 1854, avaient déjà réalisé, par leurs nouveaux Codes, un effort plus marqué vers l'amélioration, lorsque la Suède substitua (16 février 1864) de nouvelles dispositions aux prescriptions surannées de la partie pénale de son Code général de 1734, et quand, deux ans plus tard, devancé en cela, dès 1842, par la Norvège, le Danemark (10 février 1866) refondit le sixième livre du Code général qu'il avait reçu, en 1687, de Christian V.

Mais c'est la Belgique, imitée, le 15 octobre 1879, par le grand-duché de Luxembourg, qui a vraiment inauguré le travail profond de rénovation des lois pénales. Sans rompre la trame du Code de 1810, elle l'a notablement amélioré par sa législation du 8 juin 1867.

La Confédération du nord de l'Allemagne s'était donné, en 1870, un Code, étendu, l'année suivante, au nouvel empire, et qu'a modifié, dans le sens de la sévérité, la loi du 26 février 1876.

La Hollande a promulgué, le 3 mars 1881, le Code précis, original et savant, promis depuis 1814 et laborieusement préparé.

La Hongrie a été récemment dotée (28 mai 1878 et 14 juin 1879) de deux Codes, l'un afférent aux *crimes* et aux *délits,* l'autre aux *contraventions,* rédigés sur le modèle des dispositions allemandes, et qui paraissent devoir subir bientôt quelques remaniements.

Le Portugal possède, depuis le 16 septembre 1886, le Code que faisait dès longtemps espérer l'éloquent rapport émané, en 1859, de l'avocat général Lévy-Maria Jordâo, le commentateur renommé du Code de 1852.

L'Espagne, après avoir successivement réformé, en 1850 et 1870, sa législation de 1848, a élaboré, depuis 1880, trois projets successifs, le dernier présenté aux Cortès en 1885, et qui réalisera d'importantes améliorations.

La Russie, dont le Code de 1845 a été l'objet, il y a cinq ans, dans une quatrième édition, de notables remaniements, prépare de nouvelles lois, dont le projet (partie générale), publié en 1882, fait prévoir des réformes considérables.

L'Autriche poursuit depuis 1878, à travers bien des dissidences, l'achèvement d'un nouveau Code pénal, destiné à prendre la place du Code de 1852.

Malgré la traditionnelle application des documents législatifs et des règles les plus compliqués, l'Angleterre se prépare lentement à réaliser le vœu de lord Brougham par une codification, dont le projet, confié, en 1874, à sir James Stephen, qui a déjà doté d'un Code pénal les Indes Britanniques, a été présenté, en 1878, à la Chambre des communes, et attend, après des modifications, survenues en 1880, les discussions parlementaires.

En France, une commission ministérielle étudie, depuis deux ans, la revision du Code de 1810.

Divers cantons suisses, la Croatie, les nouveaux États danubiens, le Monténégro, et, au delà des mers, différents États américains, l'Égypte, le Japon ont, soit promulgué, dans ces dernières années, des Codes, entre lesquels plusieurs méritent de fixer l'attention, soit, comme les cantons de Vaud et de Neufchâtel, publié d'intéressants projets.

Les rédacteurs du Code italien ont exercé leurs investigations sur ce vaste champ de rénovation législative; nous aurons le soin, sur chaque point important, d'indiquer, dans nos annotations, la dissidence ou la conformité des dispositions, par rapport, non à toutes les lois du monde, — nous dépasserions par trop le cadre de ce livre, — mais avec les Codes de l'Europe; dans ces limites, la tâche ne demeure pas moins très étendue.

En préparant le nouveau Code pénal de la péninsule, il était nécessaire d'interroger d'une manière spéciale les lois qui en avaient régi les diverses contrées, surtout les trois principales législations, celles du Piémont, des Deux-Siciles et de la Toscane.

Le Code sarde de 1839 était peu en rapport avec les données de la science et contenait des dispositions d'une sévérité considérée comme excessive; refondu en 1859, pour devenir le Code subalpin, il n'encourait plus d'aussi graves critiques.

Le Code des Deux-Siciles, non moins pénétré que la loi sarde des principes du Code français, les présentait avec de notables changements, qui en modifiaient l'économie et, sauf malheureusement en ce qui concernait les modes d'exécution de la peine de mort, avec d'incontestables améliorations; n'était-ce pas l'œuvre de Nicolini, criminaliste érudit et éclairé entre tous?

Le Code toscan était la loi sage par excellence qui résumait, au milieu de ce siècle, les derniers progrès de la science contemporaine. Les rédacteurs du nouveau Code ont tenu grand compte des dispositions de ces différentes lois.

En nous acquittant de la mission de le traduire et de l'apprécier, en satisfaisant le désir du Comité, aux premiers travaux duquel nous avons participé, nous avons eu constamment présent à la pensée le souvenir de trois hommes qui ont des titres particuliers à la mémoire de notre cœur : Victor Molinier, le maître savant, dont les leçons nous ont, dès notre première jeunesse, fortement attiré vers le droit criminel, et qui avait présenté, à plusieurs reprises, d'excellentes observations sur divers projets antérieurs à la rédaction de M. Zanardelli; — François Carrara, qui, par une correspondance assidue, nous a, depuis l'origine, tenu informé des vicissitudes de cette élaboration, correspondance remontant, du reste, à plus de trente ans, et que nous conservons précieusement, comme un témoignage de la bonté avec laquelle l'illustre successeur de Carmignani seconda les recherches juridiques, les études d'un jeune magistrat; — Jules Dufaure, notre ancien et vénéré chef, qui, exauçant nos vœux, a renoué, avec le concours de M. Ribot, les traditions interrompues du *Bureau de droit comparé*, de l'an ix, et créé le *Comité de législation étrangère*, au souhait duquel répond notre étude.

Une œuvre de codification pénale exige des qualités maîtresses : une profonde connaissance de l'histoire et des théories juridiques, de l'ensemble des législations, non seulement quant au droit proprement dit, mais encore sur le régime pénitentiaire, base de toute loi pénale, — le souci constant d'approprier les dispositions aux mœurs et aux traditions du pays, — la pleine lumière que la science pure ne peut seule procurer et qui découle, pour une large part, des enseignements pratiques, — la ferme résolution de ne se laisser entraîner à aucune périlleuse innovation, de n'adopter aucune solution hasardée, de soumettre à des règles sûres les infractions généralement admises plutôt que d'en créer de nouvelles, — la claire conception du plan à réaliser, de la méthode à suivre, — un style net et sobre, — par-dessus tout l'impartiale sérénité, la sagesse qui constituent le mérite suprême du législateur.

Ce n'est pas seulement à ces divers points de vue que la loi nouvelle serait à considérer; nous aurions aussi à faire ressortir les idées dominantes et parfois contradictoires du grand mouvement qui se produit dans les travaux récents de codification, à mettre en présence les systèmes souvent inexacts ou trop absolus qui se disputent la direction de ce mouvement, à signaler le péril résultant de visées dont le but serait d'élever, de toutes pièces, un édifice sur de nouveaux fondements, à discerner les principes qu'anime, à nos yeux, le véritable esprit du droit pénal, à caractériser, par rapport à la philosophie et à la science, la législation qui vient d'entrer en vigueur.

A défaut des développements qui ne pourraient convenir qu'à un ample commentaire, nous n'omettrons point, dans les différentes parties de notre étude, de présenter les observations utiles dans cet ordre d'idées.

III

Le Code italien se prononce tout d'abord sur la division des infractions et opte (art. 1er) pour la classification *bipartite* en *délits* et *contraventions*, classification la plus rationnelle et scientifique, écartant ainsi la distinction *tripartite*, si attaquée, adoptée encore, à l'exemple de la loi française, par le plus grand nombre des législations, et qui, tout en reposant sur de moins fermes bases, offre des avantages pratiques qui la font préférer par beaucoup.

De cette classification résulte l'entière économie du Code, partagé en trois livres, consacrés, le premier, aux *infractions et aux peines, en général*, — le second, aux *diverses espèces de délits*, — le troisième, aux *diverses espèces de contraventions*.

L'article 2 résume exactement les règles admises par rapport à la *non-rétroactivité* des lois pénales et les exceptions que comporte ce principe.

Puis sont édictées (art. 3 à 8), de la manière la plus large et la plus heureuse, les dispositions relatives aux infractions commises, soit par les Italiens au delà des frontières du royaume, soit par les étrangers, dans la péninsule ou au dehors, dispositions qui, touchant au fond même du droit, appartiennent bien plutôt au code répressif qu'aux règles de procédure. La loi pénale est, suivant les cas, *territoriale* ou *personnelle;* ce second caractère, si discuté, est de plus en plus reconnu par les législations et peut-être même triomphera de la résistance absolue que l'*exterritorialité* des prescriptions pénales rencontre dans les lois anglo-saxonnes. Ce sujet fondamental a été, dans ces derniers temps, traité avec un rare mérite par d'éminents jurisconsultes, notamment par M. Thonissen, dans un rapport à la Chambre des représentants de Belgique sur le *titre préliminaire du Code de procédure pénale*, et par Nypels dans son commentaire. Les dispositions que nous apprécions et qui ont triomphé de persistantes objections, au sein de la commission de revision, constituent un immense progrès, quand on constate que la loi française du 27 juin 1866, par laquelle a été amélioré le *Code d'instruction criminelle* de 1808, ne réprime aucun des méfaits que les étrangers, venus en France, ont pu commettre, au dehors, soit sur des Français, soit sur des personnes appartenant à d'autres nations. Les nouvelles prescriptions italiennes, conformes en cela aux règles de l'ancienne législation française, abaissent les barrières devant l'action du ministère public, et consacrent, avec de sages tempéraments, le principe d'universalité de l'exercice du droit de punir, la solidarité des institutions répressives. Ainsi se prépare lentement l'entente future des États quant à l'application des lois criminelles.

Le jour où le coupable ne pourra se promettre nulle part l'impunité, n'obtiendra-t-on pas comme la réalisation de la parole que l'Écriture sainte met dans la bouche de Caïn, s'adressant à Dieu, après son crime (*Genèse*, iv, 13 et 14) : *Ecce ejicis me hodiè à facie terræ, et à facie tuâ abscondar, et ero vagus et profugus in terrâ; omnis igitur qui invenerit me, occidet me?*

Comme plusieurs États d'Europe et d'Amérique, affranchis du régime arbitraire qui pèse encore sur de nombreux pays, notamment sur la France, l'Italie (art. 9), sans soustraire *l'extradition*, qui est un acte de souveraineté, à la décision du pouvoir exécutif, pose le principe d'une réglementation judiciaire et organise des garanties d'autant plus indispensables que, depuis quinze ans surtout, les conventions internationales développent et complètent progressivement l'application de cette mesure, si étroitement rattachée à l'œuvre de la justice criminelle. L'extradition, pouvant même être offerte, méritera d'autant plus d'être appelée « la négation du droit d'asile », négation soumise à des réserves qui, sans pouvoir jamais disparaître complètement, s'atténueront peu à peu.

IV

Puis vient la solution des redoutables problèmes afférents aux *peines* et à leur hiérarchie.

La peine, destinée à la défense du droit, sauvegarde la protection de la société, et sanctionne les préceptes de la morale dans la mesure que nécessite la conservation de l'ordre; elle n'a pour but ni de venger soit la victime, soit la société, ni de procurer à l'offensé la réparation du dommage qu'il a subi; au regard du corps social, elle ne vise qu'au rétablissement de l'ordre, troublé par la violation d'une règle de justice; au regard du coupable, elle tend, par l'expiation, à l'amendement, — par l'amendement, à son reclassement dans le milieu auquel il appartient; aussi a-t-on pu dire que la *peine est le droit du coupable pour qu'il puisse être ramené au bien.*

N'édicter que des châtiments légitimes et ne les infliger

c

que dans les limites strictement nécessaires, telle est la mission du législateur.

L'ancienne et irrationnelle distinction entre les peines *infamantes* et *non infamantes*, inscrite dans le Code de 1810, est exclue de presque toutes les législations; aussi le Code italien ne la reproduit-il pas. On lisait déjà à l'article 1er du Code des Deux-Siciles : « Aucune peine n'est infamante, et l'infamie, résultant de la nature ou des circonstances de certains méfaits, n'atteint nul autre que le seul coupable. »

La *confiscation générale des biens* du condamné est aussi proscrite, suivant l'exemple donné, dès la fin du dernier siècle, par les lois *Léopoldines*, si conformes à l'idée de justice.

Les *travaux forcés*, qui humilient le condamné, sans exercer sur lui une action moralisatrice, sont supprimés comme contraires à l'esprit qui anime le nouveau système répressif.

La *transportation* n'est pas organisée; ce mode de répression, si discuté, n'est défectueux que par le fait même des États, qui en ont jusqu'à ce jour compromis l'exécution ou négligé le contrôle.

Le *bannissement*, peine inégale et antisociale, legs des temps où le droit criminel était plongé dans de profondes ténèbres, est exclu des prescriptions nouvelles.

Les *châtiments corporels*, dont l'Angleterre a atténué les rigueurs et que la Russie elle-même (17 avril 1863) a proscrits, avaient été, dès longtemps déjà, repoussés par les lois des États italiens.

La lecture de l'article 11 révèle l'issue du formidable conflit qui a tenu, pendant plus de vingt années, en suspens et mis en péril l'unification de la loi pénale. La suprême expiation n'y est pas mentionnée. Les fils de ceux qui bénéficièrent, au dernier siècle, des réformes *Léopoldines*, sont demeurés fidèles à des mœurs paisibles qui leur rendent odieuse la peine capitale, définitivement bannie, après bien des vicissitudes, de la législation toscane. Le 13 octobre 1865, M. Carrara nous écrivait : « Le Code pénal sarde est très en arrière du Code toscan, au point de vue des progrès de la science. Il a à sa suite le bourreau, qui désormais n'est plus possible en Toscane. Voilà l'écueil auquel se sont jusqu'à ce jour brisés les efforts du ministère, dans toutes ses tentatives d'unification pénale. Quant à nous, nous jouissons maintenant, en Toscane, d'une bonne sûreté et d'une bonne justice, sous notre ancien Code et sans l'aide de M. le bourreau... » Mais il n'en est pas de la Romagne, des Calabres, comme de la Toscane. Aussi fallut-il alors céder à l'absolue nécessité de maintenir la peine de mort; lorsque le Gouvernement crut pouvoir en demander l'abolition, la magistrature, qui a pris une si large part à l'élaboration du nouveau Code, se montra, dans les délibérations du plus grand nombre des compagnies judiciaires, opposée à ce projet, et le Sénat s'associa longtemps à cette résistance.

La loi nouvelle exauce les vœux des adversaires de la peine de mort. L'Italie est, entre les grands États, le premier qui en ait décidé l'abolition. Immense question tellement examinée et débattue que nous n'essayerons pas de la discuter ici.

Cette peine ne devrait plus être nécessaire; tel est le souhait profond des criminalistes, des magistrats, des penseurs; néanmoins, aucune peine ne peut, à nos yeux, tenir lieu de la suprême expiation; toutes les combinaisons présentées dans ce but, ou bien sont cruelles par les longs tourments qu'elles impliquent et qui exigeraient des agents plus durs que les bourreaux, ou bien, par suite des adoucissements progressifs, des mesures gracieuses successivement provoquées, et dont aucune disposition législative ne peut limiter la sphère d'action, empêchent la répression d'être en rapport avec l'énormité des attentats. Restreindre le plus possible les cas d'application de la peine de mort, c'est le vœu de tous; mais la conserver avec la certitude de sa légitimité, c'est, si douloureuse qu'elle soit, une nécessité qui s'imposait, ce semble, aux législateurs italiens. Beccaria, guidé par la rectitude d'esprit qui l'a rarement abandonné, ne concède-t-il pas lui-même que cette peine est nécessaire, « quand elle constitue le véritable et unique moyen de détourner les hommes de grands méfaits »? Au point de vue des principes, comment s'expliquer que l'acte de livrer un assassin au bourreau soit inique, alors que l'on continue à faire rendre, par des troupes assemblées, hommage à la discipline, devant le cadavre d'un soldat condamné par un tribunal militaire et tombé sous les balles d'un peloton de braves?

Puisse l'Italie ne pas être contrainte de rétablir, sous le poids des événements, la peine capitale, et n'être pas amenée, comme pour attacher à ce rétablissement un caractère exceptionnel, à en confier l'application à des juridictions extraordinaires ou même à des commissions, qui ont trop souvent laissé, dans les annales de l'histoire, de douloureux souvenirs!

V

Deux échelles de pénalités sont établies (art. 11), l'une afférente aux *délits*, l'autre aux *contraventions*.

On peut aisément relever divers délits réprimés plus sévèrement que par les lois antérieures ou par celles d'autres États. L'abolition de la peine de mort n'a pas moins produit l'inévitable résultat d'amoindrir sensiblement la répression dans son ensemble. L'*ergastolo* (art. 12), peine perpétuelle, qui sera subie, six ans d'abord dans l'isolement cellulaire, puis en commun, est le châtiment substitué à la peine capitale. Les atténuations successives apportées dans les projets à la première conception de l'*ergastolo* sont l'une des preuves de l'excessive difficulté, sinon de l'impossibilité de constituer, à défaut du châtiment suprême, un mode d'expiation en rapport avec l'énormité des grands attentats. Cet abaissement de la pénalité influe sur le système répressif tout entier, et si l'on va plus avant dans cette voie, que devient l'une des principales tâches du législateur, la proportion à établir entre les différentes catégories de méfaits et les degrés correspondants de répression? Le Portugal n'en a-t-il pas tout récemment donné l'exemple? Après avoir, en 1867, substitué à l'expiation capitale une peine embrassant la vie du condamné, on a, dans le dernier Code, aboli toutes les peines perpétuelles; c'est, à notre sens, introduire l'inégalité dans l'œuvre pénale.

L'*ergastolo* est donc placé, dans le Code italien, au sommet de l'échelle afférente aux délits; ce châtiment est rangé, sous la dénomination de *peines restrictives de la liberté personnelle*, avec la *réclusion*, la *détention*, le *confinement* et l'*arrêt*, exclusivement relatif aux contraventions. Le Code *hollandais* édicte moins de catégories; le projet *espagnol*, beaucoup plus, quoiqu'il restreigne le nombre de distinctions inhérentes aux traditions législatives de la péninsule ibérique.

Au-dessous de l'*ergastolo*, sont par conséquent organisées, quant aux délits, deux sortes de peines d'incarcération, deux peines parallèles, la *réclusion* (art. 13), destinée à réprimer les méfaits les plus déshonorants, et la *détention* (art. 15), analogue à la *Hechtenis* de Hollande, — *custodia honesta*, qui atteint les délits d'une moindre gravité morale et les infractions spéciales; pour les bien distinguer, les établissements et les régimes pénitentiaires sont différents.

En réalité, la *réclusion*, — de trois jours à vingt-quatre ans, comme la *détention*, — est, sous les réserves qui précèdent, la vraie peine, la peine normale des méfaits de droit commun. Des règlements détermineront tous les détails d'application; dès maintenant, les prescriptions du Code indiquent à quel sage parti le législateur s'est arrêté. Cette peine est subie, durant une première période qui ne peut excéder trois ans, dans l'isolement cellulaire continu, avec obligation au travail, — après la première période, en commun durant le jour et avec séparation la nuit; si la durée de la peine ne dépasse pas six mois, elle est entièrement subie en cellule et peut l'être dans une *prison judiciaire*. L'Italie a confirmé ainsi l'adhésion qu'elle avait déjà donnée au régime de l'*emprisonnement individuel*, qui devrait être partout, de droit, le régime assuré aux inculpés. La peine devant être *réformatrice*, en même temps qu'*inflictive* et *exemplaire*, rien n'est plus contraire à l'amendement que la promiscuité dans les prisons, plus favorable aux progrès de la récidive, dont le mouvement ascensionnel met en péril l'avenir même des sociétés. L'*emprisonnement individuel* est, avec le *patronage*, l'un des plus efficaces remèdes admis aujourd'hui par l'immense majorité des appréciateurs compétents; les objections ont été victorieusement réfutées; les aliénistes s'accordent à reconnaître l'innocuité de ce régime sur l'état mental des détenus. Ce n'est ni la *séquestration*, ni le *secret;* c'est l'exclusion absolue de la mauvaise compagnie, pendant que le plus large accès doit être ouvert aux bonnes influences. De patientes observations, l'action exercée par les congrès et les résultats obtenus ont fait admettre ce régime par de nombreux États. L'Angleterre et la France ne l'appliquent pas pour une durée excédant neuf mois; l'Allemagne, l'Autriche et le Danemark fixent, comme l'Italie, à trois ans le maximum de cette durée, qui peut atteindre quatre ans en Norvège, cinq ans en Hollande, huit ans en Portugal, dix ans en Belgique, sans que l'expérience acquise y justifie un projet récent de modification, et en Hongrie. Dans les pays mêmes où les prisons étaient restées dans les conditions les plus défectueuses, à Saint-Pétersbourg, à Madrid, à Lisbonne, ont été édifiés de remarquables établissements pénitentiaires. Mais malheureusement, dans tous les États, les améliorations ne sont que partielles; l'exécution des meilleures lois est limitée et incomplète. On est avare de subsides pour réaliser une réforme, jugée cependant indispensable, et qui procurerait, du reste, en abaissant le chiffre des récidives, de tels avantages pécuniaires que les allocations les plus amples ne seraient pas des sacrifices; on retrouverait surtout, au centuple, par l'amendement des condamnés et la salutaire influence du *patronage*, tout ce que l'on aurait consenti à faire pour favoriser ces efforts. *L'adoucissement des lois pénales* a été le premier fruit de la lutte entreprise pour introduire les principes d'humanité dans la législation; *l'amélioration de la procédure criminelle* y concourt puissamment; le succès définitif de la *réforme pénitentiaire*, encore, hélas! bien entravée par les divergences dans l'organisation du système pénal, par de funestes atermoiements, et bien éloignée de sa pleine réalisation, sera le vrai triomphe des idées de justice, qui, jusqu'à ce résultat suprême, n'auront procuré à la société humaine qu'un avantage insuffisant et imparfait.

Les excellents effets du système gradué, inauguré en Irlande, sur l'initiative de Walter Crofton, font souvent combiner le régime cellulaire avec d'autres mesures, destinées à préparer, d'une manière progressive, le reclassement des condamnés. L'Italie, s'inspirant de cette pensée, a appliqué à la *réclusion* les règles du *système irlandais;* la durée de cette peine, lorsqu'elle est supérieure à six mois, est divisée en trois périodes, les deux premières obligatoires (art. 13), la troisième facultative (art. 14); — la première subie en cellule et conforme au système de Philadelphie (*separate confinement* des Anglais), — la deuxième, d'après le système d'Auburn, dans le silence, quoiqu'en commun le jour, avec séparation durant la nuit (*penal servitude*), — la troisième, lorsque la peine a une durée de trois ans au moins et que le condamné, en faisant preuve d'une bonne conduite, est parvenu à la moitié de cette durée, sous la réserve d'un minimun de temps d'incarcération, dans un établissement pénitentiaire, agricole ou industriel (*intermediate prison*), ou même, tout en demeurant surveillé par l'administration, dans des travaux publics ou privés.

Si les condamnés à la *détention* ne sont pas soumis au même régime (art. 15), notamment en ce qui concerne les établissements intermédiaires, leur condition morale étant présumée différente de celle des condamnés à la *réclusion*, aux uns et aux autres est assuré, dans les cas précisés par la loi (art. 16 et 17), le bienfait de la *libération conditionnelle*, institution salutaire, empruntée aussi au système irlandais (*ticket of leave*), que l'on voit de plus en plus adopté par les législations, et qui est excellemment réglementée, tant dans le nouveau Code que dans le décret du 1er décembre 1889.

Le *confinement*, peine restrictive, par sa nature, de la liberté personnelle (art. 18), n'a été admis qu'après de vives discussions; il est des délits que ce châtiment peut réprimer d'une manière efficace, en contraignant le coupable à demeurer, un temps déterminé, dans une commune distante de soixante kilomètres au moins du lieu du délit, du domicile de la victime et de la résidence du condamné.

Le nouveau Code distingue deux sortes d'amendes, la *multa* (art. 19), afférente aux délits, — l'*ammenda*, appliquée aux contraventions. La conversion de l'*amende* non acquittée en une peine privative de la liberté et la possibilité d'en acquitter le montant en prestation de services sont des dispositions équitables et conformes aussi bien au sentiment de la doctrine qu'aux tendances des législations. Les peines pécuniaires occupent une grande place dans la loi.

L'*interdiction*, soit *perpétuelle*, soit *temporaire des fonctions publiques* (art. 20), châtiment dont le Code fait aussi une très fréquente application, est la sixième et dernière peine afférente aux délits.

Les trois peines édictées relativement aux contraventions (art. 21-25) sont *l'arrêt*, *l'ammenda* et la *suspension de l'exercice d'une profession ou d'un métier*. En prescrivant que *l'arrêt* sera subi dans un établissement distinct, en excluant toute confusion, non seulement entre les amendes applicables aux deux catégories d'infractions, mais aussi entre les peines d'incarcération concernant l'une et l'autre, en permettant au juge des contraventions d'autoriser les femmes et les mineurs, non récidivistes, à subir la peine de l'arrêt dans leurs habitations, lorsqu'elle ne dépasse pas un mois, le législateur italien a été guidé par le véritable esprit du droit criminel, sans nuire à la répression.

Il n'a pas été moins bien inspiré en maintenant (art. 26 et 27) une peine pratiquée dès longtemps dans les pays les plus divers, et admise, notamment en Italie, par plusieurs législations antérieures. Donner à la justice, relativement à des infractions peu graves, la faculté de substituer un solennel avertissement à la peine encourue, quand il y a dans la cause des circonstances atténuantes et si le passé du prévenu le permet, c'est l'exciter au relèvement; dans ces limites, la mansuétude peut être plus efficace que la rigueur. Cet avertissement, qui est vraiment une peine, la *réprimande judiciaire*, a été maintes fois l'objet de critiques dirigées, non contre cette mesure répressive, mais contre une institution extrajudiciaire, purement préventive, concernant les vagabonds, les personnes soupçonnées de méfaits, les gens indignes qui reçoivent une *admonition*, en vertu de dispositions étrangères au Code pénal. Le condamné, auquel est

adressée la *réprimande judiciaire*, est astreint à promettre ou
à faire promettre par des *fidéjusseurs* idoines le payement
d'une somme déterminée, au cas où, dans un délai que fixe
la sentence, il commettrait une nouvelle infraction; cet engagement, placé fréquemment sous la garantie à la fois
morale et pécuniaire de personnes honnêtes, est un nouveau
stimulant vers le bien, un moyen de préservation contre la
récidive. — Le Code *espagnol*, qui admet la *réprimande*,
énonce même une distinction digne d'intérêt entre la *réprimande publique*, — portes ouvertes, — *reprension publica*,
et la *réprimande privée*, — portes fermées, — *reprension
privada*..

Les esprits se partagent, au sujet d'infractions peu graves,
dont l'auteur est digne d'indulgence, entre la *réprimande
judiciaire* et, soit l'inexécution possible de la peine au cas de
bonne conduite ultérieure, comme l'a décidé la loi *belge*
de 1888 et suivant le vote plus ample que vient d'émettre le
Sénat français, sur la proposition de M. Bérenger, soit l'ajournement de la décision, la *sentence suspensive*, avec cessation
de sursis et condamnation, si le coupable commet, dans un
délai déterminé, une nouvelle infraction. Le législateur italien nous paraît avoir édicté avec raison la *réprimande*, également pratiquée en Angleterre, plutôt que cette dernière mesure, introduite aussi dans la législation britannique par
un *Act* du 8 août 1887. Il a été possible d'insérer la disposition concernant la réprimande, sans troubler en rien l'harmonie de l'ensemble des prescriptions répressives, tandis
qu'en admettant la condamnation ou la sentence suspensive,
on fait surgir des questions juridiques d'une délicate solution : on entraîne le juge hors de son domaine; on lui

confère une sorte de droit de grâce; ce serait périlleux pour l'œuvre judiciaire, qui souffre beaucoup de l'abus de ce droit, lorsqu'il est exercé par un pouvoir sans discernement, et qui souffrirait bien davantage d'erreurs commises, dans cet ordre d'idées, par les tribunaux.

La *surveillance spéciale de l'Autorité de sûreté publique* (art. 28), sans échapper complètement aux si vives critiques qui ont fait disparaître une peine similaire de la législation de plusieurs États, ne présente pas les mêmes inconvénients, les cas d'application étant plus restreints, la durée ne pouvant excéder trois ans, et le juge ayant la faculté d'atténuer les prescriptions imposées au condamné.

Telles sont, à tous les points de vue, les pénalités principales ou accessoires édictées par le nouveau Code. Sous la grave réserve des observations relatives à l'abolition de la peine capitale et de l'influence exercée par une telle mesure sur le niveau de la répression, à ses divers degrés, les dispositions sont, en général, bien conçues, et seront favorables au succès de la réforme pénitentiaire, lorsque les prescriptions légales pourront recevoir leur entière exécution.

VI

La détermination du pouvoir laissé au juge pour l'application de la peine donne lieu à bien des systèmes, reçoit, dans les législations et dans la doctrine, les solutions les plus diverses. Comme le dit Papinien, *pœna est æstimatio delicti*. A qui doit-il appartenir de fixer cette estimation? Au juge, pour une large part : l'infinie variété que l'exercice de la liberté humaine introduit dans les faits, dans les actes, repousse les réglementations inflexibles, exclusives de toute latitude accordée aux magistrats. On ne saurait cependant, sans excès, sans faire régner l'arbitraire, sans restaurer un système barbare, attribuer au juge un pouvoir sans limites. C'est entre les deux idées contraires, entre les deux solutions extrêmes qu'est la vérité : si la criminalité *subjective* ne peut être complètement déterminée *à priori*, pour chaque affaire, par le législateur, il est néanmoins des limites qui peuvent être précisées d'une manière générale, sans nuire à la légitime appréciation que comporte chaque cas; latitude et mesure ne sont pas d'ailleurs deux termes inconciliables, les motifs d'amoindrissement de l'imputabilité ne se confondant pas avec les circonstances atténuantes proprement dites, dont cet amoindrissement, objet de dispositions spéciales, est absolument distinct.

Le Code français de 1810, réagissant contre les dispositions législatives de 1791, qui, sous l'impression des abus de l'ancienne jurisprudence, avaient en quelque sorte refusé au juge toute latitude, a inauguré les règles, que la réforme de 1832 a accentuées encore plus, pour permettre aux tribunaux de se mouvoir, quant à la détermination de la peine, avec une autorité, non sans bornes, mais très ample. Dans bien des cas, il faut le reconnaître, l'excessive abdication de la loi a facilité les erreurs, les abus; par suite de l'inexpérience ou de la faiblesse du juge, la répression a pu être maintes fois énervée. Du Code *français*, la théorie des circonstances atténuantes est passée dans beaucoup de législations. La Russie elle-même, qui avait, jusqu'en 1864, résisté à cette théorie, l'a admise dans son Code d'organisation judiciaire (art. 774), de manière à conférer aux juges, à l'égard des trop nombreuses peines que maintiennent la loi actuelle et le projet de revision, un pouvoir au moins égal, sinon supérieur à celui des tribunaux de France. Quelques Codes ont cherché à contenir ce pouvoir par la fixation de multiples *degrés;* il y a peu d'années, l'état de préparation du projet *italien* attestait une formelle adhésion à ce système; mais le nouveau Code a été, en dernier lieu, rédigé sous une impulsion différente; on a écarté les degrés, en permettant au juge une appréciation, qui se meut dans chaque cas, entre un minimum et un maximum (art. 29). Une telle indication spéciale aux divers méfaits, — il est très rare qu'on ne la rencontre pas, — a compliqué la rédaction de la loi; car on constate, à côté de la pénalité propre à chaque infraction, une détermination des limites répressives, une mesure distincte. Aussi, quoique moins contenus qu'ils ne l'eussent été par la fixation de degrés, les tribunaux italiens ont incontestablement désormais une latitude plus restreinte que ceux de France.

Le dernier Code *hollandais,* que tendent à imiter les projets de Neufchâtel et de Vaud, consacrant la méthode la plus différente, et simplifiant singulièrement en cela sa rédaction, n'a pas craint de rendre au juge le pouvoir arbitraire qui a suscité tant de critiques; un *maximum* est assigné à la répression concernant chaque infraction; mais il n'y a pas de *minimum* spécial; c'est, relativement à tous les méfaits, aux plus grands attentats, comme à la moindre infraction, le *minimum* général des articles 10, 18 et 23 de ce Code : un jour d'emprisonnement ou de détention et un demi-florin, soit 1 fr. 05 d'amende. Ce n'est pas au législateur hollandais que l'on pourrait appliquer cette appréciation de Montaigne :

« . . . L'opinion de celuy-là ne me plaist guères, qui pensait, par la multitude des lois, brider l'auctorité des juges, en leur taillant leurs morceaux. » La loi cependant ne peut abdiquer à ce point, sans compromettre, quel que puisse être le mérite des magistrats, l'œuvre judiciaire elle-même. Mieux vaut l'appréhension de l'impunité que la possibilité d'une peine dérisoire. Si loué que soit le Code *hollandais*, on ne peut, à cet égard, le défendre en invoquant l'état de la science; car elle est loin d'être fixée dans le sens d'une telle solution. Que devient le reproche de trop grande latitude, adressé au Code *français?* La nouvelle loi *italienne* a été inspirée par le souhait d'équilibrer, autant qu'un tel dessein est réalisable, le pouvoir dont le législateur ne doit pas se départir avec celui que le juge doit être autorisé à exercer.

Le Code précise ensuite les conséquences des condamnations pénales (art. 31-35), et résout d'importantes questions, notamment quant à la légitimité de la privation du *droit de tester*, admise par la loi nouvelle envers le condamné à l'*ergastolo*, sans les tempéraments de la législation française. Le testament antérieur à cette condamnation est même déclaré nul; n'est-il point périlleux de porter atteinte à une faculté qui touche au fondement même du droit de propriété?

On a souvent contesté et l'on débat fréquemment devant les tribunaux la possibilité d'accorder un dédommagement pécuniaire à raison d'une souffrance morale. Le législateur italien (art. 38) l'admet, par rapport aux délits qui offensent l'honneur de la personne ou de la famille, alors même qu'aucun préjudice tangible n'a été causé; cette précaution est absolument distincte des restitutions et du remboursement des dommages; pensée très élevée, dont la consécration par le nouveau Code élargit singulièrement la sphère d'action de la partie civile.

Obéissant à une pensée non moins juste, la loi nouvelle (art. 39) se sépare notamment de la législation *française* pour interdire l'application de la *solidarité* au payement des amendes; prononcer, relativement aux peines pécuniaires, cette mesure, n'est-ce pas, ainsi que le fait remarquer Ortolan, « comme si l'on rendait les condamnés solidaires quant à la réclusion ou à l'emprisonnement, de telle sorte que, quelques-uns s'étant soustraits à l'exécution de ces peines, celui qui resterait fût obligé de les subir pour tous »? Cette protestation ne peut qu'être de plus en plus écoutée dans le mouvement de rénovation législative. Avec non moins de justice, les poursuites sont interdites, après la mort du condamné, contre ses héritiers, à raison des peines pécuniaires dont il ne s'était pas encore libéré (art. 85).

La *détention préventive* n'est prescrite que pour faciliter l'accomplissement de l'œuvre judiciaire; aussi est-il juste d'en tenir compte par rapport à la condamnation, d'en déduire la durée du temps assigné à la peine. Les uns se prononcent pour une imputation facultative; les autres, moins nombreux, la veulent obligatoire; plusieurs admettent que cette imputation doit s'appliquer à toute détention préventive; quelques criminalistes insistent pour distinguer entre la détention nécessaire et celle qui ne l'était point. Le nouveau Code italien s'est fermement déclaré pour l'imputation obligatoire et sans distinction (art. 40); c'est encore la consécration d'une idée juste, qui se propage de plus en plus; après avoir jailli des lois *Léopoldines*, c'est bien à Rome qu'elle méritait d'être affirmée dans toute son ampleur, à Rome, où l'exprimait, au commencement de notre ère, le jurisconsulte Modestin.

Le Code italien ne s'est pas prononcé, comme plusieurs des lois antérieurement en vigueur dans la péninsule, sur une question connexe à la précédente, *l'indemnité aux inculpés cquittés;* on en est venu cependant à être d'accord sur le principe; quoique cet acte de justice offre des difficultés d'exécution, il faudra bien le réaliser, le faire accepter par les lois.

Nous nous souvenons d'avoir, il y a vingt-cinq ans, fait remettre à un homme arrêté par erreur et traduit devant une juridiction du nord de la France, un arrêté du Garde des sceaux lui accordant, après élargissement, une indemnité à recevoir d'une caisse de l'État. M. Bonneville de Marsangy a donné une formule analogue à celle des lois *Léopoldines :* réparation morale par la publicité de la sentence; indemnité pécuniaire prélevée sur le produit des amendes en faveur de l'inculpé acquitté comme *entièrement innocent* et déclaré tel, d'office, par le juge.

VII

Après avoir (art. 44) formulé le principe que « personne ne peut invoquer pour excuse l'ignorance de la loi », et distingué, par la nécessité de l'élément intentionnel (art. 45), les *délits* des *contraventions,* le Code aborde l'un des sujets fondamentaux du droit pénal, l'exclusion ou l'amoindrissement de la responsabilité.

« N'est pas punissable celui qui, au moment où il a commis le fait, se trouvait dans un état d'infirmité mentale, de nature à lui enlever la conscience ou la liberté de ses propres

actes » (art. 46). L'histoire de la législation et de la jurisprudence britanniques suffirait à mettre en relief la difficulté
du problème, sur lequel statue ce texte et dont la solution
dernière appartient, dans chaque affaire, aux tribunaux.
Les médecins sont très utiles pour apprécier l'état mental;
mais, par suite d'une pratique vicieuse, on est arrivé à leur
confier exclusivement cet examen, tandis que le concours
donné en même temps à l'expertise par un homme de bon
sens, étranger aux études médicales, et le contrôle actif de
la magistrature assureraient à cet examen, en pondérant
les préoccupations et les tendances, tous les éléments pos-
sibles d'exactitude. De cette coutume il est résulté que les
sciences médicales se sont emparées de ce sujet d'étude,
sans laisser place aux investigations étrangères à leur domaine, et ces sciences, fondées sur les résultats que pro-
curent les recherches du scalpel, ont cru pouvoir exclure,
nier même ou reléguer au dernier plan l'invisible anatomie
du cœur humain. L'école d'*anthropologie criminelle* est issue,
en Italie, de cette déviation; sur des généralisations hasar-
dées et que ne justifient point des constatations partielles
et incomplètes, sur des thèses qui ne sont souvent que de
simples conjectures, plusieurs des propagateurs de cette
école ont fait reposer des conclusions, qui n'aboutiraient à
rien moins qu'à saper les fondements de la justice criminelle, en substituant aux règles du droit pénal, en vue
d'une extrême rigueur que la prétendue inconscience de la
plupart des inculpés rendrait inadmissible, une impitoyable
loi d'élimination.

Peine et *libre arbitre* sont deux termes indissolublement
unis; sans libre arbitre, la peine serait, à la fois un non-

sens et une iniquité. Nul autre fondement ne peut être substitué au libre arbitre; la justice ne peut sévir que contre
des hommes disposant de leur volonté; admettre que cette
liberté leur fait défaut, c'est, qu'on le veuille ou non, nier
par cela même la légitimité de l'œuvre judiciaire, la peine
ne pouvant être infligée qu'à un être responsable. Dès lors,
s'il était vrai que, parmi les auteurs des méfaits, se rencontrent principalement des victimes de l'instinct, de l'impulsion
maladive, de la passion, de la *force irrésistible,* les respon-
sables deviendraient l'exception, et l'on arriverait à jeter la
justice criminelle dans un trouble tel, que des condamnations
seraient rarement prononcées en pleine sécurité. Le mouvement né en Italie, et qui heureusement y rencontre beaucoup de modérateurs ou d'adversaires, n'a pu entamer la
loi; en écartant la thèse de la *force irrésistible* et tout ce que
l'école positiviste y rattache, le législateur italien s'est lui-
même élevé contre ce mouvement, d'où pourrait surgir, à
l'heure actuelle, l'un des plus redoutables périls qui puissent menacer la société; il a fermement maintenu contre de
telles attaques le principe supérieur qui, défiant également
le scalpel et les théories, repose sur la certitude morale que
la conscience donne à l'homme de sa responsabilité. Que
cette responsabilité n'existe pas dans quelques cas, que des
facteurs physiques ou *sociaux* puissent quelquefois, et dans
une mesure infiniment variable, agir sur la volonté, nul ne
le dénie, et le devoir du magistrat est de ne rien négliger
dans le contrôle qui lui incombe; mais que, par un renversement de toutes les règles, *le plus grand nombre* des
inculpés soient des malades, c'est la conjecture, l'erreur,
contre laquelle on ne saurait trop lutter.

D.

Les formules légales de l'irresponsabilité, à raison de l'état mental, varient avec les législations, qui se réfèrent, les unes, comme le Code d'*Allemagne*, duquel s'est inspirée la rédaction de l'article 46, à la *conscience*, — les autres, par exemple, le Code *danois*, au *défaut de libre arbitre*, — plusieurs, tels que le Code *autrichien*, à la *privation de l'usage de la raison*, — quelques lois à des notions analogues, mais d'une moindre précision. La supériorité de la formule nous semble appartenir au Code *français*, et il nous paraît que, cette fois du moins, le législateur italien aurait dû la choisir.

Une disposition, qui relève bien moins de la science pénale que d'une nécessité sociale, démontrée par la plus douloureuse expérience, charge les magistrats criminels eux-mêmes de remettre, en vue des mesures nécessaires, l'inculpé, acquitté par application de l'article 46, à l'Autorité de sûreté publique, qui le fait provisoirement conduire dans un asile spécial, *manicomio*, l'ordre, d'ailleurs révocable, d'internement ne pouvant émaner que du président du tribunal civil. Telle est la solution donnée à l'une des questions qui ont le plus occupé, dans ces dernières années, l'attention des hommes compétents, les sociétés savantes, les congrès et l'opinion publique.

Si la thèse de la *force irrésistible* eût été admise, les inculpés, non plus au gré seulement de leurs prétentions, mais avec une sorte d'appui légal, l'auraient invoquée dans presque tous les crimes où il n'y a ni gain ni satisfaction sensuelle pour le coupable, notamment dans le plus grand nombre d'attentats à la vie. Ce péril a été conjuré; mais n'est-il pas à craindre qu'en consacrant des dispositions spéciales à la *semi-responsabilité* (art. 47), le nouveau Code ne donne lieu à des abus, moindres certainement, mais qui pourront être fréquents? Nous croyons à l'exactitude de cette notion, à la possibilité de circonstances qui, sans supprimer l'imputabilité, l'amoindrissent. Mais un autre texte (art. 59) permettant au juge, dans tous les cas, d'admettre des circonstances atténuantes et par suite d'abaisser la peine, cette latitude pouvait suffire, sans exiger, à l'égard de l'état mental de l'inculpé, une affirmation dont la base est, d'ordinaire, difficilement précisée, tant il est ardu de distinguer le trouble mental proprement dit de l'ardeur de la passion. Après avoir prescrit le séjour des *aliénés criminels*, des *irresponsables* dans le *manicomio*, le législateur autorise le juge à ordonner que le *semi-responsable* subira sa peine dans un autre établissement spécial, dans une maison de garde, *casa di custodia;* cet établissement étant réservé aussi aux enfants et aux malades, une telle destination n'a-t-elle rien d'incompatible avec le caractère d'une sentence pénale?

Sans omettre d'exclure de toute atténuation l'*ivresse* recherchée en vue de faciliter l'exécution d'un méfait, le nouveau Code (art. 48) applique à celui qui se trouvait, au moment de l'acte, en état d'*ivresse accidentelle*, les dispositions, précitées, concernant l'*irresponsabilité* et la *semi-responsabilité;* l'*ivresse volontaire* motive une atténuation, moindre toutefois quand elle est, chez l'auteur du méfait, *habituelle.* Solution conforme à la doctrine, notamment de l'école italienne, mais qui suscite, en différents pays et chez plusieurs criminalistes, des objections ou des réserves. L'article 471 du dernier projet entendait réprimer d'une peine spéciale le fait d'*ivresse*, lorsque cet état aurait motivé une déclaration d'irresponsabilité; ce texte n'a pas été inséré dans la rédaction définitive.

La loi affranchit de toute peine l'infraction accomplie, soit pour obéir à une prescription légale ou à un ordre obligatoire de l'autorité, soit sous l'empire de la nécessité de repousser, par soi-même ou avec l'aide d'autrui, une violence actuelle et injuste, soit pour se sauver soi-même ou sauver un tiers, dans les conditions qui sont précisées, d'un péril grave et imminent (art. 49). Si l'agent dépasse les bornes des prescriptions de la loi, de l'autorité ou de ce qu'exigeait la nécessité, il encourt une répression atténuée (art. 50). La peine est aussi amoindrie, lorsque l'infraction a été commise « sous une impulsion de colère ou d'intense douleur, déterminée par une injuste provocation » (art. 51). En statuant par ces dispositions sur d'importants problèmes juridiques, le nouveau Code a reconnu, ce semble, en termes trop absolus, l'irresponsabilité découlant de l'ordre de l'autorité; mais il a le mérite d'écarter implicitement le fanatisme, la passion des causes de justification, de refuser formellement à la colère et à la juste douleur, qui serait l'une des manifestations de la force irrésistible interne, une portée exclusive de toute imputabilité; la colère et la juste douleur n'entraîneront qu'une diminution de peine. Nous regrettons toutefois que ces deux genres d'impulsion aient été, en quelque sorte, placés au même rang; une distinction s'imposait; la juste douleur ne doit-elle pas inspirer au législateur une plus grande mansuétude? Le nouveau Code n'a-t-il pas été trop indulgent envers la colère, peut-être trop rigoureux envers la juste douleur, notamment en n'accordant pas l'excuse légale à l'époux devenu homicide, à la vue de son conjoint en flagrant délit d'adultère?

Se préoccupant de la question spéciale au méfait qui atteint, non la personne contre laquelle l'agent entendait le commettre, mais une victime accidentelle, le législateur italien édicte une disposition sagement conçue et qu'il est rare de voir formuler (art. 52).

L'âge exerce aussi son influence sur l'imputabilité. Au milieu de l'extrême variété des prescriptions concernant, soit le mineur, soit le sourd-muet, le nouveau Code ne se borne pas à la seule détermination de l'époque de la majorité, mais admet des périodes successives, avec lesquelles croît progressivement le degré présumé d'imputabilité. Au-dessous de neuf ans, le mineur ne peut être l'objet que de mesures de préservation, exclusives de toute poursuite pénale; après quatorze ans, la question de discernement ne se pose plus; mais la peine est diminuée, de quatorze à dix-huit ans, âge après lequel elle n'est que très faiblement amoindrie, pour devenir entière à vingt et un ans. Le sourd-muet n'est majeur qu'à vingt-quatre ans; il peut même, après cet âge, y avoir lieu d'examiner la question de discernement (art. 53-58). Le rapprochement des législations atteste, quant à la fixation de la majorité, des divergences sans relation aucune avec les climats : on est majeur, par exemple, à quinze ans en Suède, alors qu'on ne l'est qu'à dix-huit ans, en Espagne.

Le législateur italien consacre la nécessité, pour l'enfance coupable, d'établissements d'*éducation et de correction*, nécessité qui a valu Mettray à la France, et qui, sur l'initiative des dignes émules ou des imitateurs de M. Demetz, a donné

Redhill à l'Angleterre, Rysselt à la Hollande, le Rauhe-Haus à l'Allemagne, et suscité ailleurs d'autres fondations analogues, dues à des hommes vraiment épris de l'amour du bien.

« Indépendamment des diminutions de peine expressément édictées par la loi, s'il existe des circonstances atténuantes en faveur du coupable, à l'*ergastolo* est substituée la réclusion pendant trente ans, et les autres peines sont diminuées d'un sixième » (art. 59). Après avoir déterminé les causes qui suppriment ou amoindrissent l'imputabilité, le législateur italien a dû résoudre l'inévitable question sur laquelle statue le texte précédent. Repoussant à la fois, comme nous l'avons constaté par rapport au pouvoir du juge, le régime des peines fixes et une latitude indéfinie dans l'application de la peine, le nouveau Code, se séparant en cela de l'avis de Carrara, n'a pas déterminé, comme le Code *espagnol*, comme l'ancien Code *toscan*, les cas d'atténuation ; de sérieux efforts avaient été antérieurement entrepris dans ce but ; on a dû, en dernier lieu, y renoncer. Les circonstances atténuantes sont donc admises, dans la mesure qui vient d'être rappelée. L'exacte application des peines nous paraît néanmoins devoir, sinon présenter de sérieuses difficultés pratiques, du moins exiger une extrême attention, au cas, soit de diminutions expressément édictées ou d'atténuation générale, soit d'aggravations résultant de plusieurs dispositions, surtout lorsque le concours de différentes infractions ou de la récidive commandera plus de précautions contre toute chance d'erreur.

VIII

Les notions relatives à l'imputabilité touchent à un sujet qui est l'âme du droit criminel; le développement de ces notions s'étend à la *tentative* et à la *complicité*.

Le nouveau Code distingue nettement le méfait *tenté*, le méfait *manqué*, le méfait *consommé* (art. 61 et 62); la peine édictée contre l'acte perpétré, réduite dans le second cas, est encore plus abaissée dans le premier. Cette inégalité de répression est conforme à la tendance générale des législations, comme nous l'avons exposé ailleurs, en soutenant dans plusieurs travaux et dans une longue correspondance avec l'illustre successeur de Carmignani, la thèse, isolée, nous le reconnaissons, du Code *français*, qui assimile, quant à la pénalité, les trois situations. Avec quel mérite supérieur les criminalistes italiens surtout, Romagnosi, Nicolini, Carrara, n'ont-ils pas, dans des pages éminemment attachantes, scruté ce sujet, aux multiples aspects, d'une singulière profondeur, l'un de ceux qui révèlent le mieux l'indéniable action de la liberté humaine!

Si, sur presque toutes les questions doctrinales, le législateur italien se sépare du Code français, délaissé aujourd'hui, après avoir été longtemps accepté comme un modèle, il n'en est pas qui témoigne davantage de cette dissidence que la théorie de la complicité (art. 63 et 64). Une étroite solidarité unit tous ceux qui ont concouru au même méfait. Plusieurs lois, le Code français notamment, ne distinguent que deux catégories : d'une part, les *auteurs* et *coauteurs*, de l'autre, les *complices*, avec les modes les plus divers de participation. Le nouveau Code, s'inspirant de l'état de la doctrine, après avoir placé au premier rang les *auteurs*, *coauteurs* ou *coopérateurs immédiats*, détache de l'ensemble des autres coparticipants les *instigateurs principaux*, — ceux appelés quelquefois *auteurs intellectuels*, mais rangés par le Code français avec les *complices*, — qui ont déterminé les *auteurs* ou *coopérateurs* à commettre le méfait, quelle que soit la forme de l'ascendant exercé; à ces *instigateurs* est appliquée la même peine qu'aux *auteurs* et *coopérateurs*. — Puis vient la participation secondaire, la *complicité* proprement dite : 1° excitation, application à fortifier chez l'agent la résolution coupable; 2° instructions et moyens procurés pour exécuter le méfait; 3° assistance et aide avant et pendant la perpétration pour la faciliter; une réduction notable de la peine est édictée dans ces divers cas. Si grande que soit la valeur des enseignements de la doctrine, il nous paraît que ces règles susciteront de réelles difficultés pratiques. Il sera souvent très ardu de distinguer, en fait, entre le mandat, l'ordre, la menace, la promesse, qui exposeront à la peine de l'acte consommé, et l'excitation, l'application à fortifier la volonté coupable, qui ne feront encourir qu'une peine beaucoup moindre. Soit dans les questions posées au jury, soit dans les arrêts ou jugements correctionnels, il arrive fréquemment, pour ce motif, en France, que divers modes de complicité, énumérés dans l'article 60 du Code de 1810, sont simultanément visés, — sans inconvénient par suite de l'unité de répression, — tant on hésite maintes fois à n'affirmer l'existence que de l'un de ces modes, à l'exclusion des autres.

« Les circonstances et les qualités inhérentes à la personne » de l'auteur, du coopérateur, de l'instigateur ou du complice influent sur la peine de tous ceux qui participent au méfait, si ces circonstances ou ces qualités en ont facilité l'exécution, et si ceux-ci en ont eu connaissance (art. 65). Juste disposition, qui, en rendant l'aggravation communicable, dans ce cas, non seulement de l'auteur principal au complice, mais encore du complice à l'auteur principal et aux autres coparticipants, résout l'une des difficultés de ce sujet. Le fils, complice du meurtre de son père, encourra la peine du parricide, peine à laquelle il n'est pas, dans cette hypothèse, exposé en France, et l'auteur principal subira la même loi, si le fils, possédant, par exemple, une clef de l'appartement de la victime, en a facilité l'accès au meurtrier. Il est sûr, d'un autre côté, que les *circonstances personnelles*, qui atténuent le degré d'imputabilité chez l'un des coparticipants, ne profitent pas aux autres; la minorité, la folie de l'un d'eux n'enlève rien, en effet, à la responsabilité morale de ceux qui concourent avec lui au même méfait.

En élargissant, eu égard aux propositions antérieures au dernier projet, l'influence des *circonstances matérielles* sur la situation de tous les coparticipants, le nouveau Code a été sagement inspiré (art. 66) : l'extension est admise, non seulement à la charge de ceux qui étaient instruits de ces circonstances, au moment où ils sont intervenus, mais aussi des agents qui, s'il advient une aggravation dans la qualification du méfait, avaient pu prévoir cette aggravation comme une conséquence de l'attentat, par exemple, lorsque l'un des malfaiteurs, surpris dans la perpétration d'un vol par la venue de la victime, commet sur elle un homicide; le meurtre, en effet, est une suite possible de la violence inhérente à l'acte de vol.

On peut mesurer l'importance de ces solutions sur la *communicabilité*, sur l'influence des *circonstances* tant *personnelles* que *matérielles*.

Les anciennes écoles avaient compris indistinctement dans la *complicité* tous les faits *postérieurs* au délit, même ceux qui ne pouvaient avoir d'autre but que de procurer l'impunité au coupable; des criminalistes modernes ont précisé qu'un droit complètement violé ne peut subir d'autre atteinte, et que, dès lors, l'acte postérieur ne rentre plus dans la participation au méfait, mais revêt un caractère *sui generis*, comme le *recel*, que plusieurs Codes avaient, pour de graves motifs, rattaché à la *complicité*, et que le Code italien, à l'exemple des législations nouvelles, distrait de cet ordre d'idées pour n'édicter qu'à la *partie spéciale* (art. 421) les dispositions le concernant. Ces faits postérieurs sont compris dans le *favoreggiamento, assistance subséquente*, dont le Code n'a, intentionnellement, tracé les règles qu'au second livre (art. 225), afin que rien ne puisse le faire confondre avec la complicité; une distinction absolue est désormais établie entre le *fautor* et l'*auxiliator*.

Toutefois, entre les *complices* et les *fauteurs*, prennent place les *continuateurs*, qui ne peuvent être rangés avec les seconds; car si, après la perpétration d'un méfait, le droit lésé est encore susceptible de violation, lorsque l'acte survenu après la première atteinte a réellement offensé de nouveau ce droit, le fait, quoique postérieur, est une *continuation* de la première offense et, à ce titre, ne doit pas être classé dans la catégorie des infractions d'*assistance subséquente*, dans les *favoreggiamenti*, exclusifs par eux-mêmes de toute atteinte à un droit antérieurement violé d'une manière complète.

IX

Après avoir édicté les règles relatives au concours des *personnes*, le Code formule les prescriptions qui concernent un sujet plus complexe même à certains égards, et sur lequel la science n'est pas encore complètement fixée, le concours des *délits* et des *peines* (art. 67-79). Rejetant, à la fois, le système de l'*absorption*, imposé, en quelque sorte, aux lois les plus sévères par la rigueur même de leurs dispositions, et le *cumul matériel*, dont les conséquences peuvent être excessives, le législateur italien s'est prononcé pour une solution mixte, le *cumul juridique*, admis, avec des réglementations variées, par plusieurs des Codes nouvellement promulgués.

En déclarant *obligatoire* l'aggravation de peine infligée à la *récidive*, en limitant, avec raison aussi, le délai après lequel cette aggravation n'est plus applicable, la législation qui vient d'entrer en vigueur admet la *récidive spéciale* (art. 80 et 84). Les projets successivement préparés s'étaient partagés entre ce système et celui de la *récidive générale*.

Le principe de l'aggravation est pleinement justifié par ce motif, que le condamné qui redevient coupable, après avoir expérimenté le châtiment, prouve que pour lui cette somme de souffrance n'est pas un frein assez fort et qu'il est nécessaire de l'augmenter. Ce motif s'applique surtout, nous le reconnaissons, au *criterium* qui est l'une des règles du nouveau Code, à l'*identité d'impulsion* dans les méfaits successifs. Un délit de coups ne se rattache guère, il est vrai, au point de vue de l'appréciation de la rechute, à une condamnation antérieure, que l'agent a, par exemple, encourue comme faussaire. Mais combien l'application de ce *criterium* n'est-elle pas difficile? L'affinité à discerner entre telles et telles infractions présente d'extrêmes difficultés; on ne peut d'ailleurs s'affranchir entièrement de cette pensée, que la perversité humaine n'est pas moins redoutable, lorsqu'elle se révèle sous des formes différentes; il est des natures d'une surprenante mobilité qui parcourent, tour à tour, dans le mal, des voies en apparence distinctes; très souvent les grands coupables, avant de perpétrer le forfait suprême, ont été frappés par la justice, à raison des crimes les plus divers.

Aussi trouvons-nous excessive, dans le système même de la *récidive spéciale*, la division des infractions en huit groupes. Ne peut-on reconnaître, dans plusieurs méfaits de ces divers groupes, la *même impulsion?* Et si l'on fait cette constatation, n'est-ce pas mettre en échec le fondement même du système? Un même sentiment, celui de la *vengeance* notamment, réalisant l'*identité d'impulsion*, ne peut-il inspirer des attentats très dissemblables par eux-mêmes, mais qui tous ne sont pas moins des satisfactions données au même mobile? Le Code crée trop de catégories. Mais nous avons constaté avec satisfaction que la rédaction définitive avait accueilli, notamment sur ce point, le vœu que nous exprimions, il a deux ans, dans notre réponse à M. le Garde des sceaux. On a, comme le souhaitait le Parlement, retenu la notion de la *récidive générale*, par rapport aux graves méfaits. Lorsque la durée de la peine antérieurement encourue aura été supérieure à cinq ans, le coupable sera déclaré récidiviste, quelle que soit la nature du méfait précédent; c'est alors principalement que s'affirme la nécessité de l'aggravation. Le conflit entre les deux solutions, simultanément admises et réglementées, est ainsi apaisé; on pourra, par exemple, punir comme récidiviste le malfaiteur qui, s'évadant après avoir été condamné à la suite d'un viol commis sur sa fille, tuerait la victime de son premier forfait. Si le texte définitif n'eût pas présenté la modification, à laquelle nous applaudissons, nulle aggravation de peine n'eût été autorisée contre un si grand coupable.

La répression de la *récidive* met en relief l'impossibilité de réprimer efficacement de nouveaux méfaits, lorsque la peine de mort est abolie. Le condamné à l'*ergastolo* sera, s'il assassine un gardien, astreint à une nouvelle période d'isolement cellulaire, dont la durée pourra s'étendre à toute la vie; après cette aggravation, un nouvel homicide demeurera impuni; la loi est forcément muette. Les attentats commis par les condamnés ne sont malheureusement pas rares, et rien ne démontre mieux l'importance du dommage social, résultant de ce péril d'impunité, que la résolution du législateur portugais qui a cru devoir, pour le conjurer, la peine de mort étant abolie, supprimer tout châtiment perpétuel.

X.

Il est des causes d'extinction communes à l'*action publique* et aux *condamnations*: la *mort*, — l'*amnistie*, sans qu'il puisse être, dans ces cas, porté atteinte à l'*action civile*, — la *grâce générale et spéciale*, — la *rémission*, émanée de la partie lésée, quant aux délits dont la poursuite est subordonnée à la plainte de cette partie, — la *prescription* (art. 85-99).

A la différence de l'Assemblée constituante *française* de
1791, les législateurs italiens, animés cependant, à un si
haut degré, de l'esprit de Beccaria, ne se sont pas associés
à sa répulsion envers la *grâce*, qu'ils ont, avec des développements qu'on ne rencontre pas dans beaucoup de Codes,
inscrite dans le texte des dispositions pénales. Par une mys-
térieuse action de l'infinie vérité, qui ne veut ni se reconnaître irrévocablement dans les jugements légaux, ni, à
aucun moment, se laisser saisir tout entière, après tant
d'efforts jusqu'à la sentence pour échapper à l'arbitraire,
si une condamnation est prononcée, c'est l'arbitraire qui
devient aussitôt le maître et qui dispose souverainement de
la justice elle-même. Tel est l'inévitable cercle vicieux des
choses humaines. L'abus du droit de grâce peut faire som-
brer dans l'esprit des peuples le respect de la loi, tandis
qu'en assurant à l'exercice de cette haute prérogative une
direction éclairée, affranchie de toute influence, d'où qu'elle
vienne, il est permis de compléter, en quelque sorte, par
de miséricordieux tempéraments, l'œuvre de la répression.
Une généreuse inspiration du législateur associe, en quelque sorte, aux termes de l'article 603 du *Code de procédure
pénale*, modifié par l'article 28 du *décret réglementaire* du
1er décembre 1889, les ascendants à l'exercice du droit de
grâce, quant à la répression des méfaits dont ils ont été
victimes de la part de leurs descendants. Mais cette disposition ne peut-elle servir à violenter de touchantes faiblesses
ou contribuer soit à accroître, soit à exciter la rancune des
condamnés, si la rémission n'est pas accordée?

Le Code détermine six modalités de la *prescription de
l'action publique*, prescription qui est de vingt, quinze, dix,

cinq, deux ans ou six mois, suivant les cas indiqués; on peut tenir compte, il est vrai, du degré d'importance des méfaits et de l'impression qu'ils produisent; mais il n'est guère possible de distinguer avec sûreté dans un sujet où l'on ne saurait trop se préoccuper de la disparition des moyens de preuve et de l'action du temps, si destructive. Nous applaudirions à la prolongation de la prescription jusqu'à quinze et vingt années, si nous ne considérions que la gravité des attentats; mais comment espérer obtenir, après de tels délais, la preuve orale, si difficile, en général, après cinq ou six ans? Nous craignons aussi que les distinctions ne soient trop multipliées; les deux commissions du Sénat et de la Chambre des députés avaient émis, sur ce point, des avis absolument opposés.

La *prescription des peines* s'accomplit au bout de trente, vingt, dix, quatre ans et dix-huit mois; mais, contrairement au dernier projet, et pour se conformer au sentiment exprimé par ces deux commissions, la peine de l'*ergastolo* a été rendue imprescriptible. En Russie, où, soit les condamnations, soit l'action publique, relatives aux crimes d'État et au parricide, ne peuvent encore aujourd'hui être prescrites, on se propose, au contraire, de mettre fin à cette réglementation exceptionnelle, en les faisant rentrer dans la catégorie des plus longues prescriptions. L'imprescriptibilité, en effet, ne semble pouvoir être appliquée que par un tribunal supérieur à celui de la justice humaine. En l'édictant relativement à l'*ergastolo*, le législateur italien a eu évidemment pour but, après toutes les résistances opposées à l'abolition de la peine capitale, d'ajouter une nouvelle rigueur au châtiment destiné à en tenir lieu.

La *prescription des peines* n'est pas seulement interrompue par tout acte tendant à l'exécution, mais encore par l'accomplissement d'un nouveau délit de la même nature que celui qui a motivé la condamnation; en manifestant ainsi sa persévérance dans le mal, le coupable se montre indigne de bénéficier de la mansuétude légale; à l'exemple des anciens Codes des Deux Siciles et *subalpin*, la nouvelle loi considère cette rechute comme une sorte de renonciation du récidiviste aux dispositions de la loi, comme un motif de déchéance.

La *réhabilitation* est le couronnement de l'organisation pénale (art. 100). Préparée par les voies judiciaires comme un recours de droit, elle se distingue profondément de la *grâce*, qui dérive de la clémence souveraine. Conquête du bien sur le mal, témoignage et récompense du relèvement après la chute, la réhabilitation ne saurait être trop favorisée; aussi avons-nous dès longtemps exprimé le souhait que la loi qui la régit fût, en tous pays, affichée dans les préaux, dans les cellules, dans les parloirs, que les ministres du culte et les directeurs de prisons la choisissent souvent comme thème de leurs exhortations.

Par une disposition qui ne saurait nuire en rien à l'œuvre pénale, — restreinte qu'elle est d'ailleurs aux contraventions exclusivement passibles d'une amende ne dépassant pas trois cents livres, — l'inculpé peut arrêter, avant les débats, le cours de l'action publique, en payant une somme représentant le maximum de l'amende encourue et les frais du procès (art. 101). Cette satisfaction volontaire, donnée par le coupable à la justice, loin de nuire à la répression, en remplit le but dans les causes d'intérêt secondaire, où la sentence est le plus souvent attendue comme une inévitable décision dont l'honneur n'a pas à s'émouvoir.

Le législateur italien, au lieu de considérer comme excessive la pratique actuelle des *casiers judiciaires*, en a, au contraire, étendu l'application aux *contraventions*, ainsi qu'il résulte de la loi du 6 décembre 1865, modifiée par l'article 33 du décret réglementaire du 1er décembre 1889. La satisfaction volontaire aura l'avantage très appréciable de prévenir l'inscription au casier.

XI

Après avoir condensé les notions générales du droit pénal, les règles principales qui en sont le fondement, le législateur rentre dans la détermination des *différentes espèces*, d'abord de *délits*, puis de *contraventions*. Relativement aux second et troisième livres du Code, qui en forment la partie *spéciale*, nous devrons nécessairement être plus concis encore, s'il est possible, que dans nos précédentes appréciations, bien que cette partie, jusqu'à ce jour trop négligée, soit appelée à prendre une place de plus en plus importante dans la science et dans les législations pénales. Les notes placées au bas des textes législatifs rendront moins incomplet l'accomplissement de notre tâche.

Le plan adopté dans les Codes n'est pas sans importance. A ce point de vue, le Code *danois* de 1683, qu'a remplacé celui de 1866, se distinguait des autres législations; il avait pris pour type la loi par excellence de l'humanité, le *Décalogue éternel;* c'est d'après l'ordre même des préceptes divins qu'il avait modelé sa classification.

Le législateur *italien* a observé une méthode absolument

scientifique; sur plusieurs points, cette préoccupation s'est particulièrement affirmée. Si l'on peut signaler parfois quelque excès de distinctions et de nuances dans la détermination des pénalités, il faut reconnaître que les dispositions sont formulées dans un style sobre; les définitions sont, avec raison, presque constamment évitées; il n'y a rien d'inutile; la brièveté est l'un des mérites du nouveau Code, mérite qui fait défaut dans tant de législations, surtout dans le Code *russe*, d'une excessive prolixité.

Le livre II, consacré aux *différentes espèces de délits*, s'ouvre par un titre relatif aux *délits contre la sûreté de l'État*, sans établir de division entre la *sûreté interne* et la *sûreté externe* (art. 104-138).

Le premier chapitre se réfère aux *délits contre la patrie*.

Jusqu'à ce moment, nous nous sommes trouvé en présence des seules doctrines juridiques, des questions, des problèmes que soulève l'étude du droit pénal. Il n'en est plus ainsi de l'article 104, ainsi conçu : « Quiconque commet un fait tendant à soumettre l'État ou une partie de l'État à la domination étrangère, ou bien à en amoindrir l'indépendance ou à en altérer l'unité, est puni de l'*ergastolo*. »

L'amour de la patrie est profond chez tous les peuples; il n'est pas de sentiment plus digne de respect. Mais les dispositions pénales qu'il inspire ne doivent pas moins être exprimées suivant les exigences de toute codification; cette sollicitude doit être plus marquée encore, lorsqu'on touche à des préoccupations de nature à enflammer les esprits, à leur enlever le calme, la sereine impartialité indispensables à la justice. Aussi doit-on regretter la périlleuse élasticité de l'article 104.

Si le fait prévu par ce texte était puni de quelques mois, de quelques années de détention, ce serait assez pour qu'il y eût un danger tangible, pour que la critique fût fondée. Combien ne l'est-elle pas davantage, quand on constate que ce fait, d'un caractère si peu précis, expose l'auteur à l'*ergastolo*, c'est-à-dire, la peine capitale étant abolie, au châtiment le plus élevé, à la répression encourue par les assassins, avec la menace d'une poursuite qui ne sera prescrite qu'après vingt ans, alors qu'aux termes de l'article 105, celui qui porte les armes contre la patrie peut n'être atteint que de quinze ans de réclusion! Dans la rédaction définitive, on aurait dû tout au moins, comme le demandait la commission de la Chambre des députés, substituer aux mots : « . . . *commet un fait tendant à*. . . » ceux-ci : « *entreprend des actes d'exécution*. . . »

Au point de vue purement scientifique, l'article 104 ne peut donc être accepté : défaut de précision, délit non caractérisé dans ses éléments, peine supérieure à celle qu'encourent les suprêmes attentats contre la patrie, tout, sans parler de l'anxiété que cause ce texte, militait pour le faire écarter d'un monument législatif, où le magistrat et le penseur ne doivent rencontrer aucune disposition de nature à leur interdire une interprétation sûre, ou à les détourner de ce qui est leur unique objectif, le culte du droit et de la science.

Dans le chapitre des *délits contre les pouvoirs de l'État*, le Roi, la Reine, le Prince héréditaire, le Régent, la famille royale, le Sénat, la Chambre des députés, les institutions constitutionnelles, il aurait dû être fait mention des attentats contre la personne du Pape, puisqu'en la déclarant sacrée et inviolable, la loi des garanties assimile, au point de vue de la répression, les attentats contre le Souverain Pontife et contre le Roi.

Aux *délits contre les chefs et les représentants d'États étrangers*, délits au sujet desquels le législateur s'est, comme sur beaucoup d'autres points, inspiré du Code de *l'empire d'Allemagne*, on a ajouté les « offenses contre le drapeau ou tout autre emblème » de l'un de ces États.

Au titre II, concernant les *délits contre la liberté* (art. 139-167), après les dispositions relatives aux infractions dirigées contre les *libertés politiques*, le Code se préoccupe des méfaits contre la *liberté des cultes*. Le législateur a rompu avec les traditions des anciens Codes *subalpin* et *toscan*, en ne relevant pas, à proprement parler, de *délits contre la religion*.

Les dispositions répriment les troubles, les offenses, les dégradations perpétrés en vue d'outrager l'un des cultes admis dans l'Etat; mais, en réalité, c'est, soit la liberté de la fonction, de la cérémonie, de la personne, soit l'objet qui est protégé, et non la *religion* directement, comme elle l'est par des dispositions spéciales dans la plupart des législations. L'outrage envers la religion, sans insulte envers un particulier, sans destruction ou dégradation des objets destinés au culte, n'est passible d'aucune peine. C'est une lacune. La force morale qui découle de la religion est, en effet, au point de vue purement humain, l'un des fondements de l'ordre social; ce fondement doit donc être sauvegardé. Carrara, interrogeant, après avoir examiné les différents systèmes, les principes du droit naturel, démontre, pour

la défense de l'ordre, la légitimité et la nécessité de la répression. « Si j'ai le droit, dit-il, de demander à l'autorité
qu'elle protège mon chien, mon arbre, ma maison, comment n'aurais-je pas le droit d'exiger également qu'elle protège l'autel devant lequel je me prosterne pour me rapprocher de Dieu? » Dans le nouveau Code, cette protection
existe, sous le rapport matériel et eu égard à l'offense qui
serait dirigée contre telle ou telle personne déterminée.
Mais, à défaut de ces éléments, le plus violent outrage à
la foi religieuse n'expose à aucune poursuite. La protection
est, par suite, incomplète.

Les dispositions pénales qui se réfèrent au *respect des
morts* sont sagement conçues. Au lieu d'être compris au
nombre des faits qui constituent une violation des lois sur
les inhumations, les actes de « profanation des cadavres ou
des sépultures » sont rangés avec raison à côté des « délits
contre la liberté des cultes »; car la religion est la meilleure
gardienne du respect des défunts, à tel point que le mot
culte, terme essentiellement religieux, s'applique aussi aux
morts.

Au nombre des *délits contre la liberté individuelle et l'inviolabilité du domicile*, on remarque la prévision d'un mode
spécial d'atteinte à cette liberté, la contrainte imposée à
quelqu'un, par violence ou menace, de faire, de tolérer
ou d'omettre quelque chose : on pourra ainsi atteindre,
notamment, la privation violente de l'exercice du droit de
tester, trop rarement prévue dans les législations pénales.

Les dispositions destinées à protéger l'*inviolabilité des secrets* se réfèrent notamment à l'*inviolabilité du secret des correspondances*, devenue même, quant aux transmissions té-

légraphiques, aux termes de la convention de Londres, du 28 juillet 1879, l'un des principes du droit international. A la suite du travail de revision finale, une juste disposition a été insérée dans le texte définitif, afin de réprimer la publication, s'il peut en résulter un dommage, d'une correspondance épistolaire ou télégraphique, non appelée à la publicité, alors même que celui qui la divulgue en a été le destinataire. C'est l'utile complément des dispositions du projet; car ce texte préviendra ou permettra de punir la révélation de confidences, qui appartiennent à l'auteur seul de la correspondance, celui qui l'a reçue n'en ayant que la propriété matérielle.

Mais le *secret professionnel* ne nous paraît pas suffisamment sauvegardé. Ce secret aussi est tellement important que le nouveau Code n'aurait dû, ni en restreindre la répression aux divulgations dommageables, ni accompagner la défense de révélation de réserves, imparfaitement formulées, du reste, par les mots *sans juste cause*. Il eût fallu, à l'exemple du Code hollandais, affirmer l'inviolabilité absolue du *secret professionnel*.

Les *délits contre la liberté du travail* sont régis par des textes, qui rappellent les lois analogues de beaucoup d'autres États. La coalition, la grève ne sont pas atteintes par les prescriptions pénales, qui ne répriment que les menaces et la violence employées pour empêcher la continuation du travail. Aussi ces prescriptions, qui ont pour but de combattre le lourd despotisme pratiqué par les ouvriers sur leurs camarades, sont-elles, avec exactitude, classées dans le titre des *délits contre la liberté*, au lieu de prendre rang, comme dans quelques Codes, au nombre des *délits contre le commerce*.

XII

Dans le titre relatif aux *délits contre l'administration publique* (art. 168-209), après les dispositions concernant le *péculat*, la *concussion*, la *corruption*, l'*abus d'autorité* et la *violation des devoirs inhérents à une fonction publique*, on rencontre les textes relatifs aux *abus des ministres des cultes dans l'exercice de leurs fonctions*.

L'article 183 vise la *provocation au mépris des institutions, des lois, des actes de l'Autorité et d'autres abus*. Non moins que l'article 104, ce texte, considéré sous le rapport exclusif des principes juridiques, encourt de graves critiques. La rédaction est tellement élastique, les éléments délictueux sont si peu précisés, que les ministres des cultes seront manifestement exposés à des poursuites, à des condamnations arbitraires. Les conditions qu'exige toute codification, principalement lorsqu'elle organise des mesures répressives, les maximes tutélaires du droit pénal, la liberté des consciences, que, dans d'autres dispositions, le législateur a entendu sauvegarder, protestent avec une irrésistible force contre cette disposition. Rien de ce qui se rattache aux agitations humaines, de ce qui peut troubler les âmes n'aurait dû altérer une telle œuvre scientifique et sociale, et paraître s'élever contre le souffle généreux dont l'ensemble du Code est animé.

Il n'est pas de texte qui ait été aussi vivement discuté dans la presse, surtout dans les publications étrangères aux études juridiques. Pour beaucoup même, les prescriptions des articles 104 et 183 constituent, à elles seules, la loi nouvelle; il importe de constater, au contraire, qu'au jour des apaisements, ces deux dispositions pourront être, soit abrogées, soit atténuées dans la plus large mesure, sans nécessiter aucun autre remaniement dans la grande œuvre législative qu'elles déparent.

L'aggravation de pénalité, d'un sixième au tiers, édictée par l'article 184 contre les ministres des cultes, à raison des *délits de droit commun* par eux perpétrés en abusant de leur qualité, est justifiée, sans préjudice, d'ailleurs, des cas où la loi établit une aggravation spéciale. L'infraction est d'autant plus grave et doit être d'autant plus fermement réprimée que l'auteur a méconnu de plus grands devoirs.

A la suite du chapitre sur l'*usurpation de fonctions publiques, de titres ou d'honneurs,* vient celui qui concerne la *violence et la résistance envers l'Autorité.* La répression est très ferme; on considère comme *fonctionnaires publics* tous ceux qui sont investis d'une charge publique, même temporaire ou gratuite, les notaires, les huissiers, de même que les jurés, les arbitres, les experts, les interprètes, les témoins, pendant qu'ils agissent en l'une ou l'autre de ces qualités.

Au sujet de cette catégorie de délits, comme relativement à d'autres, la peine est diminuée, lorsque l'agent s'est rendu coupable de l'infraction, dans l'intérêt de l'un de ses *proches parents,* expression dont le Code détermine l'étendue. Cette atténuation est dictée par un sentiment élevé; le législateur ne saurait certes être blâmé de l'importance qu'il attache au lien que crée la famille, l'un des fondements essentiels de l'ordre social. Toutefois le nouveau Code nous paraît, en ce qui concerne certains autres délits, notamment le faux témoignage (art. 215), avoir attribué à cette circonstance des effets excessifs.

Il a fallu se prononcer entre la théorie de l'*obéissance passive*, imposée à tous vis-à-vis du fonctionnaire public, et celle qui fait, comme en Angleterre, découler de l'illégalité de l'acte officiel l'impunité de la résistance; le Code italien, hostile à la première de ces thèses, ne se fait pas moins remarquer par une rédaction très étudiée, en présence de systèmes d'une bien difficile conciliation. — Les chefs ou promoteurs de la rébellion encourent avec raison une augmentation de peine, d'un sixième à un tiers.

L'outrage envers des personnes investies de l'autorité publique ne laisse place à aucune preuve tendant à établir la vérité ou la notoriété du fait allégué. Mais, fortifiant en cela ses réserves quant à l'excès de pouvoir, par lequel le fonctionnaire a provoqué le délit, la loi permet à l'inculpé de prouver les actes arbitraires qui ont constitué cet excès de pouvoir.

La *violation de sceaux et les soustractions dans les dépôts publics* sont ensuite réprimées, et, immédiatement après, est édictée la disposition qui atteint le *crédit allégué auprès des fonctionnaires publics;* la peine peut s'élever à cinq ans de réclusion et à quinze cents livres d'amende; ce délit, qui compromet gravement l'ordre social, lorsque la perversion des mœurs publiques le provoque, mérite d'autant plus d'être châtié, qu'il est de la part du coupable, soit un aveu de corruption, soit une cruelle offense envers des hommes inaccessibles à de viles séductions.

Le Code sévit, en outre, contre des infractions qui peuvent nuire à l'intérêt général, lorsque, dans les *fournitures publiques*, des *obligations sont inexécutées* ou des *fraudes sont commises*.

XIII

Le titre consacré aux *délits contre l'administration de la justice* est l'un des plus dignes d'attention (art. 210-245).

Le *refus de remplir des missions légales* est prévu au regard des témoins, des experts, des interprètes, des jurés, qui invoquent de faux prétextes pour s'affranchir de leurs devoirs envers la justice ou qui refusent de s'en acquitter. Vis-à-vis des experts, aux peines édictées s'ajoute la suspension temporaire de l'exercice de leur profession ou de leur métier. Ces dispositions empêchent que le cours de la justice soit impunément entravé.

En relevant le délit de *simulation d'infraction*, le nouveau Code évite le reproche adressé à beaucoup de législations, même récentes, qui ne le prévoient pas.

Comme la majorité des criminalistes, le législateur italien distingue, avec raison, de la *diffamation* vulgaire, la *calomnie* réelle, c'est-à-dire la dénonciation mensongère faite contre quelqu'un à l'autorité, ou bien la simulation de traces et d'indices matériels à la charge de la personne calomniée.

Le *faux en justice* est l'un des délits qui ont donné lieu aux plus vives discussions. La peine du *faux témoignage* ne se rattache plus nécessairement, ce qui est regrettable, à la violation du serment; car, aux termes de l'article 172 du *Code de procédure pénale*, modifié par l'article 28 du décret réglementaire du 1ᵉʳ décembre 1889, en dehors de cas déterminés, — périlleuse distinction, la recherche et la preuve de la vérité exigeant dans toutes causes les mêmes garanties, — les témoins seront entendus sans prestation de serment; de fausses déclarations ne leur feront pas moins encourir les pénalités qu'édicte la loi, pénalités toutefois atténuées, — implicite hommage rendu à la sainteté du serment, — lorsqu'ils n'auront pas eu à le prêter.

La *tentative de subornation* soulève une question qui divise les criminalistes et suscite de graves difficultés de jurisprudence. Les décisions de la magistrature italienne, notamment, témoignaient, au sujet de l'article 368 du *Code subalpin*, de sérieux désaccords. Aussi la majorité des Cours avaient-elles été d'avis de ne pas viser la *tentative* de ce délit. Mais, pour ne pas établir, par rapport au principe général édicté dans les articles 61 et 62 du nouveau Code, une exception qui eût paru périlleuse, la commission de revision a pensé que la *tentative de subornation* devait être réprimée; des énonciations spéciales ont eu pour but, sinon d'écarter absolument, du moins d'atténuer les difficultés d'application.

Nous nous étonnons des dissidences qui se sont produites au sujet du *parjure*. Des juristes soutiennent qu'à Dieu seul appartient la répression du « faux serment sciemment prêté par une partie dans un procès civil ». Une telle raison, qui pourrait recevoir d'amples extensions, est loin d'être décisive; le dommage est causé, dans l'enceinte de la justice, par un acte dolosif accompli en présence du magistrat; l'auteur de la fausse déclaration ne cause pas seulement un préjudice privé; en insultant à la religion du serment, il altère, par son propre fait, l'œuvre judiciaire elle-même. Le texte, qui a résisté, sur ce point, à toutes les critiques, nous paraît fondé sur les principes les plus justes. M. le Garde des sceaux a lutté jusqu'à la fin, avec la plus louable fermeté, contre les avis tendant à faire exclure la répression du *parjure*.

La *prévarication* est la *collusion* entre le défenseur d'une cause et la partie adverse, *collusion* que les Romains appelaient *tergiversatio*, lorsqu'elle était imputable à l'accusateur qui abandonnait frauduleusement une poursuite, après avoir commencé à la soutenir; le nouveau Code est sévère à l'égard de ce délit; le projet l'était encore davantage.

Après la disposition relative au *favoreggiamento*, à l'*assistance subséquente*, qui se distingue profondément, comme nous l'avons fait remarquer, de la complicité, se trouvent les prescriptions concernant l'*évasion et l'inexécution de la condamnation*. Cette dernière inculpation, *inosservanza di pena*, mérite d'être notée, en la rapprochant du *quebrantamiento de condena*, du projet espagnol. Relativement aux peines coercitives, le condamné n'assume pas l'obligation *positive* de s'y soumettre, mais seulement l'obligation *négative* de ne pas se soustraire, par des moyens défendus, à l'exécution le concernant. Il n'en est pas de même des châtiments qui ne comportent aucune coercition physique, de l'interdiction des fonctions publiques, de la suspension de l'exercice d'une profession ou d'un métier, de la surveillance de l'Autorité de sûreté publique; une sanction est nécessaire contre celui qui transgresse les dispositions légales. Les vieilles ordonnances *saxonnes*, la *Caroline* édictaient, envers le condamné qui s'éloignait du lieu où il était relégué, la mutilation de deux doigts de la main droite, avec laquelle il avait juré d'observer cette résidence, et, au cas de la première ou de la deuxième récidive, la fustigation et la relégation perpétuelle, même la mort. Le principe de cette inculpation n'est donc pas nouveau. Le Code italien en a sagement limité l'application.

Il n'est pas de disposition qui puisse mieux concourir à l'éducation des hommes libres que la prescription par laquelle est punie la *satisfaction arbitraire donnée à ses propres prétentions*. C'est la légitime négation de la *ragion fattasi*, du *jus sibi propriâ auctoritate redditum*, qui n'est autre chose que le mépris de la loi. La tendance à se faire justice soi-même, — que l'on ait raison, souvent même que le droit soit douteux ou inexistant, — tendance génératrice de tant de méfaits et malheureusement encouragée par les défaillances des juridictions répressives, vicie l'opinion publique et entretient la société dans le trouble. La preuve du droit que l'agent a voulu défendre ne sera pas, en Italie, un motif de disculpation, mais fera seulement atténuer la peine. Il est lamentable que les esprits soient dévoyés au point de laisser, par exemple, tuer impunément par la victime l'auteur d'un méfait contre lequel le législateur n'édicte qu'une médiocre répression. C'est la justice privée se substituant, avec une singulière aggravation de rigueur, à la justice sociale. Pourquoi conserver des tribunaux, si chacun pouvait décider dans sa propre cause, avec une révoltante partialité et sans crainte d'aucun châtiment ? Nous ne saurions trop applaudir aux prévisions si éclairées du nouveau Code, qui aura le mérite de lutter, au sujet même de délits peu importants, contre une si funeste tendance.

Le dernier des délits, que prévoit la loi nouvelle *contre l'administration de la justice*, est le *duel*. Les dispositions qui le concernent ne pouvaient avoir de meilleure préface que le chapitre précédent; car le *duel* est l'un des modes d'exercice du prétendu droit de se faire justice à soi-même; c'est donc, en même temps qu'un legs des temps barbares, une convention immorale, une usurpation du pouvoir social; le législateur ne pouvait mieux le classer que dans le titre qui régit les précédentes infractions.

Comme la plupart des législations, le nouveau Code, rédigé avec une sage fermeté, punit non seulement le *duel,* mais encore la provocation non suivie d'effet. Les porteurs du défi sont atteints, de leur côté, à moins qu'ils n'aient empêché le combat. Une peine est édictée contre ceux qui injurient une personne ou la signalent au mépris public, parce qu'elle a refusé de se battre, ou qui divulguent son refus, ou bien l'excitent à la lutte, la menaçant de leur dédain ou le lui témoignant. Plusieurs dispositions circonstanciées complètent cette remarquable réglementation, vivement débattue.

Vainement alléguait-on que la société n'aurait rien à craindre du duel, parce que *volenti et consentienti non fit injuria.* L'homme qui consent à se battre, sous l'influence des préjugés sociaux et d'une vive émotion, est-il libre? Si la loi devait reculer devant les idées répandues, alors même que ces idées engendrent des méfaits, il eût fallu admettre, dans la péninsule, les *duels au couteau,* que pratiquent les *camorristi* de Naples! C'est aux préjugés à se courber et non au législateur. Si les duels se multiplient en différents pays, la cause remonte à de pernicieux exemples, donnés par ceux-là même qui devraient réagir le plus contre le mal, à l'imperfection ou au silence des lois, à l'inaction de la magistrature.

Dans l'un des projets qui ont précédé celui de M. Zanardelli, un *jury d'honneur* était organisé; ce jury a été justement écarté; car, ou le *duel* est un délit, ou il ne l'est pas;

s'il l'est, il ne saurait appartenir à qui que ce soit de le dé-
pouiller du caractère délictueux; l'application de la loi ne
pouvait être subordonnée à l'arbitraire.

La commission du Sénat avait exprimé le vœu que l'on
édictât une diminution de peine envers les militaires; une
telle disposition eût concédé un privilège à une classe de
personnes; ç'eût été une distinction sans fondement juridique et qui eût impliqué la négation du principe même sur
lequel repose la loi. Le Garde des sceaux a opposé à ce
vœu une résistance pleinement justifiée.

« On peut s'étonner, a dit avec raison M. le procureur
général Dupin devant la Cour de cassation de France, dans
son réquisitoire de 1849, de voir qu'à l'époque, où l'on
a cru nécessaire d'abolir la peine de mort, en matière politique, c'est-à-dire pour les crimes qui intéressent la société entière, quelques esprits prétendent autoriser la peine
de mort infligée en duel, au mépris de l'autorité publique, pour des querelles purement privées. » Que n'ajou-
terait-il pas aujourd'hui? La peine capitale, à l'égard d'un
assassin, constitue un châtiment interdit aujourd'hui, par
exemple en Italie, tandis que l'impunité devrait couvrir
l'homme qui, peut-être pour un futile motif, tuerait dans un
duel son adversaire! Il n'est pas pour le législateur de devoir plus élevé que de réprouver les tendances contraires
à la notion du droit. C'est ce que le Gouvernement et les
Chambres d'Italie ont pensé, soutenus qu'ils étaient dans
cette voie par de remarquables précédents, qui appartiennent notamment aux annales législatives de la péninsule.

XIV

Les dispositions qui concernent les *délits contre l'ordre public*, savoir : l'*instigation*, l'*association pour délinquer*, l'*excitation à la guerre civile*, les *corps armés* et l'*intimidation publique*, sont très complètes (art. 246-255); on y voit évitées les lacunes que présentent d'autres législations. On ne peut spécialement qu'approuver les peines édictées contre l'*association de cinq personnes ou d'un plus grand nombre*, formée dans le but de commettre des délits, sans prévoir seulement les attentats contre les personnes ou la propriété, mais en atteignant l'association coupable organisée même en vue d'autres méfaits.

Si la *calomnie*, le *faux témoignage*, le *parjure*, la *simulation de délit* constituent le groupe de *faux* perpétrés contre la justice, la *fausse monnaie*, les *faux dans les papiers de crédit public*, la *falsification des sceaux*, *des timbres publics et de leurs empreintes*, les *faux en écritures*, *dans les passeports, licences, certificats, attestations et déclarations*, les *fraudes dans les différents genres de commerce, dans les industries et dans les enchères*, représentent les diverses variétés de la qualification de *faux* au regard de la *foi publique* (art. 256-299).

Le Code *italien* n'encourt pas, comme le projet *espagnol*, le reproche de montrer, quant à la fabrication des fausses monnaies étrangères, une indulgence qui contraste avec la répression de ce crime, lorsqu'il s'attaque aux monnaies nationales.

La *contrefaçon* et l'*altération* sont les deux modalités distinctes auxquelles s'applique le même terme : *falsification*. La rigueur de la répression est justifiée, non seulement par le trouble qui en résulte dans les relations sociales, mais aussi parce que l'acte du faussaire révèle une âme particulièrement abjecte, qui n'agit pas sous l'influence de la passion; il n'obéit qu'à des calculs de cupidité. Le nouveau Code renferme toutes les distinctions admises par la science; sur beaucoup de points, comme nous le faisons remarquer dans nos annotations, des dispositions spéciales sont vraiment dignes d'intérêt.

Les *délits contre la sécurité publique* embrassent des méfaits de différentes espèces (art. 300-330).

L'*incendie*, l'*inondation*, la *submersion* sont rangés, par quelques criminalistes et plusieurs législations, au nombre des *délits contre la propriété privée*. A l'exemple des Romains, conformément à l'avis de Carmignani, de Carrara, la loi nouvelle classe ces méfaits parmi ceux qui sont dirigés *contre la sûreté publique;* au *dommage particulier* s'ajoutent, en effet, le *dommage général* résultant de l'effroi causé par le péril, — la violation du droit de chacun à la *tranquillité publique*, — la possibilité de dommages privés plus étendus, même indéfinis.

Ce méfait doit être considéré au point de vue du *péril*, — des *résultats advenus*, — du *but poursuivi;* — du *péril*, dont fait ressortir l'importance la détermination du *lieu* du délit, de la *destination* et de la *nature* de la chose incendiée, ce qui explique pourquoi les Romains le réprimaient plus sévèrement, lorsqu'il était commis dans la capitale ou dans un rayon déterminé autour d'elle, — pourquoi des législations aggravent la peine contre l'incendie perpétré dans des *circonstances qui rendent le secours* plus difficile; *destinations* variées, suivant que les édifices sont habités ou non habités, se trouvent être des églises, des prisons; *nature* avec ses distinctions : dépôts publics, musées, constructions ou denrées, etc.; — d'après les *résultats* qui ont compromis ou anéanti, soit la vie des personnes, soit la propriété, avec les atténuations que comporte, dans quelques législations, l'incendie qui n'a occasionné qu'un médiocre dommage, avec les prévisions variées se référant à la destruction d'édifices ou d'objets appartenant au coupable; — d'après le *but poursuivi*, selon que l'incendiaire a voulu ou non réaliser, à l'aide de son méfait, la violation concomitante ou ultérieure d'un autre droit. Questions difficiles et nombreuses, sans parler de la tentative, du méfait manqué, de la peine, toutes examinées par le législateur, qui les a résolues en termes exprès ou implicitement, ainsi qu'il résulte de la portée de plusieurs dispositions.

L'importance des délits de *renversement* ou de *dégradation de digues*, d'*inondation*, de *submersion*, varie suivant les temps et les pays, suivant qu'ils se produisent en hiver ou à l'époque des moissons, en Hollande, sur les rives du Pô, du Nil, ou dans des contrées montagneuses. Le législateur a soin, du reste, de distinguer entre les faits dolosifs et ceux qui sont la conséquence d'une simple faute.

L'Europe a longtemps subi les désastreux effets du prétendu droit de *naufrage*, pratique odieuse, à laquelle on est heureux aujourd'hui d'opposer notamment l'*obligation du sauvetage*, affirmée et réglementée par les articles 120 à 138 du *Code italien sur la marine marchande*. Il n'importe pas moins de signaler, dans la catégorie des délits dont nous nous occupons, ceux qui ont pour but de provoquer un naufrage, par exemple, en éteignant les feux, en donnant de faux signaux, en disposant de faux phares, à l'aide de moyens quelconques.

Le nouveau Code a sagement prévu aussi le fait de *soustraire*, de *cacher*, de *détériorer des appareils de secours contre des sinistres publics*.

La science du droit pénal doit suivre le crime dans ses manifestations diverses, dans tous ses genres d'inventions, que ne manquent pas de faire apparaître les progrès mêmes de l'industrie et des découvertes scientifiques. Si les principes de la législation criminelle ne sauraient se plier à d'incessantes modifications, les dispositions répressives exigent un constant perfectionnement, afin de sévir partout où le crime trouve une voie. Aussi les *délits contre la sécurité des moyens de transport ou de communication*, des chemins de fer, des télégraphes, régis, chez beaucoup de peuples, par des lois spéciales, sont-ils l'objet, dans les nouveaux Codes, de prescriptions développées. Il en est ainsi dans la loi italienne, qui se réfère même à tous modes de transport analogues à la locomotion par voie ferrée et assimile aux télégraphes, pour l'application de la loi pénale, les *téléphones* affectés à un service public.

Sont ensuite prévus et réprimés les *délits contre la santé et l'alimentation publiques*. La malveillance, la fraude, les falsifications s'attaquent aux choses, aux substances les plus nécessaires à l'homme; l'air, l'eau, les aliments sont susceptibles de multiples atteintes, nuisibles à l'ordre social; le législateur se montre particulièrement sévère envers ceux qui commettent l'infraction, en abusant d'une profession touchant à la santé.

Il peut arriver, au milieu d'épidémies redoutables, que

de rigoureuses prescriptions, rendues nécessaires par le danger de la contagion et la préservation de la vie des hommes, soient placées, au point de vue pénal, sous la sanction des lois. Cet ordre d'idées échappe, dans une certaine mesure, aux notions du droit criminel, en ce sens que la nécessité, l'entraînement de la lutte contre un terrible fléau font franchir les limites habituellement observées par le législateur en pareille matière. Aussi ne doit-on pas perdre de vue que les dispositions légales ont pour but de régir, à cet égard, l'état de choses ordinaire, sans réglementer les situations exceptionnelles, qui défient, comme la guerre, la sagesse humaine.

XV

Peu de dispositions sont aussi importantes que celles qui se rapportent aux *délits contre les bonnes mœurs et l'ordre des familles* (art. 331-360).

La *violence charnelle* est, dans le Code, la dénomination du *viol*. Le fait a le même caractère aux yeux de la loi, quand, sans violence ni menace, il est accompli sur une personne âgée de moins de douze ans, — ou de moins de quinze, si le coupable est l'ascendant, le tuteur ou l'instituteur, — sur toute personne détenue, condamnée ou non, dont le transport ou la garde est confiée au coupable, — lorsque la victime est hors d'état de résister, à raison d'une altération mentale ou physique, ou pour toute autre cause indépendante du fait du coupable, ou bien par suite de moyens employés vis-à-vis d'elle. Les actes qui, sans constituer des viols, présentent, dans les mêmes circonstances, les caractères d'attentats à la pudeur, sont aussi réprimés par la loi. Les lésions, la mort, conséquences de la *violence charnelle*, sont l'objet d'une disposition particulière, qui édicte une aggravation de peine.

Il y a là des prévisions plus complètes que dans beaucoup de Codes; une protection spéciale est, à juste titre, accordée aux prisonniers et aux gens placés sous la pression du somnambulisme ou de l'hypnotisme. Les législations présentent de notables divergences quant à la détermination de l'âge. L'acte impudique commis sur une personne du même sexe que le coupable devrait être puni, quel que fût l'âge de la victime; le commerce charnel avec une jeune fille ou tout autre acte de débauche envers elle devrait être, d'une manière générale, réprimé, nonobstant son consentement, jusqu'à l'âge auquel la législation civile la reconnaît apte au mariage; ce devrait être partout la vraie limite. Réputée inhabile à consentir au mariage, qui est un acte licite, à quel titre serait-elle réputée capable de se prêter à un acte honteux? Vis-à-vis de l'ascendant coupable, il ne devrait exister, du côté de la victime, aucune limitation d'âge.

La *corruption* du mineur de seize ans, — limite trop restreinte, — est avec raison distinguée du *proxénétisme;* car celui qui excite à la débauche pour servir les passions d'autrui commet une infraction plus grave, qu'on ne peut confondre avec celle de l'homme qui ne fait pas de sa mauvaise action un trafic.

Les prévisions législatives concernant la *corruption* sont très amples, sauf, comme nous venons de le faire remarquer, quant à l'âge de la victime; cette restriction atténuera l'efficacité des dispositions légales; on sait, par exemple, combien est grand le péril que court l'honneur des femmes dans les manufactures, les usines, les ateliers, l'ascendant souvent funeste que les surveillants, les contremaîtres exercent sur elles; aussi une plus large protection serait-elle nécessaire. Les lois d'Angleterre, d'Espagne, du Danemark, de Saint-Gall, d'autres pays encore, atteignent la *séduction* par des dispositions d'une portée plus étendue. La commission de revision finale avait, dans ce but, émis une proposition que nous regrettons de ne pas voir consacrée par le Code.

La disposition qui, sous d'inévitables réserves, fait dépendre de la plainte de la victime ou de son représentant la poursuite du *viol*, de l'*attentat à la pudeur*, de la *corruption*, et qui édicte une prescription d'un an, nous paraît pouvoir entraîner l'impunité de graves méfaits. Les magistrats savent que souvent d'odieux attentats sont tenus cachés, que de douloureuses transactions pécuniaires interviennent même à ce sujet, et que l'action publique, sans inquisition, sans investigations à critiquer, est fréquemment mise en mouvement par des rumeurs, dont le fondement est maintes fois justifié. Le législateur doit assurément tenir grand compte de la paix des familles, puisque sa mission finale est de la sauvegarder. Mais on ne peut s'expliquer que l'officier du ministère public, qui a qualité pour agir d'office contre l'auteur d'un vol quelconque, soit désarmé, quand il possède la preuve d'un viol, qu'une prescription si courte restreigne même l'initiative de la partie civile, qu'un méfait accompagné de violence échappe à l'action directe du parquet, que la récidive la plus éhontée ne fasse pas même exception à cette règle.

A l'exemple des anciennes législations de la péninsule et de plusieurs des Codes récents, la nouvelle loi punit l'*inceste* qui cause un scandale public.

Relativement au *proxénétisme*, au trafic de la débauche, on constate avec intérêt que la pression exercée, à l'aide de violence ou de menace, par l'ascendant ou le mari, pour contraindre une femme, même majeure, à se prostituer, tombe sous l'application de la loi pénale; disposition salutaire, mais à peine suffisante, et dont une lèpre grandissante, née de la plus profonde dépravation, nécessitera l'extension.

Le législateur réprime *l'outrage public à la pudeur;* avec raison, il n'applique point cette qualification au fait, sans intention mauvaise, de montrer imprudemment des nudités en public, infraction prévue et punie comme simple contravention.

Le *rapt* accompli en vue du mariage est moins sévèrement réprimé que le méfait semblable dont la débauche est le seul but.

Les Codes modernes tendent, de plus en plus, à assimiler, à tous les points de vue, *l'adultère du mari* à *l'adultère de la femme*. Donnant en cela une haute satisfaction morale, le législateur italien punit l'entretien d'une concubine, non seulement au domicile conjugal, fait relativement rare, mais encore *notoirement ailleurs,* scandale que la perversion des mœurs et l'abaissement des âmes ont rendu si fréquent : le délit est réprimé par la peine de la détention, de trois à trente mois, et la perte de l'autorité maritale. Les nombreuses objections dirigées contre les textes qui répriment *l'adultère* ont été finalement écartées.

La *bigamie,* d'une part, de l'autre, la *supposition* et la *suppression d'état* font l'objet de dispositions conformes aux règles admises. Le Code résout, dans le sens de la nécessité d'un premier mariage *valable,* une question qui divise les législations, les unes subordonnant, comme le Code italien, à cette condition la déclaration de culpabilité du bigame, les autres réprimant le fait de tout nouveau mariage contracté avant que le précédent soit dissous ou déclaré nul.

XVI

Les *délits contre la personne* présentent, avec la plus haute importance, les aspects les plus divers (art. 364-401).

L'abolition de la peine capitale a eu pour conséquence de faire abaisser à vingt années de réclusion, au plus, la répression de l'*homicide* non qualifié.

La peine est augmentée, si la victime est le conjoint du coupable, ou bien son frère, sa sœur, son père ou sa mère adoptifs, son enfant adoptif, ou encore son allié en ligne directe, — si la personne tuée était membre du Parlement ou fonctionnaire public, et que l'attentat ait été dirigé contre elle, à raison de cette qualité, — si le méfait a été accompli, à l'aide de substances vénéneuses, — l'usage seul du poison n'impliquant point, comme dans le plus grand nombre de Codes, la *préméditation*.

Les circonstances aggravantes qui entraînent la peine de l'*ergastolo* sont bien précisées. On y remarque, par exemple, la prévision de « la seule impulsion de brutale méchanceté ou l'emploi de traitements atroces ». L'une et l'autre de ces circonstances dénotent, en effet, une perversité profonde, qui justifie l'application du châtiment le plus élevé.

Le législateur italien, dont la préoccupation constante est d'honorer et de raviver le sentiment, l'esprit de famille, a justement réprimé l'homicide du frère, de la sœur, plus sévèrement que l'homicide d'une personne non parente ; en adhérant pleinement à cette disposition, nous regrettons toutefois que la qualité de père, de mère, d'enfant naturel, ne soit pas, au point de vue de la répression de l'homicide, rangée dans la catégorie des circonstances les plus aggravantes, de celles qui entraînent la peine de l'*ergastolo*. Par rapport à l'attentat contre la vie, il n'aurait pas dû être établi de distinction entre le lien légitime, le lien naturel et même le lien adoptif, qui peuvent rattacher le meurtrier à la victime. Le Code *français* notamment ne fait, avec raison, aucune différence, et il nous paraît que cette assimilation est entièrement justifiée. Mais, d'autre part, on ne peut que louer le nouveau Code d'avoir attaché à la qualité d'*enfant* la même importance qu'à celle de *père* ou de *mère*.

La *préméditation*, qui peut être reconnue relativement à tout homicide, est l'une des circonstances les plus aggravantes dont la constatation rend l'attentat passible de l'*ergastolo*.

La peine est amoindrie, lorsque la mort est la conséquence, non seulement du méfait, mais aussi du concours de circonstances spéciales préexistantes, inconnues du coupable, ou bien survenues d'une manière indépendante de sa volonté. Le Code écarte, à juste titre, les causes préexistantes, connues de l'agent; car, s'il en a eu connaissance, il a pu en tenir compte, coordonner son attentat avec ces circonstances, les faire entrer ainsi dans la conception et l'exécution de son dessein.

L'*infanticide*, si diversement caractérisé par les législations, et qu'atteignent des peines si dissemblables, n'est pas l'objet, dans le nouveau Code, d'une qualification spéciale. Mais on prévoit le cas où cet attentat est commis pour sauver, au profit de membres déterminés de la famille, l'apparence de l'honneur, et la répression peut être alors abaissée à trois ans de détention; la substitution de cette peine à la réclusion et une incarcération de si courte durée nous semblent, quels que soient les sentiments auxquels le législateur a obéi, réprimer, d'une manière absolument insuffisante, la destruction d'une vie humaine. Si, en tous pays, la justice tend à amoindrir, en général, la répression de l'*infanticide*, c'est parce que le méfait est le plus souvent commis par la mère, sur laquelle les lois civiles rejettent trop fréquemment tout le fardeau des devoirs qui résultent de la naissance d'un enfant, tandis que les épaules les plus fortes en sont déchargées, et que les audiences offrent maintes fois le douloureux spectacle de l'impunité absolue du séducteur, impunité rendue plus révoltante par le cynisme ou l'insouciance de celui qui échappe, — il ne le sait que trop, — à toute action. Si des mesures législatives modifiaient ce qu'un tel contraste a d'affligeant, la justice criminelle serait moins énervée, et les législateurs ne seraient pas conduits, comme le prouve le nouveau Code italien, à édicter des dispositions qui ne pourront plus servir de frein contre de si graves attentats.

Le *suicide* ne saurait être l'objet d'une qualification pénale et il n'est pas davantage possible, à défaut d'auteur principal, de réprimer, sous prévention de *complicité*, soit l'excitation à cet acte, soit l'assistance prêtée dans ce but; mais il est juste de considérer la *participation au suicide* comme un méfait *sui generis*, et le législateur italien s'est honoré en le réprimant; il jaillira de cette disposition, conforme, du reste, à celle de plusieurs autres Codes, un haut enseignement moral et l'expresse condamnation de la funeste tendance qui, à mesure que les grandes convictions s'affaissent, que les âmes s'amollissent, pousse de plus en plus tant d'hommes à terminer violemment leur vie.

Au lieu du terme *coups et blessures*, la loi nouvelle a emprunté au Code d'*Allemagne* notamment l'expression : *lésions personnelles*. Quatre distinctions, fondées sur le degré de gravité et les conséquences du fait, sont précisées avec soin. L'emploi d'armes *insidieuses* ou de toute arme proprement dite, ou bien de substances corrosives, entraîne une aggravation de peine d'un sixième à un tiers.

Les causes particulières qui disculpent complètement l'auteur de l'action ou amoindrissent sa responsabilité sont ensuite énoncées. L'époux qui tue son conjoint, surpris en flagrant délit d'adultère, n'est pas affranchi de toute répression; comme dans le projet *espagnol*, la peine est seulement réduite.

Les textes qui concernent l'*avortement* ne renferment aucune indication des moyens employés : *quel que soit le moyen*, est-il énoncé. Ce méfait est l'un de ceux qui motivent, dans les différents Codes, les dispositions les plus dissemblables. S'inspirant des dispositions de quelques-uns de ces Codes, le législateur italien a édicté, au sujet de l'*avortement*, lorsqu'on a cherché, dans l'intérêt d'un membre déterminé de la famille, à sauver l'apparence de l'honneur, une atténuation analogue à celle que nous avons signalée relativement à l'*infanticide*.

Les dispositions afférentes à l'*abandon d'enfants et d'autres personnes incapables de veiller sur elles-mêmes, ou bien en péril*, sont remarquables. A la suite du travail de revision finale, les enfants seront l'objet de cette protection, non pas jusqu'à neuf ans seulement, ainsi que l'énonçait le dernier projet, mais jusqu'à douze ans. — Dans ce chapitre aussi est reproduite, quant à l'abandon des enfants nouveau-nés, l'excuse atténuante, *honoris causâ;* cette disposition nous paraît excessive.

Il est un texte, d'un mérite particulier, maintenu au livre des *délits,* alors que le souhait avait été exprimé de le transporter au livre des *contraventions,* et dont ce maintien assurera, comme le fait observer, dans son *Rapport au Roi,* M. le Garde des sceaux, une plus exacte application. Une peine est édictée contre celui qui, rencontrant abandonné un enfant de moins de sept ans ou une personne incapable de veiller sur elle-même, omet d'en aviser immédiatement l'autorité publique; la même répression est encourue, lorsqu'après avoir trouvé une personne, soit blessée, soit de toute autre manière en péril, ou un corps humain réellement ou en apparence inanimé, on n'en informe pas aussitôt l'autorité publique et l'on ne lui prête pas son concours, quand on le peut, sans s'exposer personnellement à un péril ou à un dommage. Le même enseignement de l'Évangile, qui a suscité, dans plusieurs États de l'Europe, l'admirable création des *Écoles de Samaritains,* en vue de l'assistance à donner aux soldats blessés, est consacré dans le texte d'une législation pénale. La justesse de la prescription est, en principe, évidente; la loi de pénalité sociale a toutefois des exigences qui diffèrent de la loi du devoir. A ce point de vue, la discussion serait possible. Mais, en réprimant, à l'exemple de l'ancien Code *toscan* et du Code *hollandais,* l'*indolenza colpevole,* la nouvelle loi contribue à accroître la force du sentiment de solidarité sociale, né de la charité chrétienne.

Le Code italien prévoit sagement *l'abus des moyens de correction ou de discipline et les mauvais traitements au sein de la famille ou envers des enfants.* C'est le judicieux développement d'un principe que, sur ce sujet, on peut être surpris de constater dans les lois romaines : *patria potestas in pietate debet, non in atrocitate consistere,* principe dont les débats judiciaires révèlent si fréquemment la douloureuse violation.

Les *délits contre la personne* comprennent aussi l'*injure* et la *diffamation,* qui sont réprimées avec fermeté. Cette sévérité ne peut que fortifier les prescriptions édictées contre le duel : les personnes offensées seront moins portées à y recourir. Des lois spéciales renferment, d'ordinaire, les dispositions relatives aux infractions de ce genre, commises par la voie de la presse ; le nouveau Code a été rédigé avec une ampleur, qui a permis de les prévoir, en même temps que tous autres délits. Si nous ne craignions de présenter de trop grands développements, nous insisterions ici, indépendamment de nos annotations, sur les solutions données aux questions de preuve et de pénalité se rattachant à ce sujet. Disons tout au moins qu'une excuse atténuante résulte d'une injuste provocation, et que l'offense motivée par des violences personnelles n'est pas punissable. La présence de la personne offensée, la publicité de l'infraction, la forme écrite, les fonctions dont est investi celui qui est outragé ou diffamé sont des circonstances qui font aggraver la répression. Sous la réserve des exceptions énoncées, le prévenu n'est pas admis à établir, pour sa disculpation, la vérité ou la notoriété du fait imputé à la personne offensée.

Les *injures et les diffamations contre la mémoire des morts* sont punissables; l'action est ouverte, pour saisir la justice, aux personnes que désigne la nouvelle loi.

XVII

Le livre II se termine par le titre consacré aux *délits contre la propriété* (art. 402-433).

Le *vol* est *simple* ou *qualifié*, par suite de circonstances aggravantes divisées en deux classes. Sous la dénomination de *vol* est comprise la soustraction, par l'un des héritiers ou des copropriétaires, des choses, soit dépendant d'une succession non encore acceptée, soit indivises ou communes.

La nouvelle loi ne précise pas, comme quelques Codes, le chiffre au-dessus ou au-dessous duquel la peine est, à raison de la valeur de l'objet soustrait, augmentée ou diminuée. Le juge est autorisé, dans des proportions déterminées, à élever la peine, si la chose ou le dommage est de *très importante valeur*, à la diminuer, si ce dont il s'agit est de *peu de valeur*, à la réduire encore plus, au cas de *très peu de valeur*. La notion ainsi formulée nous paraît exacte, et l'on évite l'étrange contraste résultant de la simple différence d'un franc, d'une livre, en plus ou en moins, entre deux soustractions d'une gravité égale. Toutefois, aucune règle ne servant de guide et le pouvoir du juge étant indéfini, on peut craindre que de regrettables contradictions ne résultent des sentences, surtout de celles rendues par des juridictions différentes.

La *dextérité* avec laquelle des vols sont commis dans les lieux publics, la présence des valeurs ou objets soustraits dans des gares, des stations ou dans toutes sortes de véhicules, au cours de transport par terre ou sur eau, sont très justement relevées comme circonstances aggravantes. Une augmentation de peine résulte aussi du fait de voler des bestiaux qui paissent dans les champs, ou des choses confiées, en quelque sorte, à la foi publique.

La *rapine*, dont la notion s'applique aux divers modes d'emploi de la violence, le *brigandage*, l'*extorsion*, le *rançonnement* sont atteints par de rigoureuses dispositions.

L'*escroquerie* et les *fraudes* qui s'y rattachent, les *appropriations indues* ont donné lieu à des prévisions législatives ingénieuses, nuancées, comme l'exige l'extrême variété des formes que revêt la mauvaise foi.

Une très juste répression est édictée contre celui qui, dans un but de lucre, et en donnant de faux renseignements, pousse quelqu'un à émigrer.

Mais, au sujet des *appropriations indues*, nous regrettons qu'à l'exception d'une catégorie particulièrement grave, la poursuite soit subordonnée à la plainte de la partie lésée. L'impunité sera, de la sorte, assurée, dans bien des cas, à beaucoup d'*abus de confiance*, qui motivent avec raison, en différents pays, la poursuite, d'office, du parquet.

Bien que prévue au *Code de commerce*, la *banqueroute* aurait dû l'être aussi dans le *Code pénal*, puisqu'on s'est attaché à y présenter l'ensemble des prescriptions répressives. Une infraction de ce genre, dont les lois récentes tendent à élargir la notion, n'aurait pas dû donner lieu à l'*apparence* d'une lacune. — Le dernier projet renfermait une disposition empruntée à plusieurs de ces lois et qui relevait vis-à-vis de quiconque, en dehors des cas de *banqueroute*, le délit spécial d'*insolvabilité dolosive;* mais cette disposition, très débattue, a été écartée du texte définitif.

Le *recel* constitue une infraction *sui generis*, pour les motifs déjà exposés au sujet du *favoreggiamento*, lorsque l'agent n'a pas concouru au délit même de l'accomplissement duquel proviennent les choses recélées. — Une aggravation de peine est édictée contre le coupable, s'il est receleur habituel.

L'*usurpation* et le *dommage dolosif* se présentent sous des formes variées; le Code prévoit chacun de ces modes.

La restitution de l'objet volé ou la réparation complète du dommage, lorsqu'elles interviennent avant toutes poursuites, motivent, non l'impunité, comme dans le Code *autrichien*, mais une réduction de peine, à l'exemple de plusieurs autres législations. S'il y a restitution ou réparation, au cours de la procédure, mais avant l'audience, une réduction est aussi accordée, mais dans de moindres proportions.

La plupart des lois renferment des dispositions spéciales relativement aux *délits* commis, entre *parents*, contre la *propriété*; mais la désignation des membres de la famille compris, à cet égard, dans la dénomination de *parents*, offre, suivant les pays, de notables différences; il est des Codes qui étendent l'immunité, en l'appliquant à des personnes non parentes, mais vivant ensemble. Parfois, c'est l'impunité qui est accordée; en quelques contrées, le fait est punissable, avec subordination, toutefois, de la poursuite à la plainte de la partie lésée. Le Code italien n'adopte cette dernière solution, avec réduction de peine, que par rapport au fait commis au préjudice du conjoint légalement séparé, du frère ou de la sœur ne vivant pas en famille avec l'auteur de l'infraction, d'un oncle, d'une tante, d'un neveu ou d'une nièce, ou bien d'alliés au second degré vivant avec le coupable. Mais aucune poursuite n'est possible, si la partie lésée est le conjoint non légalement séparé, le père, la mère, ou un allié en ligne ascendante ou descendante, le père, la mère ou l'enfant adoptif, le frère ou la sœur vivant en famille avec l'auteur du fait. L'extension donnée à l'immunité ne saurait nous surprendre, après avoir remarqué des dispositions inspirées, en d'autres parties du nouveau Code, par le même sentiment.

XVIII

Après avoir, dans le livre II, tracé les règles relatives aux *diverses espèces de délits*, le législateur a consacré le livre III aux *différentes espèces de contraventions* (art. 434-498).

Par rapport à celles qui concernent l'*ordre public*, le *refus d'obéissance à l'Autorité* est l'objet de dispositions circonstanciées qui méritent d'être remarquées.

L'article afférent à l'*omission de rapport* est digne aussi d'un particulier intérêt, à raison des importantes questions auxquelles se réfère la notion caractéristique de cette contravention.

Nous devons mentionner aussi ce qui touche les *contraventions concernant l'exercice de l'art typographique, la vente des imprimés et les affiches*.

Le Code ne prévoit pas le délit de *vagabondage,* les mesures utiles étant prescrites par la loi de *sûreté publique* et d'autres règlements spéciaux. — La *mendicité* est non un délit, mais une contravention. Le projet prévoyait le fait de *mendier avec autorisation légale;* on ne retrouve plus dans le texte définitif l'indication de cette idée, à laquelle on a justement renoncé. La répression de la *mendicité* se rattache à des problèmes difficiles et complexes, dont la solution, préparée de tous côtés à l'aide des enquêtes, des travaux les plus complets, est mise en suspens par tant d'obstacles.

La contravention résultant de *l'abus de la crédulité d'autrui* sera, dans bien des cas, difficilement distinguée de la *tentative d'escroquerie.*

Au nombre des contraventions qui se réfèrent à la *sécurité publique*, il convient de signaler celles concernant les *armes et les matières explosibles.* L'article 470 donne l'énumération des *armes insidieuses*, dont il est plusieurs fois fait mention dans le Code, à l'occasion de circonstances aggravantes : *stylets, poignards, couteaux pointus à lame fixe ou pouvant être rendue fixe au moyen soit d'un ressort, soit de tout autre mécanisme,* etc. — Les *matières explosibles,* dont la fabrication, le transport, la détention exigent la surveillance de l'autorité, sont l'objet de prescriptions circonstanciées.

Entre autres prévisions utiles, nous mentionnerons celles qui ont pour but de réprimer les négligences et l'inobservation des dispositions légales relativement à la garde des *personnes atteintes d'aliénation mentale.*

Notons, en outre, la contravention spéciale de commun péril, qui résulte du tort de « faire surgir, par négligence ou impéritie, de quelque manière que ce soit, le danger d'un préjudice envers les personnes ou de graves dommages par rapport aux choses ».

Dans le titre afférent aux contraventions touchant à la *moralité publique,* celles qui concernent les *jeux de hasard* motivent des dispositions développées. Le Code n'atteint pas seulement celui qui tient le jeu ou a procuré le local.

« Quiconque est surpris pendant qu'il prend part dans un lieu, soit public, soit ouvert au public, à un jeu de hasard, est puni d'une amende, qui peut être portée à cinq cents livres. » Tel est, du reste, contrairement, par exemple, aux Codes français et belge, le sens dans lequel se prononcent le plus grand nombre des lois pénales.

L'*ivresse*, exclusivement considérée comme un vice, n'encourt pas de répression; mais, entourée de circonstances déterminées, elle est punissable; elle blesse notamment la *moralité publique*, lorsque « à l'état manifeste dans un lieu public, comme l'énonce le Code italien, elle est inconvenante ou repoussante ». Une peine est édictée contre ceux qui occasionnent l'état d'ivresse, ou administrent des substances enivrantes à des personnes déjà ivres, avec aggravation de pénalité, si la victime a moins de quatorze ans ou si elle est dans un état anormal par suite de faiblesse ou d'aliénation mentale : la suspension de l'exercice de sa profession ou de son métier est prononcée envers le contrevenant, s'il fait commerce de substances ou de breuvages enivrants. Les progrès croissants de l'alcoolisme et de la dépravation nécessitent partout des dispositions analogues.

Dans les prescriptions relatives aux *mauvais traitements envers les animaux,* le Code italien, avec raison, n'en restreint pas la portée, comme la loi française, aux *animaux domestiques;* la protection s'étend à tous les *animaux.* Est aussi puni « celui qui, même dans un but exclusivement scientifique ou didactique, mais en dehors des lieux affectés à l'enseignement, soumet des animaux à des expériences de nature à faire frissonner ». Cette disposition a pour but de contenir, même dans les travaux scientifiques, les excès d'expérimentation,

de condamner ce que l'*Exposé ministériel* appelle justement
« des tortures d'une exorbitante et inexorable férocité ». Bien
que le texte soit inapplicable aux expériences faites dans les
universités, les écoles, il convient de penser, sans exagérer
les doléances, que, dans ces lieux aussi, l'avertissement sera
entendu. L'*Act* britannique du 1ᵉʳ juin 1876 n'impose-t-il
pas à la vivisection des restrictions dignes de remarque?

L'étude des contraventions relatives à la *protection publique
de la propriété* ne révèle pas moins de prévoyance que
l'examen des précédentes catégories; à chaque page du
livre III se rencontrent des dispositions on ne peut mieux
appropriées aux intérêts variés qu'elles ont pour but de
sauvegarder.

*

Nous croyons avoir signalé, avec une sincère impartialité,
les dispositions les plus dignes de remarque, à raison, soit
des objections qu'elles soulèvent, soit du suffrage favorable
qu'il convient d'exprimer. Le Code italien est le fruit d'une
longue et difficile élaboration, que les amis des études juridiques suivaient, depuis plus de vingt ans, avec un réel
intérêt. Si nous nous écartons personnellement de ses solutions en ce qui concerne l'abolition de la peine capitale et
diverses autres questions, nous rendons hommage, pour les
dispositions de droit commun, à des mérites supérieurs de
codification, à une méthode scientifique d'insigne valeur.

Le regard principalement fixé sur le Code toscan, dont
l'application vient de cesser, mais qui demeurera un juste
sujet d'orgueil pour l'histoire législative de l'Italie, d'éminents
jurisconsultes, de studieuses commissions ont coopéré à la

préparation de cette grande œuvre.—Vues ingénieuses, tendances parfois originales, même hardies, — solidarité sociale fermement accentuée en maintes dispositions, — esprit de famille particulièrement proposé au respect public, au point d'inspirer des immunités pénales, des égards peut-être exagérés, — système répressif conçu de manière à réaliser la réforme pénitentiaire, objet de tant de vœux, — progrès de la législation pénale étudiés chez tous les peuples et affirmés dans une rédaction savante qui est parvenue à formuler, le plus souvent en termes sobres, la solution d'immenses questions, — mouvement ascensionnel qui élargit les horizons du droit, — prescriptions dont la portée morale dépasse fréquemment les limites assignées aux lois internes, tels sont les caractères, les résultats qui, sans effacer de graves dissidences sur des principes essentiels, font ressortir l'importance de la tâche accomplie dans la péninsule, terre nourricière des criminalistes, véritable patrie du droit pénal.

A la suite de Vico, du génie qui, sondant, avant Montesquieu, un univers inexploré, oubliant la langue du passé pour parler celle de l'avenir, a montré, à travers les évolutions contingentes des peuples, les principes immuables des lois, se sont levés les propagateurs de la *science nouvelle*. Là où un sénat inhumain avait dicté de barbares inventions, où Galéas II Visconti prescrivait son épouvantable *carême*, le chef de l'école naissante, Beccaria, faisant crouler d'un seul choc les colonnes du vieil édifice pénal, a commandé à la répression le respect du sentiment d'humanité. Dans une ville voisine du siège de l'implacable *Conseil des Dix*, Romagnosi a écrit, dans un style lapidaire, sous l'ascendant d'une vigoureuse conception, la *Genèse du droit criminel*.

Dans la cité où Conradin, victime d'une inique procédure, inclina sa tête sous le glaive du bourreau, Filangieri et Nicolini ont, l'un, répandu dans la législation la chaleur de son âme, l'autre, mis au service du droit l'esprit le plus orné, la plus judicieuse pénétration. Non loin des murs d'où un arrêt maudit par la postérité chassa le glorieux fils de la Toscane, les fortes et larges doctrines de Carmignani ont communiqué à l'enseignement juridique un éclat qui s'est perpétué autour de la chaire d'un illustre maître, ravi naguère à l'Université de Pise. L'Italie ne possède-t-elle pas aussi le berceau et la tombe du criminaliste célèbre, dont la France revendique les belles œuvres et qui a fait à la plus noble cause, dans la capitale de la raison écrite et de la foi, le sacrifice d'une vie consacrée à la science? N'éprouve-t-on pas un étonnement mêlé d'émotion devant un si grand spectacle donné par un seul et même pays?

Le nouveau Code, quelques textes exceptés, est devenu, grâce aux patients labeurs et à la haute compétence des hommes qui l'ont préparé, comme le couronnement des efforts entrepris par leurs devanciers, par ces guides immortels de la jurisprudence pénale.

J. L.

Sorèze, le 8 janvier 1890.

LISTE DES PRINCIPAUX TRAVAUX

PUBLIÉS

SUR LE DERNIER PROJET QUI A PRÉCÉDÉ LA PROMULGATION DU PRÉSENT CODE [1].

ALBANO (Jean). — *Ubbriacchezza e responsabilità nel Progetto di Codice penale*, — Extrait de l'*Archivio di psichiatria*, etc., — Rome, Bocca, 1888.

ALIMENA (Bernardin). — *Le Projet de nouveau Code pénal italien*, — *Bibliothèque d'anthropologie criminelle et des sciences pénales*, — Lyon, Paris, 1888.

Appunti al nuovo Codice penale, — Rome, Bocca, 1889 ; on y trouve les quatorze travaux dont suit l'indication :

I.   LOMBROSO (César). — *Troppo presto.*

II.   BERENINI (Augustin). — *Sul duello.*

III.   X et Y. — *Sulla retroattività delle sentenze passate in giudicato e sulle pene*, etc.

IV.   ROSSI (Virgile). — *Sul regionalismo in Italia.*

V.   FERRI (Henri). — *Frammenti dei discorsi pronunziati alla Camera dei deputati.*

VI.   MASÈ-DARI (E.). — *Sulle penalità per gli scioperi.*

VII.   GAROFALO (Raphaël). — *Il computo della detenzione preventiva. — La recidiva.*

[1] A raison du nombre très considérable d'études publiées sur les projets successifs, nous sommes, à regret, contraint, sans perdre de vue les importants travaux relatifs aux projets antérieurs, de nous borner ici à insérer la liste de ceux qui concernent le dernier projet.

VIII. Porto Vito. — *Note di cronaca.*

IX. Olivieri (Victor). — *La prescrizione dell' azione penale.*

X. Stoppato (Alexandre). — *Presunzioni inique.*

XI. Tamassia Arrigo. — *Il Progetto del Codice penale nei suoi rapporti con la giurisprudenza medica.*

XII. Carelli (Louis). — *I reati politici.*

XIII. Cavagnari (C.). — *Sulle circostanze attenuanti, commisurazione delle pene, minorenni, recidiva, complicità.*

XIV. Balestrini (Raphaël). — *Le lesioni personali.*

Balestrini (Raphaël). — *Aborto, infanticidio ed esposizione d'infante,* — Étude de droit et de sociologie, — Rome, Bocca, 1888.

Barzilai (Sauveur). — *Il nuovo Codice penale,* — *Rivista di discipline carcerarie,* ann. xviii, 1888., fasc. 9 et 10, p. 531-555, et ann. xix, fasc. 1ᵉʳ, p. 45-56, et fasc. 2, p. 106-133.

Benedikt Moriz. — *Le nouveau Projet de Code pénal et la science exacte,* — Étude critique, — Wien, mai 1888.

Bennati (Oreste). — *Brevi osservazioni sopra alcune disposizioni del Progetto del nuovo Codice penale italiano,* — Pontremoli, typ. Rossetti, 1888.

Benoist (Charles). — *Les principes économiques et le nouveau Code pénal.*

Berenini (Augustin). — *Dell' ubbriachezza considerata, sotto il triplice aspetto di contravvenzione, causa diminuente e causa dirimente la responsabilità penale,* etc., — Parme, Battei, éd., 1888.

Buccellati (Antoine). — *Progetto del C. P.,* etc., — Observations lues à l'Institut Lombard et publiées dans les *Rendiconti dell' Instituto,* sér. ii, vol. XXXI, fasc. 3, p. 159; — fasc. 7, p. 315; — fasc. 9, p. 460.

Buccellati (Antoine). — *Efficacia estensiva della legge penale,* — dans le *Filangieri,* ann. xiii, part. 2, n° 5, p. 257, mai 1888.

Carcani (M.). — *Il duello e il Codice penale,* — Extrait de la *Rivista militare italiana,* — typ. Voghera, 1888.

CAVAGNARI (Camille). — *Sul libro primo del Progetto di Codice penale italiano,* — Savone, 1888.

CONTI (Hugo). — *I minorenni delinquenti e il Progetto Zanardelli,* — dans le *Filangieri,* ann. XIII, part. 1ʳᵉ, n° 9, p. 513-549, 1888.

DELOGU (Pierre). — *Progetto del Codice penale,* etc., — Observations bibliographiques, extraites de l'*Antologia giuridica,* ann. II, fasc. 10-12, — Catane, typ. Fr. Martinez, 1888.

DE PEDYS (Nicolas). — *Osservazioni medico-legali sul nuovo Codice penale,* asc. 1ᵉʳ: *Della brutale malvagità,* — Rome, typ. Desideri-Ferretti, 1888.

DE TILLA (Alfred). — *La violenza nel reato di esercizio arbitrario delle proprie ragioni, nella dottrina e nelle legislazioni,* — Extrait de la *Gazzetta del procuratore,* ann. XXII, n° 10 et 11, — Naples, typ. dell' Ancora, 1888.

FABRIZI (Alfred). — *Contro un' innovazione,* — Rome, Loescher, 1888.

FACELLI (César). — *Alcune osservazioni sull' art. 1 del Codice,* — Gênes, Carlini, 1888.

FIORE (Pascal). — *Considerazioni sull' efficacia extraterritoriale della sentenza penale straniera nel Progetto di Codice penale,* — Monitore dei tribunali, — n° 7, p. 29, 18 février 1888.

FISICHELLA. — *Della interdizione patrimoniale del condannato a pena perpetua secondo l'ultimo disegno del Codice penale italiano,* — Antologia giuridica, ann. II, n° 8 et 9, p. 605, — Catane, nov.-décembre 1887.

GARBASSO (Louis). — *Delle contravvenzioni contemplate nella legge di pubblica sicurezza e nel libro III del nuovo Codice penale,* — La Legge, vol. XXVIII, II, n° 4.

GAROFALO (Raphaël). — *Contro la corrente! Pensieri sulla proposta abolizione della pena di morte nel Progetto del nuovo Codice penale italiano,* — Naples, Anfossi, 1888.

GELLI (Jacques). — *Responsabilità penale dei duellanti,* — Florence, Loescher et Seeber, 1888.

GIANNELIA (Basile). — *Del secondo Progetto Zanardelli,* etc., — Impressioni, — Gazzetta dei tribunali, n° 16 et s., p. 122 et s., — Trieste, 1888.

HOLTZENDORFF FRANZ VON. — *Les pénalités dans le nouveau Projet de Code pénal italien,* — Gerichtssaal, vol. XL, fasc. 5, p. 321.

IMPALLOMENI (G. B.). — *Il carattere dei moventi nell' omicidio premeditato*, — Rome, Bocca, 1888.

LACOINTA (Jules). — *Le dernier Projet de Code pénal italien*, — Observations présentées, sur l'invitation de M. le Ministre Zanardelli, — Paris, 1888.

LETI (Joseph). — *Il duello nella sua evoluzione storica, nella filosofia e nella giurisprudenza*, — Rome, typ. de l'*Opinione*, 1888.

LISZT FRANZ VON. — *Le Projet de Code pénal italien, de 1887*, — Fribourg, 1888.

LUCAS (Charles). — *L'unification pénale à réaliser en Italie par l'abolition de la peine de mort*, — Paris, 1888.

MAINO (Louis). — *Il Progetto Zanardelli*, etc., — *Monitore dei tribunali*, numéros des 4 février 1888, n° 5, p. 82-90, et 27 octobre, 3 et 10 novembre 1888, p. 841-846, 861-864, 881-888.

MAYER (Salomon). — *Le Projet de Code pénal pour le royaume d'Italie*, — Extrait de l'*Archiv für Strafrecht*, vol. XXXV, fasc. 5, part. gén., et 6, part. spéc., p. 1-32.

NULLI (Raphaël). — *Il Progetto di Codice penale e la famiglia Reale*, — La *Perseveranza*, numéro du 2 mars 1888.

ORESTANO (Louis). — *Progetto di Codice penale*, — *Osservazioni*, — Extrait du *Circolo giuridico*, ann. xx, — Palerme, typ. Virzi, 1889.

PERRONE-FERRANTI (Jacques). — *Del nesso casuale e della sua imputazione con riferimento al nuovissimo Progetto di Codice penale italiano*, — Palerme, typ. Giannone et Lamantia, 1888.

PERRONI (Luc). — *La verità del convicio*, — Extrait du *Monitore delle leggi*, n°ˢ 41, 42 et 43, p. 1-32, — Gênes, typ. de l'inst. r. des sourds-muets, 1888.

PINCHERLI (Eugène). — *I minorenni e le contravvenzioni*, — Vérone, 1888.

PORTO VITO. — *Progetto del Codice penale*, etc., — Rome, typ. de l'*Opinione*, 1888.

PUGLIESE (G. A.). — *Il nuovo Codice penale italiano*, — *Rivista di giurisprudenza*, ann. XIII, fasc. 3 et 4, p. 351, — Trani, 1888.

RABBENO ARRONE. — *Osservazioni sulle sofisticazioni delle produzioni agricole all' art. 285 in relazione all' art. 306 del Progetto del Codice penale*, etc.

Rizzuti Vito. — *Impressioni sul nuovo Codice penale*, — Palerme, typ. du *Giornale de Sicilia*, 1888.

Semmola (Joseph). — *Un quesito intorno alla retroattività del nuovo Codice penale, etc.*, — Naples, typ. Prete, 1888.

Seuffert (Hermann). — *Étude sur le Projet de Code pénal pour le royaume d'Italie*, — Breslau, Schettler'sche Buchhandlung, 1888.

Stoppato (Alexandre). — *L'ultimo capoverso dell' art. 46 del Progetto*, — *Temi veneta*, vol. XIII, n° 12, p. 165. — *Ancora sull' ultimo capoverso, etc.*, op. cit., vol. XIII, n° 20, p. 269.

Tamassia Arrigo. — *Il Progetto del Codice penale nei suoi rapporti con la giurisprudenza medica*, — Annales de l'Institut royal vénète des sciences, lettres et arts, t. VI, sér. IV, n° 5, p. 653-699, — Venise, 1888.

Tamassia Arrigo. — *Il Progetto del nuovo Codice penale alla Camera*, — Reggio, typ. Et. Calderini et fils, 1888.

Tedeschi (Félix). — *Il presente e l'avvenire nell'opera legislativa della codificazione d'Italia*, — Turin, Union typ., éd., 1888.

Tolomei (G. P.). — *Sui progetti di un Codice penale commune a tutto il regno d'Italia, etc.*, — Annales de l'Institut royal vénète, t. VI, sér. IV, n° 6, p. 799-838, — Venise, 1888.

Tolomei (G. P.). — *Sull' odierna questione degli abusi dei ministri dei culti nell' esercizio delle loro funzioni*, — Mémoire lu à l'Académie royale des sciences, lettres et arts de Padoue, — Recueil de cette académie, vol. IV, n° 4, p. 1-32, — Padoue, typ. J. B. Randi, 1888.

Torres-Campos. — *El nuovo Progetto de Codigo penal italiano*, — Revista de los tribunales, t. XVII, n°ˢ 3 et 4, — Madrid, 1888.

Travaglia (Charles). — *Il nuovo Codice penale, parte generale, dei reati e delle pene*, 2 vol., — Rome, typ. fratelli Centenari, 1889.

Tuozzi (Pascal). — *Le prime impressioni del Progetto di Codice penale Zanardelli, etc.*, — Naples, typ. Michel d'Auria, 1888.

Villani (Édouard). — *Topografia della faccia in rapporto al deturpamento permanente, osservazioni medico-legali*, — Mémoire lu à l'Académie royale médico-chirurgicale de Naples, — Extrait du compte rendu, — Naples, typ. A. Tocco et Cⁱᵉ, 1888.

WAHLBERG (Guillaume). — *Le Projet de Code pénal italien, de 1887,* — *Juristische* Blätter, ann. XVII, nos 45, 46 et 47, 4, 11 et 18 novembre 1888.

ZUCKER — *Classification du délit de duel, au point de vue des nouvelles législations pénales,* — *Zeitschrift für das privat und öffentliche Recht der Gegenwart,* vol. XV, 4, p. 760.

LISTE

DE QUELQUES EXPRESSIONS JURIDIQUES ITALIENNES,

AVEC LA TRADUCTION EN REGARD.

—

A

Ammenda............ Amende (appliquée aux *contraventions*).

Arresto............ Arrêt (peine privative de la liberté personnelle).

C

Cancelleria............ Greffe.

Capoverso dell' articolo...... Paragraphe ou alinéa, après la première partie de l'article [1].

Carta di pubblico credito...... Billet de crédit public.

Cartellino............ Bulletin.

Casa di custodia............ Maison de garde (établissement pénitentiaire spécial).

Casellario giudiziale........ Casier judiciaire.

Confino............ Confinement (éloignement forcé).

Contravvenzione............ Contravention (infraction secondaire, exclusive de toute recherche de la volonté de l'agent).

Correità............ Coparticipation de plusieurs à un méfait.

D

Delitto............ Délit (expression appliquée à toute infraction impliquant une action ou une omission volontaire).

E

Ergastolo............ Peine *perpétuelle*, privative de la liberté individuelle, substituée à la peine de mort.

---

[1] Telle est la signification du mot *capoverso* dans le texte du Code et dans la traduction. Toutefois, dans nos annotations, nous avons employé le terme *paragraphe*, selon le sens de l'expression française, c'est-à-dire en l'appliquant à tous les alinéas d'un même article.

F

Favoreggiamento	Assistance subséquente donnée au coupable.

I

Incanti	Enchères.
Incolumità	Sûreté personnelle.
Integrità	Intégrité de la personne (c'est-à-dire état de la personne qui demeure *intacte*, à l'abri de toute lésion, de tout dommage).

L

Lenocinio	Proxénétisme.

M

Malleveria di buona condotta	Caution de bonne conduite.
Manicomio	Asile réservé aux *aliénés* dits *criminels*.
Millantato credito	Crédit allégué.
Multa	Amende (appliquée aux *délits*).

O

Oblazione volontaria	Satisfaction volontaire.

P

Prima parte dell' articolo	Première partie ou premier passage, avant ce qui suit et qui est dénommé paragraphe ou alinéa.
Prossimi congiunti	Proches parents (dans le sens précisé par le Code).

R

Reato	Infraction.
Ricatto	Rançonnement.
Ricettazione	Recel.
Riprensione giudiziale	Réprimande judiciaire.
Risarcimento	Remboursement.

S

Sciopero	Cessation de travail, grève.

T

Truffa	Escroquerie.

CODE PÉNAL D'ITALIE.

LOI DU 22 NOVEMBRE 1888.

HUMBERT Ier, par la grâce de Dieu et la volonté nationale, Roi d'Italie,

Vu la loi du 22 novembre 1888, n° 5801 (série 3e), par laquelle le Gouvernement du Roi a été autorisé à publier le Code pénal pour le royaume d'Italie, annexé à la présente loi, en introduisant dans le texte de ce Code les modifications qui, en tenant compte des votes du Parlement, seraient jugées nécessaires pour en amender les dispositions et les coordonner entre elles, ainsi qu'avec les autres codes et lois;

Le Conseil des ministres entendu,

Sur la proposition de notre Garde des sceaux, Ministre secrétaire d'État pour les affaires de grâce, de justice et des cultes,

Avons décrété et décrétons :

ARTICLE PREMIER. Le texte définitif du Code pénal portant la date de ce jour est approuvé et entrera en vigueur à dater du 1er janvier 1890.

ART. 2. Un exemplaire du susdit texte définitif du Code pénal, sorti des presses de l'Imprimerie royale, signé par nous et contre-signé par notre Ministre de grâce, de justice et des cultes, servira d'original, et sera déposé et conservé aux archives générales du royaume.

ART. 3. La publication dudit Code s'accomplira par l'envoi d'un exemplaire imprimé à chacune des communes du royaume pour être déposé dans la salle du conseil communal et tenu, en ce lieu, exposé durant un mois, six heures par jour, afin que toute personne puisse en prendre connaissance.

Nous ordonnons que le présent décret, revêtu du sceau de l'État, soit inséré dans le *Recueil officiel des lois et décrets du royaume d'Italie*, en prescrivant à toute personne de l'observer ou de le faire observer.

Donné à Rome, le 30 juin 1889.

HUMBERT, signé.

Enregistré à la Cour des comptes, le 30 juin 1889, registre 169, actes du Gouvernement, fol. 86.

MANDILLO, signé.

(Sceau de l'État.)

Vu : le Garde des sceaux,

G. ZANARDELLI, signé.

G. ZANARDELLI, signé.

CODE PÉNAL D'ITALIE.

LIVRE PREMIER.

DES INFRACTIONS ET DES PEINES EN GÉNÉRAL.

TITRE PREMIER.

DE L'APPLICATION DE LA LOI PÉNALE.

ARTICLE PREMIER. Personne ne peut être puni à raison d'un fait qui n'est pas expressément prévu comme infraction par la loi, ni atteint de peines que la loi n'édicte pas.

Les infractions se distinguent en délits et contraventions.

ART. 1ᵉʳ. Presque tous les Codes présentent d'abord des dispositions générales. Voir le C. français, le C. de l'Empire d'Allemagne, le C. hongrois, le C. hollandais, le projet autrichien, etc.

L'art. 1 énonce un principe incontesté ; le projet sur lequel les Chambres italiennes ont voté le formulaient en termes plus sobres et non moins exprès. Voir l'*Exposé ministériel*, vol. I, p. 55-57. *Nullum crimen sine lege ; nulla pœna sine lege.*

La division bipartite des infractions en délits et contraventions est substituée à la division tripartite adoptée par l'ancien C. sarde de 1859, art. 2 ; les C. français, art. 1 ; d'Allemagne, § 1, etc. — Voir

M. Travaglia, *Sur le nouveau Code pénal italien*, vol. I, Roma, Fr. Centenari, 1889, p. 28-30. Voir également Rossi, *Traité de droit pénal*, Paris et Genève, 1839, t. III, p. 54 ; Haus, *Observations sur le projet de Code pénal belge*, t. I, p. 62 ; Carmignani, *Juris criminalis elementa*, Pise, 1823, t. I, p. 1. — Si, dans le C. français notamment, le mot *délit*, qui dérive de *delinquere*, a un sens restreint, cette expression est maintes fois entendue par les publicistes dans le sens le plus large. Voir le titre même du livre de Beccaria : *Des délits et des peines*. C'est avec la même ampleur que le C. du 3 brumaire an IV, art. 1, employait ce terme. Voir aussi les art. 40 et s.,

Art. 2. Personne ne peut être puni à raison d'un fait qui, suivant la loi en vigueur à l'époque où il a été commis, ne constituait pas une infraction.

226, 227, 307, 308, etc., du C. français d'instruction criminelle de 1808. Le terme *contravention* (*contra venire*) a aussi, à la fois, un sens très large et un sens restreint.

La plupart des Codes adhèrent aujourd'hui, de même que les projets russe, art. 3, et autrichien, à la division *tripartite* comportant, en dehors des *contraventions*, une double classe des principales infractions, division qui rappelle en quelque manière l'ancienne distinction en délits légers et délits atroces : *crimes* et *délits* en France, Belgique, Luxembourg, dans les cantons de Berne, de Fribourg, de Genève, du Valais; *Verbrechen* et *Vergehen*, en Allemagne, dans les cantons d'Appenzell, de Glaris, de Saint-Gall, de Soleure, de Zug; *felony* et *misdemeanour*, en Angleterre; *prjestupljenije* et *prostupok*, en Russie; *κακούργημα* et *πλημμέλημα*, en Grèce; *crime* et *delicto*, en Portugal; *crima* et *delict*, en Roumanie; *crimine* et *delitto*, dans le Tessin; *misfatto* et *delitto*, à Saint-Marin. La dernière législation hongroise conserve la division *tripartite*, en consacrant deux Codes distincts, l'un aux crimes (*büntett*) et aux délits (*vétség*), l'autre aux contraventions, que régissent aussi des lois spéciales, dans les cantons de Bâle-Ville, de Vaud et de Zurich.

Quelques législations toutefois, comme l'ancien C. toscan, art. 2, et le présent Code, repoussent la division tripartite et ne qualifient, en dehors des contraventions, les infractions plus graves que par un

terme : *missdrijf*, en Hollande; *forbrydelse*, en Danemark et Norvège; *brott*, en Suède; tantôt *Verbrechen*, tantôt *Vergehen*, dans les cantons d'Argovie, de Bâle-Ville, des Grisons, de Lucerne, de Schwitz, de Zurich; *delitti*, à Malte; *délits*, dans le canton de Vaud et dans le projet de Neufchâtel du 5 mai 1889, qui renferme, art. 1, une notable définition de l'expression *délit*. (Voir *Bull. de la Société générale des prisons*, 14ᵉ année, p. 28 et s.). Le C. espagnol comprend aussi toutes les infractions, sous la dénomination : *delitos*; toutefois le dernier projet (art. 12-16) distingue les délits graves, *delitos graves*, des délits moins graves, *delitos ménos graves*, et même ceux-ci des infractions qui font encourir des peines légères, *penas leves*, et que le projet dénomme *fautes*, *faltas*; les infractions de cette dernière catégorie, impliquant l'intention coupable, ne se confondent pas avec les contraventions. Le projet britannique, art. 286, substitue aux deux expressions anglaises précitées un terme unique désignant, sans distinction, tous les méfaits graves ou non, déférés au jury : *indictable offences*.

Art. 2. La rédaction du projet a été remaniée et condensée. Principe certain : sous les réserves précisées par ce texte, les lois pénales n'ont pas d'effet rétroactif. Voir *la Thémis*, t. VII, p. 289, dissertation de M. Blondeau, et la *Revue de droit français et étranger*, année 1845, p. 1, étude de M. Duvergier. Voir aussi M. Travaglia, *op. cit.*, vol. I, p. 35-

Personne ne peut être puni à raison d'un fait qui, en vertu d'une loi postérieure à sa perpétration, ne constitue plus une infraction; dans ce cas, s'il est intervenu une condamnation, l'exécution de la peine et les conséquences de la décision judiciaire cessent par le seul fait de la loi nouvelle.

Si la loi de l'époque de la perpétration et les lois postérieures diffèrent, on applique, entre toutes les dispositions, celles qui sont le plus favorables au prévenu.

Art. 3. Quiconque commet une infraction sur le territoire du royaume est puni suivant la loi italienne.

Tout Italien est jugé dans le royaume, alors même qu'il l'a été à l'étranger.

L'étranger qui a été jugé hors du territoire l'est de nouveau dans le royaume, si le Ministre de la justice le requiert.

Art. 4. L'Italien ou l'étranger qui commet hors du territoire un délit contre la sûreté de l'État, ou de contrefaçon des sceaux

---

42. La disposition du 2° § (*in fine*) de l'art. 2 est très remarquable; c'est l'extension, même aux condamnations définitives, du principe qui y est posé.

Art. 3. Le § 1 de l'art. 3 renferme l'affirmation absolue du caractère territorial de la loi pénale, applicable à toutes les personnes qui se trouvent et à tous les faits qui se produisent sur le territoire (*quæ clauduntur territorio*). Voir l. 239, § 8, ff, *De verb. sign.*; Varro, *De lingud latind*, 4; Wolf, *Inst. jur. nat. et gent.*, p. 1132. L'art. 3, § 1, du C. civil français, le § 3 du C. d'Allemagne, etc., énoncent le même principe, universellement admis et qui a marqué particulièrement de son empreinte les législations de l'Angleterre et des États-Unis. Voir

toutefois les *Acts* britanniques du 16 août 1878, 41 et 42 Vict., ch. LXVII et LXXIII, pour étendre et amender la législation sur la juridiction relative aux faits qui se sont passés à l'étranger et au sujet du jugement des délits commis en mer, à une certaine distance des côtes des possessions anglaises (*Annales de la Société de législation comparée*, année 1878, p. 63 et s.), et le projet anglais de 1878, sect. 3 et 4. Voir aussi les C. de Bâle, de Glaris et de Zurich.

Art. 4. Après l'affirmation du caractère territorial de la loi pénale, ce texte et les dispositions qui suivent en consacrent aussi, avec raison, le caractère extraterritorial, personnel.

Mais, comme au précédent article et

de l'État, ou de fabrication, soit de fausses monnaies ayant cours légal dans le royaume, soit de billets d'établissements de crédit public italien, quand la loi italienne édicte, à raison de ce délit, une peine restrictive de la liberté personnelle, pour une durée maxima non inférieure à cinq ans, est puni suivant ladite loi.

Il est jugé dans le royaume, alors même qu'il l'a été à l'étranger, si le Ministre le requiert.

Les dispositions qui précèdent sont applicables, même s'il s'agit d'un délit passible d'une peine restrictive de la liberté personnelle pour une durée moindre que l'intervalle de temps ci-dessus précisé, toutes les fois que l'Italien ou l'étranger est trouvé sur le territoire du royaume.

Art. 5. L'Italien qui, en dehors des cas prévus par l'article précédent, commet à l'étranger un délit contre lequel la loi ita-

---

par une application bien plus notable par rapport à des infractions commises à l'étranger, le § 2 de l'art. 4, à la différence des dispositions du C. français d'instruction criminelle, art. 5, § 3 (loi du 27 juin 1866), même de l'art. 68 du C. hollandais, du § 5 1° du C. d'Allemagne, du projet espagnol de 1885, art. 8, etc., limite la portée de la règle *non bis in idem* et ne reconnaît pas l'autorité des sentences rendues à l'étranger. Voir deux arrêts de la chambre criminelle de la Cour de cassation de France, du 21 mars 1862 (*Bull. crim.*, année 1862, p. 32). Les progrès du droit international parviendront-ils à amener, au delà des frontières de chaque État, le respect de la chose jugée ? Voir à ce sujet le projet de Neufchâtel, art. 37 et 91.

Art. 5 et 6. Voir les art. 5 et 6 du C. français d'instruction criminelle, le § 4 du C. d'Allemagne, l'art. 174 du C. russe, l'art. 4 du C. hollandais, le § 38 du C. autrichien, l'art. 7 n° 2 du C. hongrois, les art. 4-7 du C. danois, les art. 6-14 de la loi belge du 17 avril 1878, la loi spéciale luxembourgeoise du 18 janvier 1879, l'art. 5 du C. de Malte, le C. d'instruction criminelle de Genève, l'art. 3 du C. du Tessin, le § 3 *b* du C. de Zurich, le § 3 du C. de Saint-Gall, l'art. 6 du C. de Vaud, l'art. 3 du C. de Fribourg, les art. 7-9 du projet russe, l'art. 7 du projet espagnol, les art. 4 et s. du projet autrichien, les art. 4 et s. du projet de Neufchâtel ; voir aussi le projet vaudois ; Pasquale Fiore, *Effetti internazionali delle sentenze e degli atti* (*parte seconda*), Turin, 1877 ; Molinier, *Étude sur le nouveau projet de Code pénal pour le royaume d'Italie*, 2ᵉ partie, Paris, 1880 ; etc.

lienne édicte une peine restrictive de la liberté personnelle pour
une durée minima non inférieure à trois ans, est puni suivant ladite loi, toutes les fois qu'il est trouvé sur le territoire du
royaume; mais la peine est diminuée d'un sixième, et à l'*ergastolo*
est substituée la reclusion de vingt-cinq à trente ans.

S'il s'agit d'un délit par rapport auquel est édictée une peine
restrictive de la liberté personnelle, pour une durée moindre, la
poursuite n'est exercée que sur la plainte de la partie lésée ou à la
demande du gouvernement étranger.

Art. 6. L'étranger qui, en dehors des cas énoncés à l'article 4,
commet à l'étranger, au détriment de l'État italien ou d'un ressor-
tissant de cet État, un délit à raison duquel la loi italienne édicte
une peine restrictive de la liberté personnelle, d'une durée minima
non inférieure à un an, est puni suivant cette loi, toutes les fois
qu'il est trouvé sur le territoire du royaume; mais la peine est
diminuée d'un tiers, et à l'*ergastolo* est substituée la reclusion,
pour une durée de vingt ans au moins.

La poursuite n'est exercée que sur l'initiative du Ministre de la
justice ou la plainte de la partie lésée.

L'art. 6, § 1, prescrit une diminution de peine eu égard à l'étranger qui a commis un méfait hors du territoire, sauf dans les cas énoncés à l'art. 4. La diminution était obligatoire dans les prévisions du C. toscan; facultative, d'après le C. subalpin (art. 5 à 9); aucune diminution n'est autorisée par les C. suédois, § 1; hollandais, art. 4-7; portugais, § 3; de Malte, art. 5. Voir aussi les C. autrichien, §§ 39 et 40; hongrois, art. 8, 9 et 12; d'Allemagne, art. 4, etc.

La disposition du § 3 de l'art. 6 est très remarquable. Ainsi se trouve com-blée la lacune que présentent beaucoup de législations, notamment le C. français, qui ne permet d'atteindre, en aucun cas, l'étranger auteur, hors du territoire, d'un méfait ne rentrant pas dans la catégorie des crimes prévus par l'art. 7 de ce dernier Code.

Toutes ces questions ont été profondément débattues, dans les différentes phases de la préparation du C. italien. Voir en dernier lieu le *Rapport* présenté par M. Zanardelli au Roi, le 30 juin 1889; Rome, Imprimerie royale, 1889, p. 16-20.

Si le délit a été commis au détriment d'un étranger, le coupable, sur l'initiative du Ministre de la justice, est puni suivant les dispositions de la première partie du présent article, toutes les fois :

1° Qu'il s'agit d'un délit par rapport auquel est édictée une peine restrictive de la liberté personnelle, pour une durée minima, non inférieure à trois ans;

2° Qu'il n'existe pas de traité d'extradition, ou que l'extradition n'a pas été acceptée par le gouvernement, soit du lieu de la perpétration du délit, soit de la patrie du prévenu.

Art. 7. La poursuite n'est pas exercée dans les cas énoncés aux articles 5 et 6 :

1° S'il s'agit d'un délit à raison duquel, suivant les dispositions du premier paragraphe de l'article 9, l'extradition n'est pas admise;

2° Si le prévenu, jugé à l'étranger, a été définitivement acquitté, ou si, après avoir été condamné, il a complètement subi sa peine, ou bien encore si la condamnation est éteinte.

Néanmoins, si, contre l'Italien, à raison d'un délit commis à l'étranger, autre que les infractions indiquées au n° 1 du présent article, a été prononcée, à l'étranger, une condamnation qui, suivant la loi italienne, emporterait, comme peine ou comme conséquence pénale, l'interdiction des emplois publics ou une autre

Art. 7. Le S 2 de ce texte restreint, dans les cas qui sont indiqués, le droit de poursuivre de nouveau un prévenu déjà jugé à l'étranger.

N'y a-t-il pas un acheminement vers l'extension du principe de la chose jugée dans l'emprunt fait par cet article au S 37 du C. d'Allemagne, au S 46 du projet autrichien, à l'art. 31 du C. de Vaud, pour que la privation des droits, qu'eût entraînée une sentence rendue contre un Italien, si elle avait été prononcée par un tribunal du royaume, puisse intervenir, même après un jugement émané d'une juridiction étrangère?

incapacité, l'autorité judiciaire, sur l'initiative du ministère public, peut déclarer que la sentence prononcée à l'étranger entraîne dans le royaume l'interdiction ou l'incapacité susdite; sauf au condamné le droit de demander qu'avant de statuer sur les réquisitions du ministère public, la procédure suivie à l'étranger soit recommencée.

Art. 8. Quand, dans les cas prévus aux articles précédents, la procédure suivie à l'étranger est recommencée dans le royaume, on impute sur la nouvelle peine celle qui a été subie hors du territoire du royaume, en tenant compte de la nature de cette peine et en appliquant, s'il y a lieu, les dispositions de l'article 40.

Art. 9. N'est pas admise l'extradition d'un Italien.

Art. 8. Cette imputation est encore une disposition restrictive de la règle qui n'admet pas, au delà des frontières de chaque État, l'autorité de la chose jugée. Mais l'application de l'art. 8 présente les plus grandes difficultés. Voir M. Travaglia, *op. cit.*, p. 44-47.

Art. 9. Le § 1 énonce une règle contestable, mais généralement admise, sauf en Angleterre (*Acts* des 9 août 1870 et 5 août 1873) et aux États-Unis (loi du 3 mars 1869).

L'exclusion formulée par le § 2 est partout adoptée, sous la réserve concernant les attentats contre la personne des chefs d'État.

Le § 3 déclare que l'extradition est un acte de souveraineté qui doit dès lors émaner du Gouvernement, «après délibération conforme de l'autorité judiciaire.....», excellente disposition qui rend possible le refus d'extradition, malgré l'avis de l'autorité judiciaire, mais défend qu'elle soit accordée nonobstant l'avis de cette autorité, ce qui constitue un progrès sur la loi belge du 15 mars 1874 et sur la loi hollandaise du 5 avril 1875. Au lieu des mots : «autorité judiciaire», nous aurions désiré trouver dans le Code même la désignation de la juridiction appelée à délibérer. — La procédure de l'extradition ne doit pas dépendre de l'arbitraire du pouvoir, comme en France, où l'on attend depuis onze ans la loi votée au Sénat, le 4 avril 1879, en vue de réaliser le vœu émis par l'Assemblée constituante, le 19 février 1791.

Le § 4 se réfère à l'«offre de l'extradition», disposition à laquelle on ne saurait trop fermement adhérer et qui donne à la faculté d'«arrestation provisoire» une extension on ne peut plus utile. Voir l'art. 853 du C. de procédure pénale; les C. autrichien, art. 36 et autres; hongrois, art. 17; le projet russe, art. 11.

L'extradition d'un étranger n'est pas admise à raison, soit des délits politiques, soit des infractions connexes à des délits de ce genre.

L'extradition d'un étranger ne peut être offerte ou accordée que par le Gouvernement du Roi et après délibération conforme de l'autorité judiciaire du lieu où l'étranger est trouvé.

Néanmoins, sur demande ou offre d'extradition, l'arrestation provisoire de l'étranger peut être ordonnée.

Art. 10. Les dispositions du présent Code s'appliquent même aux matières régies par d'autres lois pénales, à moins qu'il ne soit par celles-ci différemment statué.

TITRE II.

DES PEINES.

Art. 11. Les peines édictées quant aux délits sont :

1° L'*ergastolo;*

Art. 11. De l'énumération ressort l'abolition de la peine de mort. Le Sénat en avait antérieurement voté le maintien, conformément aux avis des Cours de cassation du royaume, celle de Florence exceptée; cette abolition nous paraît compromettre l'œuvre de la justice criminelle.

La peine capitale a été supprimée dans la République de Saint-Marin (1849), en Grèce (1862), en Roumanie (30 octobre 1864), en Portugal (1er juillet 1867), en Hollande (17 septembre 1870), dans les cantons de Neufchâtel (19 janvier 1856), de Zurich (1er février 1871), du Tessin (3 mai 1871), de Genève (24 mai 1871), de Bâle-Ville (1872), de Bâle-Campagne (1873). L'art. 65 de la Constitution helvétique du 19 avril 1874, qui prononçait l'abolition de la peine capitale à raison de tous crimes, a été abrogé le 18 mai 1879; cette peine n'est plus supprimée dans toute la Confédération que relativement aux méfaits politiques, et chacun des cantons a recouvré le droit de l'édicter, quant aux méfaits de droit commun; huit ont usé de ce droit et l'ont rétablie, à savoir ceux d'Appenzell-Rhodes intérieurs, d'Unterwalden supérieur, d'Uri, de Schwitz, de Zug, de Saint-Gall, de Lucerne et du Valais. — La peine capitale, abolie en Toscane en 1786, rétablie le 30 juin 1790, supprimée de nouveau en octobre 1847, remise en vigueur le 18 novembre 1852, avait été abolie derechef dans ce pays depuis le 30 avril 1859.

2° La reclusion;

3° La détention;

4° Le confinement;

5° L'amende (*multa*);

A l'inverse, l'extension du C. pénal d'Allemagne à tous les États de l'Empire a entraîné le rétablissement du châtiment suprême, notamment dans le royaume de Saxe, dans le grand-duché d'Oldendourg, la ville de Brême, les duchés de Nassau et d'Anhalt.

Cette peine est maintenue en France, en Autriche, en Hongrie, en Espagne, en Angleterre, État dans lequel elle est le plus fréquemment appliquée; en Suède, en Norvège et en Danemark, où les exécutions sont très rares; en Allemagne, où la condamnation est habituellement commuée; en Russie, où la législation actuelle, de même que le projet de Code, ne la maintiennent que dans des cas particuliers; en Belgique, où elle est supprimée de fait. Voir Mittermaier, *De la peine de mort, considérée au point de vue de la science, de l'expérience et des législations*, traduction par Fr. Carrara, Lucques, 1864; d'Olivecrona, *De la peine de mort*, Paris, 1868; Lucas, *Du système pénal et répressif, en général, et de la peine de mort en particulier*, Paris, 1827; *De l'état anormal, en France, de la répression*, etc., Paris, 1885; voir Molinier, *Rapport sur la peine de mort* à l'Académie de législation de Toulouse (Recueil de cette Académie, année 1864, p. 88 et s.); C. Cantù, *Beccaria et le droit pénal*, ouvrage traduit en français par M. C. Delpech et par nous, Paris, 1885, p. 202 et s.; voir aussi l'*Exposé mi-nistériel* de M. Zanardelli, vol. I, p. 34 et s., et Paoli, *Exposé historique et scientifique des travaux préparatoires du Code pénal italien, part. gén.*, p. 41-67.

L'exécution de la peine capitale a, de même qu'aux États-Unis, cessé d'être publique et s'accomplit dans un lieu clos, en Angleterre, loi de 1866 (*Capital punishment amendment act*), ainsi que le maintient le projet britannique de codification pénale, sect. 8; en Allemagne, C. de procédure pénale, art. 486; en Autriche, avec adoption de cette règle dans le projet de nouveau Code; en Hongrie, C. pénal, art. 21; en Russie, oukase du 26 mai 1881 et adoption dans le projet; en Suède, loi du 10 août 1877; dans le grand-duché de Luxembourg, C. pénal, art. 9; dans le canton de Saint-Gall, C. pénal, art. 6, etc. — La publicité des exécutions est encore maintenue dans plusieurs pays, notamment en Belgique, C., art. 9; en France, C., art. 26, en précisant toutefois qu'une proposition de loi votée par le Sénat français, le 1er décembre 1884 et le 12 mai 1885, non encore adoptée par la Chambre des députés, supprime la publicité des exécutions capitales. Tel avait été le projet proposé, en 1878, par une commission extraparlementaire de revision du C. d'instruction criminelle, présenté le 20 mai 1879 par le Gouvernement, et repris dans la proposition de M. Bardoux, sénateur. Voir le mémoire

6° L'interdiction des fonctions publiques.

Les peines afférentes aux contraventions sont :

1° L'arrêt;

2° L'amende (*ammenda*);

3° La suspension de l'exercice d'une profession ou d'un métier.

de M. Bérenger père, *Comptes rendus de l'Académie des sciences morales*, livraison d'octobre 1855, p. 85, et les observations de M. Molinier, dès 1848, contre la publicité des exécutions, *Recueil de l'Académie des sciences, inscriptions et belles-lettres de Toulouse*, t. IV, 3ᵉ série, p. 237; voir aussi *Bull. de la Société générale des prisons*, année 1887, p. 126 et s. Le dernier projet espagnol, art. 45, maintient la publicité des exécutions; mais la commission des Cortès a opiné (nouvel art. 44) pour qu'elles aient lieu dans l'intérieur des prisons. Toutefois, comme dans le projet ministériel, le texte de la commission prescrit l'exposition du cadavre, pendant six heures, aux regards du public.

La commission extraparlementaire française de 1878 avait préparé un projet de loi, en vertu duquel la Cour de cassation serait saisie d'office, sans nécessité de pourvoi, de l'examen de toute affaire criminelle dans laquelle la peine de mort aurait été prononcée. Il est regrettable qu'une loi, dont le principe mériterait l'adhésion de tous les États, n'ait pas été encore votée pour faire de cette garantie la règle dans toutes les causes de cette catégorie.

La peine de la transportation n'est pas prévue. Cette peine, qui est celle des travaux forcés subis aux colonies, n'existe qu'en France, en Russie, en Portugal et en Espagne. L'Angleterre, qui l'avait pratiquée, l'a supprimée et remplacée par la *penal servitude*. Pour l'Italie, le défaut de possessions coloniales suffirait à expliquer, en l'état, l'exclusion de cette peine. Voir MM. Desportes et Lefébure, *La science pénitentiaire au Congrès de Stockholm*, Paris, 1879, p. 86 et s.; M. A. Ribot, *La transportation anglaise* (*Revue des Deux-Mondes*, 1ᵉʳ février 1873; *Bull. de la Société générale des prisons*, année 1879, p. 117, etc.).

Les bagnes sont supprimés; le Code ne prévoit aucune peine de travaux forcés subis dans des établissements de ce genre, soit sur le territoire de la péninsule, soit ailleurs. Les travaux forcés sont, au contraire, conservés notamment dans les législations anglaise, française, serbe, dans le projet russe, etc.

Le bannissement, qui occupe une si grande place dans l'histoire du droit criminel, est aussi repoussé, — détermination très sage à nos yeux.

Il ne saurait plus être question des châtiments corporels; cependant le projet britannique de 1879 maintient, avec la mort, les travaux forcés (*penal servitude*) et l'amende, la flagellation (*flogging, whipping*).

On s'est attaché à diminuer le nombre des catégories de peines; l'ensemble des réformes pénales dans les différents pays révèle la même tendance.

Sous la dénomination de *peines restrictives de la liberté person-nelle,* la loi comprend l'*ergastolo,* la reclusion, la détention, le confinement et l'arrêt.

Art. 12. La peine de l'*ergastolo* est perpétuelle. Elle est subie dans un établissement spécial, où le condamné reste, durant les six premières années, en isolement cellulaire continu, avec soumission au travail. Pendant les années ultérieures, il est admis au travail en commun avec d'autres condamnés, sous l'obligation du si-lence.

Art. 13. La peine de la reclusion s'étend de trois jours à vingt-quatre ans. Elle est subie dans des établissements à ce destinés, avec soumission au travail et selon les règles suivantes.

Art. 12. Les travaux préparatoires du présent Code démontrent l'immense diffi-culté de constituer le châtiment suprême, lorsque la peine capitale est abolie. La première conception a paru trop dure, et de l'isolement perpétuel, dans les rigoureuses conditions proposées à l'ori-gine, on en était venu, aux termes du der-nier projet, à la règle du travail en com-mun, après dix ans d'isolement pour les condamnés qui auraient tenu une bonne conduite. Le texte définitif, limitant l'isolement à six ans, le fait cesser à l'ex-piration de cette période, pour tous les condamnés, sans exception. En outre, comme on le sait, la grâce peut conduire à de plus grands adoucissements, même à la libération; ce qui prouve que le châtiment destiné à tenir lieu de la peine de mort est inévitablement, ou trop cruel, par l'organisation d'implacables et perpétuelles rigueurs, ou insuffisant. L'ancien C. toscan édictait une peine dé-

nommée *ergastolo,* mais soumise à des règles différentes. Voir, quant à la réci-dive des condamnés à l'*ergastolo,* l'art. 84 ci-dessous.

Art. 13. La reclusion est la peine type, qui résume les trois peines des travaux forcés, de la reclusion et de l'emprisonnement, telles que les édicte par exemple le C. français.

Le législateur italien adopte sagement, avec les tempéraments nécessaires, la règle de l'isolement cellulaire, accom-pagné de l'obligation du travail. Voir l'*Exposé ministériel* précité, vol. I, p. 84 et s. Ce principe était déjà consacré par la loi de 1864, dont l'exécution est malheureusement entravée, comme celle de la loi française du 5 juin 1875, par des préoccupations budgétaires. L'Italie ne possède que quatre établissements cellulaires importants, à Milan, Turin, Pérouse et Cagliari.

Les résultats bienfaisants du régime

Si elle ne dépasse pas six mois, elle est subie en isolement cellulaire continu pour toute la durée de la peine et peut l'être dans une prison judiciaire.

Si elle dépasse six mois, elle est subie en isolement cellulaire continu pendant une première période égale au sixième de l'entière peine, sans que cet intervalle de temps puisse être inférieur

de l'emprisonnement individuel, dans toutes les contrées du monde où il est appliqué, se trouvent constatés notamment par le *Bull. général de la Société des prisons, passim*. Toutefois le projet britannique ne maintient la détention cellulaire qu'au cas de *penal servitude* et l'abroge en ce qui concerne l'emprisonnement; d'un autre côté, la Belgique semble disposée à restreindre les règles afférentes à l'isolement cellulaire.

Le travail est obligatoire à l'égard de tous les condamnés, suivant les prescriptions du plus grand nombre de Codes, par exemple des C. de Hollande, de Hongrie (sauf dans les prisons d'État, où le travail n'est que facultatif, ou au cas d'exemption accordée par décision judiciaire), de Bâle-Ville, de Fribourg, de Zurich; dans l'exécution des peines graves, d'après les C. de France, d'Espagne, de Suède, de Belgique, de Genève, du Tessin, du Valais, etc.

Le choix du genre de travail est laissé au condamné, lorsque la peine est peu grave, d'après les dispositions des C. d'Allemagne, § 10; d'Espagne, art. 115; de Hongrie, art. 35; de Hollande, art. 14; de Genève, art. 21; de Zurich, § 10. Plusieurs de ces Codes, notamment le C. d'Espagne, art. 113, attribuent au détenu une part du produit de son tra-

vail, lorsque la peine est peu grave; plusieurs législations accordent même une part à ceux qui subissent les peines criminelles les plus importantes. Voir les C. de Belgique, art. 15; de Genève, art. 16; la loi russe du 6 janvier 1886; le règlement pour les colonies pénitentiaires françaises du 18 juin 1880, etc.

Il faut que le genre de travail soit utile, sinon il ne concourt pas au relèvement; les principes de la science pénitentiaire sont inconciliables avec les peines du *tread wheel* ou *tread mill* (tourner la roue), du *shot drill* (porter des boulets de canon de droite à gauche et de gauche à droite), du *crank* (tourner une manivelle), etc.

En différents pays, de vives protestations ont été formulées par le commerce et l'industrie contre le travail des détenus. Ces plaintes, considérées d'une manière absolue, sont exagérées. Mais des prescriptions réglementaires sont indispensables pour que des abus ne justifient pas ces plaintes.

Voir les décrets français des 25 février 1852 et 15 avril 1882; le règlement italien du 26 octobre 1875, art. 480, 495-497; l'ordonnance autrichienne du 22 avril 1885; le règlement belge du 5 avril 1887; l'*Act* britannique du 12 juillet 1877, etc.

à six mois, ni excéder trois ans; en isolement cellulaire durant la nuit et silence le jour, pour la période ultérieure.

Art. 14. Le condamné à la reclusion pour un temps non inférieur à trois ans, qui a subi la moitié de sa peine, durant trente mois au moins, et qui a tenu une bonne conduite, peut être admis à subir le surplus dans un établissement pénitentiaire, agricole ou industriel, où même à coopérer à des travaux publics ou privés, sous l'autorité de l'administration publique.

Si le condamné ne persévère pas dans sa bonne conduite, l'autorisation susdite est révoquée.

Art. 15. La peine de la détention s'étend de trois jours à vingt-quatre ans. Elle est subie dans des établissements à ce destinés, avec soumission au travail et isolement nocturne.

Art. 14. Nous adhérons pleinement à cette disposition, qui tient compte de la bonne conduite des détenus, en les admettant à continuer leur peine sous un régime intermédiaire, comme en Hongrie, C., art. 44, etc., dans un établissement pénitentiaire agricole ou industriel, ou bien en participant à des travaux extérieurs. L'Italie possède des établissements agricoles très bien organisés, à Pianosa, Monte Cristo, Gorgona, Giglio et Tremiti. On a aussi heureusement expérimenté l'emploi des condamnés aux travaux publics (notamment pour la construction des prisons) ou aux travaux privés, à Rome, à Piombino, dans l'Agro romano et ailleurs. A la différence de ce qui se passe en Angleterre, le travail extérieur, au lieu d'être une aggravation du châtiment, est une récompense méritée par le détenu. De là entre les deux pays une différence profonde qui ne permet d'opposer au C. italien aucun des graves arguments produits contre les rigueurs auxquelles sont soumis les condamnés dans la Grande-Bretagne. Voir le *Décret régl.* du 1ᵉʳ décembre 1889, art. 3. Voir aussi *Bull. de la Société générale des prisons*, année 1881, p. 148, 583, 855; année 1882, p. 95, 338, 749; année 1889, p. 6 et 640. La France possède des colonies pénales agricoles en Corse et en Algérie; la Suède à Nya-Varfet; la Norvège à Christiania; l'Autriche en Carinthie, depuis 1886; la Hongrie à Lipotvar, pendant qu'à Szamosujvar et à Munkacs, des condamnés sont admis à coopérer à des travaux privés; dès 1857, la Prusse avait fait des essais de colonies agricoles.

Art. 15. La détention est édictée relativement aux délits qui ne présentent

Le condamné peut choisir, entre les divers genres de travail adoptés dans l'établissement où il est renfermé, celui qui est le plus conforme à ses aptitudes et à ses précédentes occupations; on peut aussi lui permettre un genre distinct de travail.

Si la peine ne dépasse pas six mois, elle peut être subie dans une section spéciale de prison judiciaire.

ART. 16. Le condamné à la reclusion ou à la détention pour un temps supérieur à trois ans, qui a subi trois quarts de sa peine, et non moins de trois années, s'il s'agit de la reclusion, ou la

pas le caractère dégradant du plus grand nombre des infractions de droit commun. Ce qui la distingue de la reclusion, c'est que les condamnés à la détention subissent cette peine dans des établissements spéciaux; que, s'ils sont astreints aussi au travail, ils ont le choix de leur genre d'occupation et que, pour eux, il n'existe pas d'établissements intermédiaires, qui constituent un avantage pour les condamnés à la reclusion, soumis à une rigoureuse discipline pénale, et pourraient être, au contraire, par rapport aux condamnés à la détention, une aggravation du châtiment. Voir l'*Exposé ministériel* précité, vol. I, p. 104.

ART. 16 et 17. Institution excellente, la libération conditionnelle, dont la première idée se rencontre dans un mémoire publié en 1775 par le comte Villain XIIII, le fondateur de la célèbre prison de Gand, après avoir été adoptée, en France, pour les jeunes détenus, aux termes des circulaires ministérielles des 3 décembre 1832 et 7 décembre 1840, y a été consacrée à leur égard par l'art. 9 de la loi du 5 août 1850. A M. Lucas et à M. Bonneville de Marsangy revient l'hon-

neur d'avoir, dès longtemps, vivement insisté pour qu'elle fût étendue aux adultes. L'idée s'est propagée et a pénétré dans les législations, vaillamment secondée par les succès de l'œuvre pénitentiaire de Walter Crofton (système irlandais). Voir les *Acts* britanniques des 20 août 1853, ch. XLVII, sect. 4 et s.; 25 juillet 1864, ch. CXII, sect. 3 et s.; 21 août 1871, ch. LV, sect. 2; 12 juillet 1877, etc.; les C. d'Allemagne, §§ 23 et s.; de Hongrie, art. 48 et s.; de Hollande, art. 15 et s.; en Belgique, loi du 31 mai 1888; en Danemark, loi du 13 février 1873; en France, loi du 14 août 1885; les C. de Zurich, du Tessin, de Neufchâtel, de Fribourg, de Saint-Gall, de Vaud; en Croatie, la loi du 22 avril 1875; le projet russe, art. 21 et 22; le projet autrichien, § 18. Les conditions varient suivant les législations, notamment quant au délai minimum de détention, à l'expiration duquel la libération peut être accordée; la plupart ne l'admettent que relativement aux peines d'une assez longue durée; la loi qui fixe le délai le plus étendu est la loi hollandaise; en France, au contraire, et en

moitié, s'il s'agit de la détention, et qui a tenu une conduite de nature à faire présumer son amendement, peut, sur sa demande, obtenir la libération conditionnelle, toutes les fois que le surplus de la peine à subir n'excède pas trois ans.

La libération conditionnelle n'est pas accordée :

1° Au condamné, à raison de l'un des délits énoncés à l'article 248 et de l'article 406 à l'article 410 ;

2° Au condamné à la reclusion pour trente ans, dans le cas prévu dans l'article 59 ;

3° Au récidiviste, à raison de l'un des délits énoncés dans les articles 364-368 et 404 ;

4° Au récidiviste pour la seconde fois, à raison de quelque délit que ce soit, quand il a été condamné à une peine excédant cinq ans.

Art. 17. La libération conditionnelle est révoquée, si le condamné commet une infraction qui emporte une peine restrictive de la liberté personnelle, ou s'il n'observe pas les conditions à lui imposées. Dans ce cas, l'intervalle de temps passé en état de libération conditionnelle n'est pas compté dans le calcul de la durée de la peine, et le condamné ne peut être admis de nouveau à ladite libération.

Une fois le temps de la peine intégralement écoulé sans que

Belgique, cette mesure est possible, suivant les cas, après une détention de trois mois seulement. Les étrangers sont, en général, exclus du bénéfice de cette institution. Bien appliquée, la libération conditionnelle peut permettre d'accomplir une grande partie de l'œuvre des grâces ; mais nous voudrions qu'à l'exemple de cette œuvre, elle fût confiée partout, comme en Italie, en Allemagne, en Hongrie, en Hollande, au département de la justice. Voir Molinier, *op. cit.*, 1re partie, Paris, 1879, p. 60 et s. ; voir l'*Exposé ministériel* précité, vol. I, p. 94 et s. ; Travaglia, *op. cit.*, vol. I, p. 79 et s. ; le *Bull. de la Société générale des prisons*, année 1878, p. 555 ; 1883, p. 674 ; 1884, p. 326, 469, 600, etc. Voir aussi le *Décret régl.* précité du 1er décembre 1889, art. 4 et 5.

la libération conditionnelle ait été révoquée, la peine demeure définitivement accomplie, et l'intervalle de temps passé en état de libération conditionnelle est compté dans le calcul de la durée de la surveillance spéciale de l'autorité de sûreté publique, ajoutée à la peine subie.

ART. 18. La peine du confinement consiste en l'obligation imposée au condamné de demeurer, durant un temps non inférieur à un mois et n'excédant pas trois ans, dans une commune désignée par la sentence, à une distance d'au moins soixante kilomètres, tant de la commune où a été commis le délit que de celles où, soit les parties lésées, soit le condamné lui-même ont leur résidence.

Si le condamné transgresse l'obligation susdite, la peine du confinement est convertie en celle de la détention pour le temps de confinement qui restait à courir.

ART. 19. La peine de l'amende (*multa*) consiste dans le payement au Trésor de l'État d'une somme non inférieure à dix livres et n'excédant pas dix mille.

ART. 18. La peine du confinement était inscrite dans les projets de 1868 et de 1870, en même temps que celle de l'exil local, qui aurait consisté, sans détermination de résidence, en l'obligation de demeurer, durant le temps fixé, à une distance de vingt kilomètres, au moins, des lieux que vise le présent article. Les projets de 1873 et de 1874 n'admettaient que le confinement, sans méconnaître les inconvénients inhérents à cette peine. La commission de 1876 adopta l'un et l'autre modes de répression. La commission de 1877, au contraire, les élimina; tandis qu'en 1887, M. Zanardelli les inscrivit toutes deux dans son projet. Mais, la commission sénatoriale ayant repoussé l'exil local, le texte définitif ne mentionne plus que le confinement. On voit par quelles vicissitudes et avec quelle hésitation cette peine a été admise; il nous paraît qu'elle peut servir à réprimer utilement certains délits. Voir les dispositions du projet espagnol, art. 56, quant au *destierro*, privation de la faculté de séjourner ou de pénétrer dans des lieux désignés par la sentence.

ART. 19. L'amende figure sous une double dénomination : *multa* (art. 19) (même expression en Espagne, où toutefois elle est employée dans un sens plus

Au cas de non-payement, dans le délai de deux mois, à partir du jour de la signification de l'ordre, et d'insolvabilité du condamné, l'amende est convertie en détention, dans la proportion d'un jour par dix livres et fraction de dix livres de la somme non payée.

Le condamné peut toujours faire cesser la peine substituée, en

ample), lorsqu'il s'agit d'une condamnation pécuniaire de dix livres au moins à dix mille livres au plus; *ammenda* (art. 24), quand le chiffre ne peut être que d'une livre à deux mille livres. La langue française ne nous fournit pas l'équivalence d'une double dénomination. Cette distinction, établie par le législateur italien, même dans la terminologie, n'est point indifférente; la pensée est exprimée avec plus de netteté; le mot *multa* éveille l'idée d'un méfait de quelque gravité; le terme *ammenda*, au contraire, ne se rapporte qu'à une infraction légère. Le projet russe, qui ne fixe pas de maximum à l'amende et abaisse le minimum à un demi-rouble (art. 21), distingue entre l'amende proprement dite et le « dédit public », concernant les infractions en matière de douane.

Il est très juste de convertir en une peine privative de la liberté, en détention, la *multa,* non acquittée par le condamné. Voir l'*Exp. min.* de M. Mancini, p. 132. La détermination d'un jour de détention par dix livres nous semble établir aussi bien que possible cette difficile équipollence. Voir ancien C. toscan, art. 22; ancien C. subalpin, art. 67; d'Allemagne, §§ 28 et 29; belge, art. 40 et 41; le projet russe, art. 24, etc.; voir aussi M. Travaglia, *op. cit.,* vol. I, p. 94 et s.

Le dernier § de l'art. 19 renferme une excellente disposition, la possibilité de substituer à la détention la prestation de services. Voir *Décret régl.*, art. 6. — Comme M. Molinier (*op. cit.,* 1re partie, p. 118 et s.), nous pensons que l'on aurait pu prescrire l'acquittement de l'amende en argent ou en travail et n'édicter la détention qu'à défaut de l'un ou de l'autre. La loi fédérale helvétique du 30 juin 1849; le C. de pr. pén. de Berne, art. 523; la loi française du 18 juin 1859, modificative des art. 210 et 215 du C. forestier et suivie du décret réglementaire du 31 décembre 1859; la loi prussienne du 15 avril 1872, § 14, sur les délits forestiers; les C. de Fribourg, du Valais, de Vaud, le projet de Neuchâtel, etc., appliquent le même principe. Voir M. Bonneville de Marsangy, *De l'amélioration de la loi criminelle,* Paris, 1864, t. II, p. 301; les discussions du Congrès pénitentiaire de Rome, en 1885; la proposition présentée au Sénat français par M. Michaux, art. 4, proposition prise en considération, le 12 décembre 1885, par le Sénat.

A l'exemple du C. portugais, le projet espagnol, art. 61, admet, à des conditions déterminées, le système du payement de l'amende, par termes, lorsque le condamné offre, à cet égard, des sûretés,

payant l'amende, sous déduction de la part correspondant à la détention subie, suivant la proportion établie dans le précédent paragraphe.

La détention substituée à l'amende ne peut jamais dépasser la durée d'un an.

A la détention peut être substituée, quant à l'exécution, sur la demande du condamné, la prestation d'un travail déterminé au service de l'État, de la province ou de la commune, et deux journées de travail équivalant à un jour de détention.

Art. 20. L'interdiction des fonctions publiques est perpétuelle ou temporaire.

L'interdiction perpétuelle entraîne la privation :

1° Du droit d'être électeur et éligible, dans quelque collège électoral que ce soit, et de tout autre droit politique ;

2° De la qualité de membre du Parlement et de juré, de toute charge élective et de toute fonction ou emploi public conféré par l'État, par une province, par une commune, ou par une institu-

---

Art. 20. Peine morale, comme le dit justement Carrara, *Programme du cours de droit criminel, part. gén.*, trad. par M. P. Baret, § 687, p. 360. Il est à noter que ce texte vise même la privation des grades et dignités académiques ; c'est un hommage rendu à la science que de placer les honneurs qui relèvent d'elle au même rang que les titres et autres distinctions. — Un homme condamné ne saurait être, sauf de rares exceptions, appelé à remplir des fonctions publiques. C'est pourquoi, si fréquents que soient, plus que dans aucun autre Code, les cas d'interdiction perpétuelle ou temporaire, faut-il bien penser que les condamnés sont, en fait, dans la péninsule comme ailleurs, exclus de toute charge, d'une manière encore plus étendue. Voir les C. français, art. 34, 35, 42 ; belge, art. 31, 34 ; d'Allemagne, § 33 ; de Hongrie, art. 54 et s. ; de Hollande, art. 9 ; la loi russe du 18 septembre 1878 ; les projets russe, art. 23-27, et autrichien, § 41, etc. ; voir aussi les anciens C. toscan, art. 24, et subalpin, art. 19.

Il a été, bien entendu, précisé que la privation d'un bénéfice ecclésiastique a seulement pour objet les avantages temporels qui relèvent du pouvoir civil, sans toucher aux droits conférés par l'autorité religieuse. Voir le *Rapport au Roi*, du 30 juin 1889, p. 25 et 26.

tion soumise, aux termes de la loi, à la tutelle de l'État, de la province ou de la commune;

3° Des grades et des dignités académiques, des titres, des décorations et autres distinctions publiques honorifiques;

4° De tout droit lucratif ou honorifique, inhérent à l'un quelconque des emplois, charges, titres et qualités, dignités ou décorations énoncés aux numéros précédents, et du bénéfice ecclésiastique dont le condamné serait investi;

5° De la charge de tuteur ou de curateur et de toute autre afférente à la tutelle ou à la curatelle, sauf celle des descendants dans les cas déterminés par la loi civile;

6° De la capacité d'obtenir aucun des droits, emplois, fonctions, qualités, grades, titres et distinctions mentionnés aux numéros précédents.

L'interdiction temporaire entraîne l'incapacité du condamné, qui ne peut obtenir ou exercer, pendant un intervalle de temps de trois mois au moins et n'excédant pas cinq ans, les droits, emplois, fonctions, qualités, grades et distinctions précités.

La loi détermine les cas dans lesquels l'interdiction des fonctions publiques est limitée à l'un des chefs ci-dessus énumérés, et les cas dans lesquels elle s'étend à l'exercice de la profession ou du métier du condamné.

Art. 21. La peine de l'arrêt s'étend d'un jour à deux ans. Elle est subie dans des établissements à ce destinés, avec isolement

Art. 21 à 23. Quatrième et dernière peine applicable seulement aux auteurs de contraventions. Voir le C. de Genève, art. 15; le projet de Neufchâtel, art. 23, qui vise la peine de la prison civile, etc.

La faculté de prescrire que, dans les cas et aux conditions indiqués, la peine soit subie dans l'habitation du condamné, fait l'objet d'une sage disposition. Voir le *Décret régl.*, art. 7. Ainsi peut être évitée, s'il y a lieu, à raison d'infractions secondaires, la honte de l'incarcération. Ce n'est pas une nouveauté. On lit, à la l. 9, ff, *De interdict. et releg.*, XLVIII,

nocturne et soumission au travail, par rapport auquel est applicable le premier paragraphe de l'article 15. Elle peut aussi être subie dans une section spéciale de prison judiciaire.

Relativement aux femmes et aux mineurs non récidivistes, si la peine n'excède pas un mois, le juge peut ordonner qu'elle sera subie dans leur habitation. Au cas de transgression, l'entière peine reçoit son exécution dans les conditions ordinaires.

Art. 22. La loi détermine les cas dans lesquels l'arrêt peut être subi dans une maison de travail, ou même au moyen d'une prestation dans des travaux d'utilité publique.

Si le condamné ne se présente pas pour subir cette peine, ou s'il refuse la prestation de travail public, l'arrêt est subi dans les conditions ordinaires.

Art. 23. Les femmes subissent les peines de l'*ergastolo,* de la reclusion, de la détention et de l'arrêt dans des établissements spéciaux.

La loi détermine les cas dans lesquels les peines restrictives de la liberté personnelle sont subies dans une maison de correction ou dans une maison de garde.

Art. 24. La peine de l'amende (*ammenda*) consiste dans le paye-

---

22 (Ulpien) : *Potest præses quemdam damnare ne domo suâ procedat.* Voir aussi 1. 9, ff, *De pœnis,* XLVIII, 19 (Ulpien). Voir C. d'Autriche, §§ 246 et 262; de Zurich, art. 17; anc. C. des Deux-Siciles, art. 38. En dehors des cas où l'arrêt peut être subi dans l'habitation du condamné, il en est où celui-ci peut accomplir sa peine dans une maison de travail, ou même, par application du principe que nous avons apprécié dans la note, sous l'art. 19 ci-dessus, au moyen de prestations pour des travaux d'utilité publique. La libération conditionnelle est, avec raison, eu égard à la brièveté du temps de la peine, inapplicable aux condamnés à l'arrêt.

Art. 24. Il s'agit de la seconde espèce d'amende, *ammenda,* applicable aux contraventions et qui se distingue, comme dans l'ancien C. des Deux-Siciles, de la *multa,* concernant les délits. (Voir notre note sous l'art. 19 ci-dessus.)

ment au Trésor de l'État d'une somme non inférieure à une livre, ni supérieure à deux mille livres.

Sont applicables les dispositions contenues aux paragraphes de l'article 19, en substituant l'arrêt à la détention.

Art. 25. La suspension de l'exercice d'une profession ou d'un métier s'étend de trois jours à deux ans.

Art. 26. Quand la peine édictée par la loi n'excède pas un mois de détention ou d'arrêt, trois mois de confinement ou trois cents livres de l'une ou l'autre espèce d'amende, si les circonstances atténuantes sont admises, et que le coupable n'ait jamais encouru de condamnation à la suite de délit, et n'ait pas été atteint, à raison d'une contravention, d'une peine supérieure à un mois d'arrêt, le juge peut déclarer qu'à la peine par lui prononcée est substituée la réprimande judiciaire.

La réprimande judiciaire consiste dans un avertissement approprié à la situation particulière de la personne et aux circonstances du fait, avertissement qu'au sujet des prescriptions de la loi violée

Art. 25. Cette peine a pour but de réprimer les infractions qui résultent de l'abus d'une profession ou d'un métier. Dans plusieurs des projets du Code, on avait, à l'exemple du C. toscan, art. 24 *b*, limité l'application de la suspension aux professions ou aux métiers pour lesquels est exigée une concession de l'autorité (licence, patente, immatriculation). Mais le présent texte, conforme au dernier projet, a une portée plus ample; car il s'étend indistinctement à tous les métiers ou professions; cette suspension, qui peut être portée à deux ans, constitue un mode efficace de répression.

Art. 26 et 27. L'ancien C. sardo-napo-

litain, art. 47, 48, 49 et 50, comme l'ancien C. subalpin, dénommait *admonition* une réprimande prononcée par le juge; l'admonition intervenait d'une manière exclusive, isolée, ou bien conjointement avec d'autres mesures répressives; c'était une véritable *peine*, émanée des tribunaux et dont il était fait mention au casier judiciaire. L'ancien C. toscan, art. 13 et 23, adoptait aussi ce mode de répression, comme peine principale, et le dénommait *réprimande judiciaire*. Il importe de ne pas confondre l'*admonition répressive*, inscrite au C. sardo-napolitain, avec l'*admonition préventive*, régie par les art. 105 à 109 de la loi

et aux conséquences de l'infraction commise, le juge adresse au coupable, en audience publique.

Si le condamné ne se présente pas à l'audience fixée pour la réprimande, ou s'il ne la reçoit pas avec respect, la peine portée par la sentence, à raison de l'infraction commise, devient applicable.

Art. 27. Dans le cas prévu à l'article précédent, le condamné doit s'obliger personnellement, et, lorsque le juge l'estime opportun, même avec le concours d'une ou de plusieurs cautions idoines et solidaires, à payer une somme déterminée, à titre d'amende, au cas où, dans un délai fixé par la sentence, délai non supérieur à

du 20 mars 1865, concernant la *sûreté publique*, et infligée par les préteurs, sur les réquisitions des officiers de police, aux gens oisifs, vagabonds ou soupçonnés de certains délits. La défaveur motivée par l'abus de ces *admonitions préventives* n'a, en aucune manière, pour objet l'*admonition répressive*. Pour éviter toute confusion, le terme *admonition* a fait place, dans le présent Code, à l'expression *réprimande judiciaire*, empruntée au C. toscan, et qui distingue formellement cette peine (jamais, du reste, *principale*, comme en Russie, en Espagne, en Portugal, mais *substituée*) de la mesure préventive, qui continue à être dénommée *admonition*. (Voir *Décret régl.*, art. 8 et 9.)

Cette peine est très ancienne; elle est appelée, au Digeste, *severa interlocutio* (l. 3, *De off. præf. vig.*); au Code, on trouve l'expression même employée aujourd'hui: *Admonitus ut ad melioris vitæ frugem se reformet* (l. 19, *Ex quibus caus. infam. irr.*). Le droit canonique l'avait adoptée,

non comme peine, mais comme avertissement. (Voir Mendelssohn Bartholdy, *De monitione canonicâ*, Heidelberg; Suarez, *De censuris ecclesiasticis;* Gonsalez Tellez, *Comm. ad cap.*, 48, X, *de sent. excomm.;* Pierantonelli, *Praxis fori ecclesiastici*, p. 188; le *Canoniste contemporain*, IV, 142, instruction *de la Congrégation des évêques et réguliers*, 1880, art. 4, 6 et s.). L'ancien droit français connaissait cette peine (Voir Merlin, *Rép.*, v° *Blâme*), conservée dans un seul cas par le C. de 1791 (p. 1, t. I, art. 35), supprimée dans le C. de 1810. (Voir, outre les anciens Codes déjà cités, les C. espagnol, art. 24 et 110; portugais, art. 58 n° 5, et 68; d'Allemagne, § 57 4°; russe, art. 30, 40 et 65; de Malte, art. 7 et 16; de Vaud, art. 13 n° 12 et art. 31; d'Appenzell-Rhodes ext., art. 14 et s.; de Saint-Gall, art. 5, 6 n° 10 et art. 20; de Fribourg, art. 296. Cf. l'ancien C. bavarois de 1813, art. 116, etc.). L'Angleterre pratique l'*admonition*, combinée avec le système des

deux ans quant aux délits et à un an relativement aux contraventions, le condamné commettrait une autre infraction, sauf l'application, à raison de la nouvelle infraction, de la peine édictée par la loi.

Il appartient au juge de statuer sur l'idonéité des cautions.

Si le condamné ne se soumet pas à l'obligation précitée ou ne présente pas de cautions idoines, la peine portée dans la sentence, à raison de l'infraction commise, devient applicable.

Art. 28. La loi détermine les cas dans lesquels le juge doit ajouter à la peine infligée la soumission du condamné à la surveillance spéciale de l'autorité de sûreté publique.

fidéjusseurs, qui sont bien *cautiones de non offendendo et de bene vivendo*. — La *fidéjussion, mallaveria*, complète, dans le présent Code, la réglementation de la *réprimande judiciaire*. La *fidéjussion* fait l'objet des plus anciennes lois anglo-saxonnes, des coutumes françaises et des statuts italiens. (Voir les C. espagnol, art. 26 et 44; danois, § 86; le projet espagnol, art. 70.) Aux *États-Unis* et en *Angleterre*, elle se présente même, avec un caractère tout spécial, comme une mesure destinée à prévenir les méfaits, *recognizances to keep the peace, of good behaviour*. De même, au Danemark (C. pén., art. 299). — Notons, d'un autre côté, que la *réprimande judiciaire* n'est pas inscrite dans les C. français, belge, hollandais, hongrois, etc. (Voir Bonneville de Marsangy, *op. cit.*, II, p. 227 et s.; l'*Exp. min.* précité, vol. I, p. 121 et s.; la *Riprensione giudiziale*, etc., par le docteur B. Alimena, Turin, 1888; *Bull. de la Société générale des prisons*, année 1888, p. 146 et s., 255 et s., etc.).

Pour tenir compte, à la fois, des votes de la commission du Sénat et de ceux de la Chambre des députés, et sur l'avis de la commission de revision, l'application de la *réprimande judiciaire* a été subordonnée à trois conditions : 1° disposition limitative de la loi, ce qui restreint le pouvoir discrétionnaire du juge; 2° admission de circonstances atténuantes; 3° défaut de condamnation antérieure, de la catégorie indiquée. (Voir le *Rapport au Roi*, p. 27.)

Art. 28. Supprimée en France (loi du 27 mai 1885), non admise par les C. hollandais, hongrois et la plupart des C. helvétiques, facultative, sauf, en deux cas, dans le C. belge, art. 111 et 313, toujours facultative dans le C. d'Allemagne, § 38, facultative aussi dans le projet autrichien, § 35, prévue dans le projet russe, art. 29 et 30, dans le projet de Neufchâtel, art. 38, conforme au système allemand, la *surveillance spéciale de l'autorité de sûreté publique* a été vivement attaquée par plusieurs juriscon-

La surveillance spéciale de l'autorité de sûreté publique, lorsque la loi ne dispose pas autrement, ne peut être inférieure à un an, ni supérieure à trois ans. Le condamné soumis à cette surveillance est tenu de déclarer à l'autorité compétente, dans les quinze jours à partir de la date indiquée par l'article 42, en quel lieu il entend fixer sa résidence et s'obliger, en outre, à observer les prescriptions qui lui sont imposées en conformité de la loi. La même autorité peut lui interdire toute résidence en des lieux déterminés durant le temps de la surveillance.

Dans les sentences de condamnation à la peine de la reclusion pour plus d'un an, le juge peut ajouter la soumission du condamné à la surveillance spéciale.

La sentence peut limiter les prescriptions à imposer au condamné.

Art. 29. Les peines ne peuvent être ni augmentées, ni diminuées, ni modifiées, sinon dans les cas expressément prévus par la loi.

---

sultes italiens. Toutefois les règles édictées (Voir aussi le *Décret régl.*, art. 10) diffèrent tellement des prescriptions françaises, maintenant abrogées, sur la surveillance de la haute police, que les inconvénients sont atténués dans une large mesure et que, limitée comme elle l'est, cette peine peut seconder utilement l'œuvre de la justice criminelle. (Voir le projet espagnol, art. 71, qui distingue deux sortes de *sujecion a la vigilancia de la autoridad*, la première, générale, la seconde, plus sévère, dénommée *vigilancia especial*; voir aussi l'*Act* britannique *prevention crime*, du 15 août 1879, sur l'institution qui correspond, en Angleterre, à la surveillance de la haute police, et le projet anglais, art. 16, 34 et 35, avec fixation à sept ans du maximum de durée.)

Art. 29 et 30. L'art. 29 statue sur une des questions les plus controversées, la latitude laissée au juge dans l'application de la peine. (Voir, dans le sens de l'extension, Mittermaier, *Eco dei Tribunali*, n° 1340, et l'ancien C. de Brême, qui s'était inspiré, au point de vue le plus large, de la réforme *française* du 28 avril 1832, et dans le sens de la restriction, notamment Feuerbach et Lipmann, pour que l'autorité judiciaire n'empiète pas sur le pouvoir législatif. Voir aussi Carrara, *Progr.* précité, *p. gén.*, §§ 702 et 724, notes; *Rec. de l'Académie de lé-*

Quand la loi dispose que la peine sera augmentée ou diminuée d'une fraction déterminée, l'augmentation ou la diminution s'opère sur la quantité de peine que le juge aurait appliquée au coupable, à défaut des circonstances qui la font augmenter ou diminuer.

S'il y a concours de plusieurs de ces circonstances, l'augmentation ou la diminution s'opère sur la quantité de peine résultant de l'augmentation ou de la diminution dont il vient d'être fait mention; et en faisant concourir les circonstances d'augmentation et de diminution, on commence par les premières. Dans tous les cas, il est tenu compte, en dernier lieu et dans l'ordre suivant, des circonstances inhérentes à l'âge, à l'état d'esprit, aux causes d'atténuation prévues par l'article 59, et à la récidive.

Dans l'augmentation et dans la diminution ne peuvent être dépassées les limites établies relativement à chaque espèce de peine, sauf dans les cas expressément déterminés par la loi.

Si l'on doit diminuer la peine de l'arrêt ou de l'amende (*ammenda*), dont le maximum, établi par loi, ne dépasse pas, respectivement, cinq jours et cinquante livres, à cette peine est substituée la réprimande judiciaire.

Art. 30. Les peines temporaires s'appliquent par jours, par mois et par années.

gislation de Toulouse, année 1865, t. XIV, p. 97-99; l'*Exposé min.* de M. Zanardelli, vol. I, p. 127 et s., et le *Rapport au Roi*, p. 71-74.) A l'exemple du C. toscan, l'art. 29 écarte la fixation des *degrés* dans chaque espèce de peine, les dispositions spéciales se bornant à préciser le plus souvent le minimum et le maximum, pour laisser plus d'élasticité à l'application de la peine, tâche essentiellement *subjective* et d'une variété qui a paru défier une classification législative trop absolue. On a cru faire disparaître ainsi, dans la pratique, les difficultés mises en relief par de nombreux documents de la jurisprudence du royaume, simplifier la méthode législative et procurer à la justice un réel avantage. L'ancien C. subalpin consacrait le système des degrés, de même que les C. espagnol, de Saint-Marin, du Tessin, etc. Contre ce système, citons les C. fran-

Toute journée de peine est de vingt-quatre heures; tout mois, de trente jours. L'année est comptée suivant le calendrier ordinaire.

Dans les peines temporaires, on ne tient pas compte de la fraction de jour, et dans les peines pécuniaires, de la fraction de livre.

TITRE III.

DES EFFETS ET DE L'EXÉCUTION DES CONDAMNATIONS PÉNALES.

Art. 31. La condamnation à l'*ergastolo* et la condamnation à la reclusion pour un temps excédant cinq ans entraînent l'interdiction perpétuelle des fonctions publiques, et la condamnation à la reclusion pour plus de trois ans entraîne cette même interdiction pour une durée égale à celle de la reclusion.

Art. 32. La condamnation à la reclusion pour trente ans, substituée à l'*ergastolo* dans le cas prévu à l'article 59, a pour

çais, autrichien, hongrois, allemand, hollandais, de Zurich, les projets autrichien, de Neufchâtel, etc. Le projet anglais va jusqu'à permettre au juge de déclarer un délit sans importance et de dire qu'il n'y a pas lieu de prononcer une peine, *inexpedient*. Les dispositions du C. belge, modifié par les lois des 4 octobre 1867 et 26 décembre 1881, soulèvent de vives critiques. (Voir le projet espagnol, art. 87.)

La détermination de la peine, modifiée par suite de circonstances aggravantes ou atténuantes, ne demeure pas moins encore assez compliquée. (Voir Travaglia, *op. cit.*, vol. I, p. 110 et s.) Mais le juge ne peut, en considération du mobile, substituer une peine à une autre, sauf dans les cas prévus par la loi. L'influence, quant à ce, du mobile, est acceptée par les C. de Russie, art. 129 3°; d'Allemagne, § 20; de Zurich, § 125; dans le projet autrichien, § 14.

Art. 31 à 35. Légitime conséquence des graves condamnations, ce principe, qui rappelle la *capitis diminutio* de l'ancien droit, est généralement admis. Cf. la note ci-dessus sous l'art. 20 et le *Décret régl.*, art. 11.

Il eût été utile de préciser, d'une manière circonstanciée, les effets de la perte de la puissance paternelle et de l'autorité maritale; dans un C. pénal, plus encore que dans toute autre loi, il est indispensable que toute la portée des dispositions répressives puisse être net-

effet la soumission du condamné à la surveillance spéciale de l'autorité de sûreté publique pendant dix ans.

Art. 33. Le condamné à l'*ergastolo* ou à la reclusion pour un temps excédant cinq ans est, pendant l'exécution de la peine, en état d'interdiction légale, et, quant à l'administration de ses biens, les dispositions de la loi civile sur les interdits lui sont applicables.

La condamnation à l'*ergastolo* prive, en outre, le condamné de la puissance paternelle, de l'autorité maritale, de la capacité de tester, et rend nul le testament fait avant la condamnation.

A la condamnation à la reclusion pour plus de cinq ans peut être ajoutée la privation de la puissance paternelle et de l'autorité maritale, pendant l'exécution de la peine.

Art. 34. Quand la loi dispose que la condamnation, à raison d'un délit, a pour conséquence l'inéligibilité dans les comices politiques, cette condamnation entraîne aussi la perte de la qualité, dont le condamné serait investi, de membre du Parlement.

Art. 35. Outre les cas déterminés par la loi, toute condamnation à raison d'infractions commises par exercice abusif, soit d'une

tement saisie. Voir, quant à l'influence, au point de vue des incapacités, d'une condamnation prononcée à l'étranger, le projet de Neufchâtel, art. 37.

La privation de la capacité de tester suscite de vives controverses, que font ressortir notamment les travaux préparatoires du Code et les vicissitudes par lesquelles cette disposition est passée. N'est-ce pas le rétablissement de l'un des principaux effets de la mort civile, rejetée, de l'avis de tous, par la science et la civilisation? N'est-ce pas une peine *aberrante*, pouvant frapper ceux auxquels elle ne s'adresse pas? Et, d'un autre côté, que penser des volontés testamentaires d'un homme souillé de grands crimes? (Voir la loi française du 31 mai 1854 et les débats qui l'ont précédée, notamment *Moniteur*, 4 mai 1854, et la loi du 25 mars 1873, art. 13; Humbert, *Des conséquences des condamnations pénales*, Paris, 1855, p. 447, 498; Molinier, *Étude*, etc., précitée, 1re partie,

fonction publique, soit d'une profession ou d'un métier, pour lesquels est exigée une délégation ou une permission de l'autorité, a pour conséquence l'interdiction temporaire de la fonction ou la suspension de l'exercice de la profession ou du métier, pendant un temps égal à la durée de la peine restrictive de la liberté personnelle, peine infligée ou encourue au cas d'inexécution d'une peine pécuniaire.

Lorsqu'il s'agit d'autres professions ou métiers, la loi détermine les cas dans lesquels la condamnation entraîne la suspension de l'exercice de la profession ou du métier.

L'interdiction et la suspension ne peuvent jamais dépasser la limité maxima établie dans les articles 20 et 25.

Art. 36. En cas de condamnation, le juge peut ordonner la confiscation des choses qui ont servi ou qui étaient destinées à servir à la perpétration du délit, et de celles qui en sont le pro--

p. 144 et s.) Les corps judiciaires d'Italie se sont prononcés dans le sens de la perte de la capacité de tester; les Facultés de droit de Bologne, de Turin, en sens contraire. (Voir *Exp.* de M. Mancini, p. 124.) Citons, comme n'édictant pas la perte de la capacité de tester, les C. belge, art. 22; hollandais, art. 28 et s.; espagnol, art. 43, ainsi interprété; de Genève, art. 11 et 12, etc.; comme l'édictant, le C. russe, qui, sauf quelques adoucissements, maintient encore une déchéance plénière, analogue à la mort civile. Voir, à ce sujet, l. 44, ff, § 1, *De jure fisci*, XLIX, 14; *Cod., de bonis damnatorum*, IX, 50; *Novell.*, 134, *cap. ult.*

Art. 36. Il ne saurait plus être question de la confiscation générale, peine odieuse et définitivement proscrite, mais de la confiscation spéciale frappant le produit du délit ou les objets qui ont servi à le commettre.

L'expression *corpo del reato*, corps du délit, employée dans les projets, comme dans l'art. 11 du C. français, est peu exacte, ainsi que l'avait fait, avec raison, remarquer M. Molinier, *Étude*, etc., précitée, 1re partie, p. 126 et s. (Voir *C. français d'instr. crim.*, art. 32; *C. italien de pr. pénale*, art. 46.) Aussi a-t-elle disparu de la rédaction définitive. La confiscation spéciale, manifestement légitime et nécessaire, est édictée par la généralité des Codes. Voir les C. d'Allemagne, § 40; de Belgique, art. 42 et 43; de Hongrie, art. 61; de Hollande, art. 33 et 34, etc. Voir aussi l'ancien C. toscan, art. 31, et l'ancien C. subalpin, art. 74. La formule du pro-

duit, à moins qu'elles n'appartiennent à des personnes étrangères au délit.

Lorsqu'il s'agit de choses dont la fabrication, l'usage, le port, la détention ou la vente constituent une infraction, la confiscation est toujours ordonnée, alors même qu'une condamnation n'est pas prononcée et qu'elles n'appartiennent pas au prévenu.

Art. 37. La condamnation pénale ne préjudicie pas au droit de la partie offensée ou lésée à la restitution réclamée ou à la réparation des dommages.

Art. 38. Outre les restitutions et le remboursement des dommages, le juge, à raison de tout délit qui offense l'honneur de la personne ou de la famille, alors même qu'il ne leur a été causé aucun préjudice, peut allouer à la partie offensée qui en fait la demande une somme déterminée, à titre de réparation.

Art. 39. Le condamné est astreint au payement des frais de procédure.

jet semblait la rendre obligatoire dans tous les cas et par rapport à tous les objets ayant servi à commettre le délit; cette prescription était excessive; la rédaction définitive rend, avec raison, la confiscation facultative, c'est-à-dire qu'elle sera prononcée lorsqu'il y aura lieu. (Voir le *Rapport au Roi*, p. 33 et 34.)

Art. 37 et 38. L'art. 38 est notable. Ce texte a soin de bien préciser qu'indépendamment des restitutions et du remboursement des dommages, les délits qui offensent l'honneur de la personne ou de la famille, alors même qu'il ne leur a été causé aucun préjudice, peuvent motiver une condamnation spéciale, distincte, à titre de réparation, *riparazione dell' offesa*. Protection particulière, expresse, dont on retrouve la trace dans le droit romain, le droit germanique, dans les statuts du moyen âge, sorte d'amende privée, de complément de peine qui s'ajoute au dédommagement matériel et moral. (Voir l'ancien C. subalpin, art. 73; le C. d'Allemagne, §§ 186-188; le *C. italien de pr. civ.*, art. 127, 787, 792; le *C. italien de pr. pén.*, art. 760; l'ancien *C. napolitain de pr. civ.*, art. 483, etc. Cf. la pratique constante de la jurisprudence anglo-américaine. Voir M. Travaglia, *op. cit.*, vol.I, p. 154 et s.)

Art. 39. Ce texte repousse, comme

Les individus condamnés à raison d'une seule et même infraction sont tenus solidairement des restitutions, du remboursement des dommages, de la réparation pécuniaire et des frais de procédure.

Les individus condamnés dans une seule et même poursuite, pour infractions différentes, ne sont tenus solidairement que des frais communs aux infractions auxquelles se réfère la condamnation.

Art. 40. L'incarcération subie avant que la sentence soit devenue irrévocable se déduit de la durée totale de la peine temporaire restrictive de la liberté personnelle.

l'art. 39 du C. de Belgique et du Luxembourg, la règle injuste, adoptée notamment par le C. français, art. 55, et qui fait déclarer solidaires, même quant aux amendes, les individus condamnés à raison d'un même crime ou d'un même délit. (Voir *Revue critique*, t. III, 1853, p. 157, n°⁵ 18 et s.)

Art. 40. Disposition conforme à la justice et dont on doit souhaiter l'insertion dans les autres Codes. L'ancien C. subalpin, art. 56, et le C. des Deux-Siciles, art. 57, rendaient l'imputation seulement facultative et restreignaient cette faculté à l'emprisonnement proprement dit; l'ancien C. toscan, art. 69 et 70, déclarait l'imputation obligatoire, *ministerio legis*, quant à toute peine restrictive de la liberté individuelle, mais non pour toutes les périodes de détention préventive. L'art. 40 a très justement, comme l'art. 30 des C. belge et luxembourgeois, affirmé le principe sans aucune restriction. Loysel rappelle, dans ses *Inst. cout.*, une ancienne maxime : «La

longueur de la prison emporte une partie de la peine», maxime qui semble empruntée à la l. 25, *De pœnis*, ff, XLVIII, 19 (Modestin). Exagérant singulièrement cette idée, les *Partidas* d'Espagne disposaient que, lorsqu'un accusé avait été, à raison de la procédure, détenu pendant deux ans, sans qu'une sentence eût été rendue contre lui, il devait être, de plein droit, déclaré absous. Carrara, *Progr., p. gén.*, § 727, p. 408, considère comme seule juste la doctrine qui distingue entre la détention préventive nécessaire et la détention préventive indue. L'art. 40, plus large, écarte cette distinction et, conformément au vœu de Hennequin, d'Ellero, de Rapisardi, rend l'imputation obligatoire dans tous les cas. Le C. français et les Codes qui l'ont imité sont inexorables en sens contraire. (Voir Blanche, *Études sur le Code pénal*, n° 111; Bertrand, *De la détention préventive*, Paris, 1852; de Rauschenberg, *De l'indépendance civile*, Paris, 1862, § 113, etc.) Les C. allemand, § 60;

Si la peine est celle du confinement, un jour d'incarcération est compté pour trois jours de cette peine.

S'il n'est prononcé qu'une peine pécuniaire, la déduction s'opère d'après la proportion établie dans l'article 19.

Art. 41. Les peines d'interdiction des fonctions publiques et de suspension de l'exercice d'une profession ou d'un métier courent à partir du jour où la sentence est devenue irrévocable, sauf les dispositions de la loi quant aux sentences prononcées par contumace.

Si l'interdiction ou la suspension susdites ou toute autre incapacité est jointe à une peine restrictive de la liberté personnelle, ou bien est la conséquence d'une condamnation pénale, elle reçoit son exécution pendant que la peine restrictive est subie; mais la durée déterminée par la sentence ou par la loi commence seulement à courir à dater du jour de l'achèvement de la peine principale ou de l'extinction de la condamnation.

Art. 42. La surveillance spéciale de l'autorité de sûreté publique court à partir du jour où s'achève la peine à laquelle la sentence l'a ajoutée.

La soumission du condamné à la surveillance spéciale de l'autorité de sûreté publique peut, si les circonstances et la conduite de celui-ci le permettent, prendre fin ou être limitée, tant dans sa durée que dans ses effets, par décision de l'autorité judiciaire.

Les effets peuvent même être limités par l'autorité compétente

danois, art. 57; hongrois, art. 94; hollandais, art. 27; les C. et projet russes, le projet autrichien, le projet de Neufchâtel (sauf dans un cas où la règle est absolue et s'applique même à la détention subie hors du canton, en Suisse ou à l'étranger), consacrent la doctrine intermédiaire qui, sans prescrire une imputation obligatoire, l'autorise.

Art. 41 à 43. Voir M. Travaglia, *op. cit.*, vol. I, p. 159 et s.; voir le *Décret régl.*, art. 12.

pour l'exécution de la surveillance, si ces effets n'ont pas été déterminés par la sentence de condamnation.

ART. 43. La sentence de condamnation à l'*ergastolo* est imprimée par extrait et affichée dans la commune où elle a été prononcée, dans celle où le délit a été commis et dans celle où le condamné a eu sa dernière résidence.

TITRE IV.
DE L'IMPUTABILITÉ ET DES CAUSES QUI L'EXCLUENT
OU LA DIMINUENT.

ART. 44. Nul ne peut invoquer pour sa propre excuse l'ignorance de la loi.

ART. 45. Nul ne peut être puni à raison d'un délit, s'il n'a pas voulu le fait qui le constitue, à moins que la loi ne le mette, à un autre titre, à sa charge, comme conséquence de son action ou de son omission.

Dans les contraventions, chacun répond de sa propre action ou de son omission, alors même qu'il n'est pas démontré qu'on ait voulu commettre un fait contraire à la loi.

ART. 46. N'est pas punissable celui qui, au moment où il a

ART. 44. Voir Carrara, *Progr.*, préc., *p. gén.*, §§ 258 et 259, p. 139 et 140.

ART. 45. Le délit est caractérisé par l'intention, l'élément moral : aussi a-t-on jugé nécessaire d'insérer dans quelques articles les expressions *scientemente*, ou *dolosamente*, ou *volontariamente*. (Voir les C. hongrois, art. 75; de Zurich, § 32, etc.) Le second § de l'art. 45 exclut, au contraire, par rapport aux contraventions, toute recherche du but de l'action ou de l'omission.

ART. 46. Ce texte est l'une des dispositions maîtresses du Code. On s'est écarté de la formule trop générale de l'ancien C. toscan, art. 34, pour ne faire dépendre l'irresponsabilité, ni de la violence phy-

commis le fait, se trouvait dans un état d'infirmité mentale de nature à lui enlever la conscience ou la liberté de ses propres actes.

sique, ni de l'ardeur des passions, mais «d'un état d'infirmité mentale, de nature à enlever la conscience ou la liberté de ses propres actes». On a repoussé l'expression «force irrésistible» (*rei impetus qui repelli non potest*), expression inexacte, dont on a tant abusé partout, notamment en Italie, autant dans la doctrine que devant les tribunaux. On s'est ainsi mis en garde contre les plus redoutables exagérations. Cette question a donné lieu, dans les commissions chargées de la préparation du Code, à la Chambre des députés et au Sénat, de même que de la part des publicistes, aux plus ardentes discussions. (Voir les procès-verbaux des commissions, les débats des Chambres dans les *Actes parlementaires*, notamment le discours de M. H. Ferri, partisan, avec M. Lombroso, de doctrines bien connues, qui n'ont pas triomphé. M. L. Lucchini les a énergiquement combattues dans son livre *I semplicisti antropologi, psicologi e sociologi del diritto penale*, Turin, 1886. Voir l'*Exp. min.*, précité, vol. I, p. 157 et s. Voir les formules variées des C. français, art. 64; belge, art. 71; hollandais, art. 37; hongrois, art. 76; d'Allemagne, § 51; de Danemark, § 35; de Suède, ch. v, §§ 4 et 5; de Norvège, ch. vii, § 3; de Grèce, art. 86; de Portugal, art. 41; du Tessin, art. 46; d'Espagne, art. 30 et 31; de Zurich, § 44; les projets autrichien, § 57; russe, art. 36; de Neufchâtel, art. 70, etc. Voir le *Rapport au Roi*, p. 35-40.)

La disposition du second § de l'art. 46 se préoccupe des aliénés dits criminels; un C. pénal ne semble pas, *a priori*, devoir régir le sort des irresponsables; mais le péril social qui résulte souvent de leur élargissement, la nécessité de remédier à cette situation, les multiples études dont cette question a été l'objet, surtout dans ces derniers temps, ont suggéré la disposition que nous examinons. (Voir le *Décret régl.*, art. 13 et 14.) Les aliénés, déclarés irresponsables, peuvent être envoyés dans des *manicomii criminali*, établis dans plusieurs pays et déjà expérimentés en Italie. Voir la loi française du 30 juin 1838, suivie, depuis 1876, de l'affectation aux aliénés dits criminels d'un quartier spécial, d'abord, dans la maison centrale de Gaillon, puis dans la prison de la Santé à Paris; enfin, pour les femmes, à la maison centrale de Montpellier. — *Bull.* précité de la *Société générale des prisons*, année 1878, p. 570, 759, 949 et 950; année 1879, p. 189 et 882; année 1880, p. 841; année 1881, p. 113, 217, 353; année 1883, p. 349, etc.; *Académie de médecine de Paris, Journal officiel*, 7 mai 1883; *Rapport* de M. Roussel sur le projet voté par le Sénat français, le 11 mars 1887. Des asiles semblables à celui de Gaillon ont été créés en Hollande (Voir *C. p.*, art. 37, et loi du 27 avril 1884, art. 10) et en Allemagne, à Bruchsal, Halle et Hambourg. En Angleterre, pour les *insane prisoners, insane offenders, criminal luna-*

Le juge néanmoins, s'il voit des dangers à l'élargissement du prévenu absous, ordonne qu'il soit remis à l'autorité compétente en vue des mesures légales.

Art. 47. Quand l'état d'esprit, indiqué à l'article précédent, est de nature à amoindrir grandement l'imputabilité, sans la supprimer, la peine édictée relativement à l'infraction commise est diminuée d'après les règles suivantes :

1° A l'*ergastolo* est substituée la reclusion pour une durée de six ans au moins;

2° A l'interdiction perpétuelle des fonctions publiques est substituée l'interdiction temporaire;

3° S'il s'agit de peines temporaires excédant douze ans, la durée en est limitée de trois à dix ans; si les peines dépassent six

---

tics, des établissements analogues (*criminal lunatics asylum*) existent dès longtemps et ont servi de modèles à tous les autres. Voir *Lunacy Acts,* 1800, 1840, 1845, 1860, 1864, 1883; en dernier lieu, 14 août 1884, 48 et 49 Vict., ch. uii, lxxxv. Il en est de même aux États-Unis et au Canada.

Art. 47. Les causes qui diminuent l'imputabilité, *minoranti l'imputabilità,* donnent lieu aux plus vives contradictions. Ce texte, l'un des plus notables, prévoit les responsabilités amoindries, par rapport auxquelles la répression est, comme au Danemark, abaissée; dans ce cas, le juge peut ordonner que les peines restrictives de la liberté individuelle soient subies dans des maisons de garde. (Voir le *Décret régl.,* art. 15.) Le Code prévoit donc la pleine responsabilité et les sentences exécutées dans les établissements

pénitentiaires ordinaires ; l'irresponsabilité par suite d'un état d'infirmité mentale et les asiles spéciaux dont il vient d'être parlé; enfin, une situation intermédiaire, la semi-responsabilité et les maisons de garde. (Voir *Bull. de la Société générale des prisons,* année 1889, p. 151 et s.)

On voit dès lors combien de créations différentes devrait nécessiter la mise en vigueur du nouveau Code : catégories distinctes d'établissements destinés à l'exécution de chacune des peines de l'*ergastolo,* de la reclusion, de la détention, de l'arrêt, établissements intermédiaires, industriels ou agricoles, asiles pour les aliénés criminels, maisons de garde affectées à plusieurs destinations, établissements d'éducation et de correction pour les mineurs et les sourds-muets, sans parler de la séparation entre

ans, mais non douze, la durée est limitée d'un an à cinq ans, et, dans les autres cas, la peine est abaissée à une durée inférieure à la moitié de celle qui aurait été appliquée;

4° La peine pécuniaire est réduite à la moitié.

Si la peine prononcée est restrictive de la liberté personnelle, le juge peut ordonner qu'elle soit subie dans une maison de garde, tant que l'autorité compétente n'a pas rapporté cette mesure, cas dans lequel le reste de la peine est subi dans les conditions ordinaires.

Art. 48. Les dispositions contenues dans la première partie des articles 46 et 47 s'appliquent également à celui qui, au moment où il a commis le fait, se trouvait dans l'état prévu aux articles précités, à raison d'ivresse accidentelle.

S'il s'agit d'ivresse volontaire :

1° Dans le cas de l'article 46, à l'*ergastolo* est substituée la

---

les détenus des deux sexes. En dehors de toute appréciation critique, n'est-il pas à craindre que l'Italie ne soit, pendant de longues années, privée de cette organisation pénitentiaire sans laquelle cependant le système pénal, tel qu'il est prévu, demeurerait inexécuté? Puisse l'art. 38 du *Décret réglementaire* du 1ᵉʳ décembre 1889 ne pas recevoir une application très prolongée!

Art. 48. L'ivresse, *insania volontaria*, comme le dit Sénèque, avec raison pour le plus grand nombre de cas (*Epist.*, 83, *ad Lucilium*), ne cesse d'être l'objet de controverses, au point de vue criminel. Les lois romaines tendaient à l'admettre comme une excuse. (Voir l. 6, S 7, ff, *De re militari*, XLIX, 16; l. 5, S 2, *Ad leg. aq.*, IX, 2.) Une disposition semblable se rencontre dans le *Droit canonique*. (Voir décr. de *Gratien*, pars. II, causa 12, quæst. 7, c. 7.) L'ancien droit français, au contraire, repoussait cette tendance. (Voir l'ordonnance de François Iᵉʳ du 31 août 1536, rapportée par Jousse, tr. de la *Just. crim.*, II, p. 618, ordonnance qui réprimait de la peine ordinaire le fait commis par l'homme ivre et ajoutait une augmentation de peine, à raison de l'ivresse, double châtiment, *propter delictum et propter ebrietatem*, comme le prescrit, dans un cas, le C. russe, art. 106.) L'opinion la plus douce prévalait, au contraire, en Allemagne, en Italie, en Russie, en Espagne, en Belgique, malgré les expresses défenses de Charles-Quint. Les avis ont été et demeurent très partagés dans notre siècle.

reclusion d'un an à huit ans, et de trois à douze ans, si l'ivresse est habituelle; à l'interdiction perpétuelle des fonctions publiques est substituée l'interdiction temporaire, et les autres peines sont appliquées dans une mesure inférieure à un sixième, et, si l'ivresse est habituelle, dans une mesure non inférieure à un sixième et n'excédant pas un tiers;

2° Dans le cas de l'article 47, à l'*ergastolo* est substituée la reclusion pour une durée de dix ans au moins, durée non inférieure à dix-huit ans, si l'ivresse est habituelle, et les autres peines sont appliquées avec diminution de la moitié, et, si l'ivresse est habituelle, avec diminution d'un tiers.

Si l'ivresse est habituelle, la peine restrictive de la liberté personnelle peut être subie dans un établissement spécial.

Les diminutions de peine établies au présent article ne sont pas appliquées, si l'ivresse a été procurée pour faciliter l'accomplissement de l'infraction ou pour lui servir d'excuse.

(Voir Filangieri, *Science de la législation*, livr. III, ch. xxxvii; Carmignani, *Teoria delle leggi della sicurezza sociale*, t. II, p. 284 et s.; Nicolini, *Questioni di diritto*, part. I, XIV, p. 114; Dufour, *la Thémis*, t. I, p. 101; Bertauld, *Leç. de dr. pénal*, p. 320; Ortolan, *Ét. de dr. pén.*, § 321; Legrand du Saulle, *La folie devant les tribunaux*, p. 262; Haüs, *Obs. sur le pr. de C. pénal*, t. I, p. 210; Neyremand, *Rev. crit.*, vol. XIII, p. 515, etc.). L'art. 48 consacre, d'une manière générale, la doctrine de Carrara *Progr., p. gén.*, §§ 332 et s., p. 169. et s.). Ce criminaliste distingue l'ivresse recherchée, qui ne doit être jamais excusée; l'ivresse volontaire, sans préméditation de faits délictueux, et l'ivresse fautive de celui qui boit avec excès, sans prévoir qu'il s'enivrera, cas qui impliquent, à ses yeux, une responsabilité atténuée; enfin, l'ivresse accidentelle, conséquence, sans excès de boisson, d'un état maladif ou de l'altération du breuvage, et qui, si elle est complète, détruit l'imputabilité. L'art. 48 laisse au juge une ample latitude d'appréciation.

Le *Rapport au Roi*, p. 42, explique les dernières modifications apportées à la rédaction de l'art. 48, modifications qui ont rendu inutile la disposition de l'art. 471 du projet, en vertu de laquelle le prévenu, acquitté à raison de l'état d'ivresse, aurait encouru une peine par suite de la contravention que cet état même aurait suffi à constituer.

Art. 49. N'est pas punissable celui qui a commis le fait :

1° En vertu d'une disposition de la loi, ou d'un ordre, qu'il était obligé d'exécuter, de l'autorité compétente;

2° S'il a été contraint par la nécessité de repousser, par lui-même ou par autrui, une violence actuelle et injuste;

3° S'il a été contraint par la nécessité de se sauver lui-même ou de sauver un tiers d'un péril grave et imminent, intéressant la personne, péril qui n'était pas la conséquence d'un acte volontaire de sa part et qui ne pouvait être autrement évité.

Dans le cas prévu au n° 1, si le fait commis en exécution de l'ordre d'un officier public constitue une infraction, la peine établie relativement à cette infraction est appliquée à l'officier public qui a donné l'ordre.

Art. 50. Celui qui, en commettant un fait dans les circonstances prévues à l'article précédent, a excédé les limites fixées par la loi, par l'autorité ou par la nécessité, est puni de la détention pour un temps non inférieur à six ans, si la peine établie relativement à l'infraction commise est *l'ergastolo*, et, dans les

Art. 49 et 50. De même que les Codes les plus récents, les C. de Hollande, art. 40-44; d'Allemagne, §§ 52-54; de Hongrie, art. 77 et 80; de Zurich, § 48, etc., et les projets russe et autrichien, §§ 59 et 60, le C. italien, au lieu d'inscrire ces causes de justification à la partie spéciale, les indique dans la partie générale; ce sont *les dispositions de la loi ou l'ordre de l'autorité* (*is damnum dat qui jubet dare; ejus verò nulla culpa est cui parere necesse est*, l. 167 et 169, ff, *De reg. juris*, l. 17 (Paul); *la légitime défense* (Voir Nicolini, *Questioni di diritto*, 2° partie, q. 25, n° 9, p. 289, et

q. 26, p. 293; Haüs; *Cours de dr. criminel*, § 161; Carrara, *Progr.*, *p. gén.*, §§ 284 et s., p. 147 et s.), et *l'état de nécessité* qui implique un péril grave et imminent envers la personne, le caractère accidentel et inévitable de ce péril et l'effort pour y échapper ou y faire échapper un tiers. (Voir une dissertation de Quinto dans la revue le *Giurista*, de Naples, 6° année, n° 67; la revue espagnole *el Derecho moderno*, t. V, p. 312, etc.) Rapprocher de l'art. 50, ci-dessus, le § 53, 3° al. du C. d'Allemagne. Voir aussi les art. 114, 190, 327 du C. français.

autres cas, de la peine établie relativement à l'infraction, peine
réduite au sixième au moins, et au plus à la moitié, la détention
étant alors substituée à la reclusion et l'interdiction temporaire
des fonctions publiques à l'interdiction perpétuelle.

Aʀᴛ. 51. Celui qui a commis le fait sous une impulsion de
colère ou d'intense douleur, déterminée par une injuste provocation, est puni de la reclusion pour vingt ans au moins, si la
peine établie relativement à l'infraction commise est l'*ergastolo*, et,
dans les autres cas, de la peine, diminuée d'un tiers, relative à
l'infraction commise.

Si la provocation est grave, à l'*ergastolo* est substituée la détention de dix à vingt ans, et les autres peines sont diminuées de la
moitié aux deux tiers, la détention étant alors substituée à la reclusion et l'interdiction temporaire à l'interdiction perpétuelle.

Aʀᴛ. 52. Quand quelqu'un, par erreur ou autre cause accidentelle, commet un délit au préjudice d'une personne autre que la
personne contre laquelle l'action était dirigée, on ne peut mettre
à la charge du prévenu les circonstances aggravantes qui dérivent
de la qualité de la personne offensée ou lésée, et l'on tient compte
des circonstances qui auraient fait diminuer la peine, à raison du
délit, si le prévenu l'avait commis au préjudice de la personne
contre laquelle son action était dirigée.

Aʀᴛ. 53. Nulle poursuite n'est à exercer contre celui qui,

Aʀᴛ. 51. Après les causes de justification, les excuses atténuantes : ce texte résout, quant à la crainte, à la provocation,
à la juste douleur, de difficiles questions
qui ont divisé les commissions de la
Chambre des députés et du Sénat italiens, en 1888. Voir notamment Crell,

Diss., *De privilegio doloris*, fasc. xɪɪ,
p. 2051.

Aʀᴛ. 52. Voir Haüs, *Cons. de dr. crim.*,
n° 135. Solution exacte, qui ne se rencontre guère dans les autres législations.
La dernière partie de l'art. 52 est spécialement notable.

au moment où il a commis le fait, n'avait pas accompli neuf ans.

Néanmoins, si le fait est prévu par la loi comme un délit passible de *l'ergastolo* ou de la reclusion, ou bien encore de la détention pour une durée d'un an au moins, le président du tribunal civil, à la requête du ministère public, peut ordonner, par une mesure révocable, que le mineur sera enfermé dans un établissement d'éducation et de correction, pour un temps qui ne dépasse pas l'âge de la majorité ; ou bien il peut enjoindre aux parents, ou à ceux qui ont la charge de l'éducation du mineur, de veiller sur sa conduite, sous peine, au cas d'inobservation et si le mineur commet un délit quelconque, d'une amende qui peut atteindre deux mille livres.

Art. 54. Celui qui, au moment où il a commis le fait, avait accompli neuf ans, mais non encore quatorze, s'il n'est pas constaté qu'il ait agi avec discernement, ne peut être frappé d'aucune peine. Néanmoins, si le fait est prévu par la loi comme un délit

Art. 53 à 58. Le projet énonçait que des poursuites ne seraient exercées, dans aucun cas, contre le mineur de neuf ans et le sourd-muet au-dessous de quatorze ans ; sans doute, ils sont presque toujours reconnus comme ayant agi sans discernement ; mais l'âge ne nous paraît devoir engendrer jamais une immunité légale défiant toute exception ; c'est une question à résoudre dans chaque cas particulier. *Sæpè malitia supplet ætatem,* maxime que consacrent encore les législations de l'Orient. L'impunité complète, si évidents qu'auraient été les signes de leur précoce perversité, les eût, du reste, privés d'un réel bienfait, du séjour, assuré par une décision judiciaire, dans un établissement de correction ; la règle était donc trop absolue, comme nous le faisions remarquer dans l'avis que M. le Ministre de la justice nous a demandé ; aussi constatons-nous, avec intérêt, la satisfaction, sinon complète, du moins notable, donnée à cette observation dans les art. 53 et 57 du texte définitif.

Il semble que le droit romain admettait une période d'irresponsabilité. Voir l. 3 , ff, *De injuriis,* XLVII, 10 ; l. 12, *Ad leg. corn. de sic.,* XLVIII, 8. Dans l'ancien droit français, d'après Muyart de Vouglans, *Inst.,* p. 53, la responsabilité quant aux crimes atroces ne commençait qu'à neuf ans et demi pour les

passible de l'*ergastolo* ou de la reclusion, ou bien de la détention pour un an au moins, le juge peut prescrire l'une ou l'autre des mesures indiquées au paragraphe de l'article précédent.

Lorsqu'il est constaté qu'il a agi avec discernement, la peine établie relativement à l'infraction commise est diminuée d'après les règles suivantes :

1° A l'*ergastolo* est substituée la reclusion de six à quinze ans;

2° Les autres peines sont appliquées avec les réductions déterminées aux n°s 3 et 4 de l'article 47.

Si la peine encourue est restrictive de la liberté personnelle, dans le cas même où elle est substituée à une peine pécuniaire, le coupable qui, à l'époque de la condamnation, n'avait pas encore accompli dix-huit ans, subit la peine dans une maison de correction.

L'interdiction des fonctions publiques et la soumission à la surveillance spéciale de l'autorité de sûreté publique ne lui sont pas applicables.

Art. 55. Celui qui, au moment où il a commis le fait, avait

filles et à dix ans et demi pour les enfants mâles.

De nombreuses divergences existent, à cet égard, dans les législations modernes. L'irresponsabilité est absolue (*doli incapax*), en Angleterre, au-dessous de sept ans; en Espagne, à Malte, au-dessous de neuf ans; en Danemark, en Hollande, en Suède, en Portugal, au Tessin, à Genève et dans le projet russe, au-dessous de dix; dans les C. d'Allemagne, de Hongrie, dans le projet autrichien et dans les cantons de Berne, de Fribourg, de Saint-Gall, de Zurich, de Zug, le projet de Neufchâtel, au-dessous de douze; etc. En France, en Belgique, aux îles Ioniennes, l'âge n'entraîne, en principe, aucune irresponsabilité complète; c'est toujours une question de fait.

La majorité (*doli capax*) est fixée par le C. italien, non à quatorze ans, à moins que l'on se préoccupe de l'âge à partir duquel la question de discernement ne se pose plus, mais à dix-huit ans, si l'on tient compte de l'âge après lequel la peine n'est l'objet que d'une légère diminution; car, à la différence de l'ancien C. toscan, qui n'admettait plus d'adoucissement, après la dix-huitième année, le C. italien, outre les trois périodes qu'il distingue, savoir : 1° au-dessous de neuf ans; 2° de neuf à quatorze ans; 3° de

accompli quatorze ans, mais non encore dix-huit, est puni d'après les règles suivantes :

1° A l'*ergastolo* est substituée la reclusion de douze à vingt ans;

2° Lorsqu'il s'agit d'une peine temporaire qui dépasse douze ans, elle est appliquée pour une durée de six à douze ans; si la peine excède six ans, mais non douze, elle est appliquée pour une durée de trois à six ans, et, dans les autres cas, la peine est réduite à la moitié;

3° La peine pécuniaire est diminuée d'un tiers.

Si, à l'époque de la condamnation, le coupable n'a pas encore accompli dix-huit ans, le juge peut ordonner que la peine restrictive de la liberté personnelle soit subie dans une maison de correction, et ni l'interdiction des fonctions publiques, ni la soumission à la surveillance spéciale de l'autorité de sûreté publique ne sont appliquées.

ART. 56. Celui qui, au moment où il a commis le fait, avait accompli dix-huit ans, mais non encore vingt et un, est frappé de la reclusion pour vingt-cinq à trente ans, si la peine édictée

quatorze à dix-huit ans, en prévoit une quatrième, de dix-huit à vingt et un ans, de telle sorte qu'en réalité, l'entière répression n'est possible qu'envers l'inculpé de vingt et un ans et le sourd-muet de vingt-quatre ans.

La majorité, au point de vue pénal, est atteinte : à quatorze ans, dans le projet britannique; à quinze ans, en Suède, avec une atténuation jusqu'à dix-huit ans quant aux peines les plus graves; à seize ans, en France, en Belgique, en Hollande, en Hongrie, dans les cantons de Berne, de Genève, de Fribourg, de Zurich, avec atténuation jusqu'à dix-huit

ou dix-neuf ans d'après les lois de Hongrie et de ces deux derniers cantons; à dix-huit ans, en Espagne, en Allemagne, en Danemark, dans les cantons de Bâle, de Vaud (où toutefois la peine capitale ne peut être infligée qu'à vingt ans), dans les projets autrichien, de Neufchâtel; à vingt ans, dans le canton du Tessin, comme dans l'ancien C. subalpin, art. 91; dans le C. de Russie, modifié par la loi du 27 octobre 1881, dans le projet russe et le C. de la République de Saint-Marin; en réalité, à vingt-trois ans, dans le canton du Valais.

Voir Ortolan, *De l'âge chez l'agent*

relativement à l'infraction commise est l'*ergastolo*, et, dans les autres cas, la peine établie quant à l'infraction commise est diminuée d'un sixième.

ART. 57. Nulle poursuite n'est exercée contre le sourd-muet qui, au moment où il a commis le fait, n'avait pas accompli quatorze ans; mais peut lui être appliquée la disposition énoncée au paragraphe de l'article 53, avec faculté d'ordonner qu'il restera dans l'établissement d'éducation et de correction jusqu'à l'âge de vingt-quatre ans.

ART. 58. Le sourd-muet qui, au moment où il a commis le fait, avait accompli quatorze ans, s'il n'est pas constaté qu'il ait agi avec discernement, n'encourt aucune peine. Néanmoins, quand le fait est prévu par la loi comme un délit passible de l'*ergastolo* ou de la reclusion, ou bien de la détention pour un an au moins., le juge, si le sourd-muet n'a pas encore accompli vingt-quatre ans, peut lui faire application de la disposition du paragraphe de l'article 53, avec faculté d'ordonner qu'il restera dans l'établissement d'éducation et de correction jusqu'à l'âge de vingt-quatre ans. S'il a accompli vingt-quatre ans, le juge peut ordonner qu'il soit remis à l'autorité compétente en vue des mesures légales.

S'il est constaté que le sourd-muet a agi avec discernement, lorsqu'il n'a pas encore accompli dix-huit ans, sont applicables les dispositions contenues aux paragraphes de l'article 54; s'il a accompli dix-huit ans, mais non encore vingt et un, sont applicables les dispositions de l'article 56.

quant à *l'imputabilité pénale, Revue de lég. et de jur.*, année 1843, t. I, p. 453, et t. II, p. 181; Haüs, *Obs. sur le pr. de revision du C. pénal,* vol. I, p. 213-214; Carrara, *Progr., p. gén.*, t. I, §§ 215 et s., p. 113 et s.; M. Travaglia, *op. cit.*, vol. I, p. 249 et s., etc.

Le projet de Neufchâtel, art. 81, organise, envers le mineur frappé d'une peine, la surveillance exercée, à sa libération, par une institution de prévoyance, à laquelle il est soumis pendant cinq ans au plus.

Art. 59. Indépendamment des diminutions de peine expressément édictées par la loi, s'il existe des circonstances atténuantes en faveur du coupable, à l'*ergastolo* est substituée la reclusion pendant trente ans, et les autres peines sont diminuées d'un sixième.

Art. 60. Dans les contraventions commises par celui qui est soumis à l'autorité, à la direction ou à la surveillance d'autrui, la peine, indépendamment de ce qui concerne le prévenu, est appliquée également à la personne, soit investie de l'autorité, soit chargée de la direction ou de la surveillance, s'il s'agit de contraventions à des dispositions que cette personne était tenue de faire observer et si la contravention pouvait être empêchée par sa diligence.

Si la contravention a été commise par ordre de la personne, soit investie de l'autorité, soit chargée de la direction ou de la surveillance, en violation des dispositions que cette personne était tenue par la loi de faire observer, la peine est également appliquée à la personne placée sous cette subordination, dans le cas où celle-ci a commis la contravention nonobstant un commandement ou un avertissement spécial de l'autorité.

Art. 59. La loi française du 28 avril 1832 a donné trop d'ampleur au pouvoir discrétionnaire du juge quant aux circonstances atténuantes générales. Le présent texte admet ce pouvoir, mais le restreint par rapport à l'application de la peine. Voir le projet espagnol, art. 33 et 99. Voir, dans les lois françaises du 2ᵉ jour complémentaire de l'an III et du 27 germinal an IV, art. 1, les premières traces du système des circonstances atténuantes, système qui n'a point pénétré notamment dans la législation britannique.

Art. 60. Cette disposition, digne d'intérêt, paraîtrait méconnaître les principes juridiques, en matière de contraventions, si l'on omettait de remarquer que le législateur a entendu que le supérieur répondît de la contravention, non comme étant moralement cause du fait d'autrui, mais directement comme auteur d'une faute, d'un fait personnel contraire à la loi.

TITRE V.

DE LA TENTATIVE.

Art. 61. Celui qui, dans le but de commettre un délit, en commence avec des moyens idoines l'exécution, mais, par suite de circonstances indépendantes de sa volonté, n'accomplit pas tout ce qui est nécessaire à la consommation du délit, est puni de la reclusion pour dix ans au moins, si la peine édictée relativement à ce délit est l'*ergastolo*, et, dans les autres cas, de la peine établie quant au délit, avec diminution de la moitié aux deux tiers.

S'il s'est volontairement abstenu des actes d'exécution du délit, il encourt seulement la peine édictée à raison du fait accompli, si ce fait constitue par lui-même une infraction.

Art. 62. Celui qui, dans le but de commettre un délit, accomplit tout ce qui est nécessaire à sa consommation, si le délit n'en résulte point, par suite de circonstances indépendantes de sa

---

Art. 61 et 62. Le C. français permettrait, par la rédaction de l'art. 2, de distinguer le méfait tenté du méfait manqué; mais, en réalité, il les confond. Beaucoup de Codes, du reste, ne font pas une place distincte au méfait manqué; par exemple, les C. de Belgique, art. 51-53; d'Allemagne, §§ 43-46; de Hongrie, §§ 65-68; de Hollande, art. 45 et 46; du Luxembourg, art. 52; de Berne, art. 30-33; de Zurich, §§ 34-36.

Tout délit tenté ou manqué est punissable, sans restriction analogue à celle de l'art. 3 du C. français; très juste généralisation.

Sans *idonéité* des moyens, sans méfait possible, pas de pénalité, aux termes de l'art. 61, qui statue, dans le sens de l'école italienne, comme le projet anglais, sur de graves questions qui ont donné lieu à de vives controverses non résolues par beaucoup de Codes. Ceux notamment d'Allemagne, § 43; de Hongrie, art. 65; de Hollande, art. 45, sont muets quant à l'idonéité des moyens. Le C. grec, art. 53, et les projets russe, art. 45, anglais, sect. 32, et espagnol, art. 21, s'y réfèrent. Voir Romagnosi, *Gen. del dir. pen.*, p. 4, livr. II, ch. II, §§ 716 et s.; Carmignani, *Elementa*, etc., § 231; Nicolini, *Quest. di diritto, del tentativo*, et notre traduction, *Rev. crit. de lég. et de jur.*, t. XIX, p. 227 et s.; Carrara, *Progr.*, *p. gén.*,

volonté, est puni de la reclusion pour vingt ans au moins, si la peine édictée à raison de ce délit est l'*ergastolo*, et, dans les autres cas, de la peine établie relativement au délit, avec diminution d'un sixième à un tiers.

TITRE VI.

DU CONCOURS DE PLUSIEURS PERSONNES À UNE MÊME INFRACTION.

Art. 63. Quand plusieurs personnes concourent à l'exécution d'une infraction, chacun des auteurs et des coopérateurs immédiats encourt la peine édictée à raison de l'infraction commise.

La même peine est encourue par celui qui a déterminé les autres à commettre l'infraction; mais à l'*ergastolo* est substituée la reclusion de vingt-cinq à trente ans, et les autres peines sont diminuées d'un sixième, si l'auteur de l'infraction l'a commise, en outre, par suite de motifs personnels.

Art. 64. Est puni de la reclusion pour douze ans au moins, si la peine édictée relativement au délit est l'*ergastolo*, et dans les

§§ 356 et s., p. 186 et s.; notre étude, *Rev. crit.*, t. XXIII, p. 432 et s.; les arrêts de la Cour de cassation de France, des 4 novembre 1876 et 12 avril 1877, contraires à la doctrine italienne (*Bull. crim.*, année 1876, p. 415; année 1877, p. 207, etc.).

Le C. français, qui réprime de la même peine le méfait tenté, le méfait manqué et le méfait consommé, est désormais isolé; presque toutes les législations établissent une distinction entre le méfait consommé et la tentative, au sens général; plusieurs répriment le méfait manqué moins que celui qui est con-

sommé, et le méfait tenté moins que celui qui est manqué. Voir Carrara (nous étions en dissidence avec cet illustre maître), *Progr.*, *p. gén.*, § 425, p. 222; et le résumé de législation comparée que nous avons présenté à ce sujet, *Disc. sur la formation et l'état actuel des lois criminelles en Europe*, Montpellier, 1868, appendice, p. 79 et 80, etc.

La question du désistement est l'objet du § 2 de l'art. 61; le texte fait tout dépendre du caractère, volontaire ou non, de l'abstention.

Art. 63 et 64. 1° «Auteur principal», «coauteurs ou coopérateurs immé-

autres cas, de la peine édictée à raison du délit, avec diminution de la moitié, celui qui a concouru à l'infraction :

1° En excitant ou affermissant la résolution de la commettre, ou bien en promettant de prêter assistance ou aide après la perpétration;

2° En donnant des instructions ou en procurant les moyens de commettre l'infraction;

3° En facilitant l'exécution, par assistance ou aide, avant ou pendant la perpétration.

La diminution de peine n'est pas appliquée au coupable de l'un des modes de concours prévus au présent article, si l'infraction eût été impossible sans ce concours.

Art. 65. Les circonstances et les qualités inhérentes à la personne, permanentes ou accidentelles, à raison desquelles est aggravée la peine à l'égard de l'un de ceux qui ont concouru à

diats, *correin*; 2° instigateurs principaux; 3° complices, divisés en trois catégories, telle est, non sans difficulté au point de vue pratique, la classification adoptée, conformément à la doctrine qui domine aujourd'hui et que professe notamment Carrara, *Progr.*, *p. gén.*, §§ 426 et s., p. 223 et s.; des pénalités distinctes sont édictées à raison de ces différents degrés de culpabilité. Ces textes résolvent des questions très débattues. Mais le mouvement général de revision législative indique comme s'affirmant la tendance à faire des distinctions analogues, à frapper même l'instigateur de la peine encourue par l'auteur principal et à n'infliger qu'une répression moindre aux complices proprement dits, qu'il importe de distinguer des fauteurs. Cf. la note sous

l'art. 225 ci-dessous. Voir les C. français, art. 59 et 60; portugais, art. 11; belge, art. 66 et s.; hongrois, art. 69 et s.; hollandais, art. 47 et s.; d'Allemagne, §§ 47 et s.; de Suède, ch. III, §§ 1 et s.; de Danemark, de Bâle-Ville, art. 28; de Saint-Gall, art. 42; de Zurich, § 37; les projets autrichien, de Neufchâtel, etc.

Toutefois les projets anglais, sect. 33, et russe, art. 47 et 48, tendent à se rapprocher, quant à la pénalité, du C. français.

Art. 65 et 66. Les circonstances ou qualités inhérentes à la personne sont, en général, toutes celles qui concernent l'intelligence, la volonté, l'état mental, l'âge, les rapports naturels, légitimes ou contractuels qui rattachent l'inculpé à la

l'infraction, si elles ont servi à en faciliter l'exécution, sont imputables aussi à ceux qui en ont eu connaissance, au moment où ils ont prêté leur concours; mais la peine peut être diminuée d'un sixième, et à l'*ergastolo* peut être substituée la reclusion de vingt-cinq à trente ans.

Art. 66. Les circonstances matérielles qui aggravent la peine, alors même qu'elles entraînent un changement de qualification de l'infraction, sont imputables également à ceux qui en avaient connaissance, au moment où ils ont prêté leur concours.

victime, et la récidive. Les circonstances matérielles se réfèrent aux actes de préparation, d'exécution et de consommation. En principe, les secondes sont communicables à ceux qui en avaient connaissance; les premières, au contraire, sont incommunicables d'un coparticipant à un autre, les causes d'atténuation et d'aggravation inhérentes à la personne ne pouvant être étendues; cependant elles atteignent tous les coparticipants, quand elles ont servi à faciliter l'exécution du méfait et que les coïnculpés en ont eu connaissance. Nous adhérons à ces solutions. Nous irions plus loin : relativement aux qualités personnelles, la communicabilité devrait être admise, à la condition, bien entendu, qu'elles fussent connues des coparticipants, mais sans exiger qu'elles aient servi à la perpétration du méfait. Qu'un fils livre ou non la clef de l'appartement où l'on va assassiner son père, si sa qua-lité est connue des coinculpés, au moment de l'acte, l'aggravation devrait s'étendre à eux. La difficulté juridique pouvait être d'accepter la communicabilité, du complice à l'auteur et aux co-auteurs; mais, dès lors qu'on l'accepte, on devrait logiquement aller plus avant, quant aux qualités. Voir la l. 6, ff, *De lege Pompeiâ de parricidiis*, XLVIII, 9 (Ulpien), loi qui infligeait au complice du parricide la peine édictée contre celui-ci. De même dans l'ancienne législation française : voir Muyart de Vouglans, *L. crim.*, p. 176. Ces deux textes du C. italien sont d'autant plus importants qu'ils ne concordent point, surtout relativement aux circonstances ou qualités personnelles, soit avec la loi française, qui ne renferme aucune disposition analogue, soit avec le C. espagnol, avec les C. d'Allemagne, § 50; de Hongrie, art. 74; de Hollande, art. 50; avec le projet de Neuf-châtel, etc.

TITRE VII.

DU CONCOURS DES INFRACTIONS ET DES PEINES.

Art. 67. Au coupable de plusieurs délits, passibles de peines restrictives de la liberté personnelle pour plus de cinq ans, si l'une de ces peines est l'*ergastolo*, la période d'isolement cellulaire continu est augmentée d'un an à trois ans, et jusqu'à cinq ans, si une autre des peines encourues était aussi l'*ergastolo*.

Art. 68. Au coupable de plusieurs délits passibles de la même espèce de peine temporaire restrictive de la liberté personnelle, est appliquée la peine du délit le plus grave, avec une augmentation égale à la moitié de la durée totale des autres peines, pourvu qu'elles ne dépassent pas trente ans de reclusion ou de détention, et cinq ans quant au confinement.

Art. 69. Le coupable de deux délits, dont l'un est passible de la reclusion et l'autre de la détention, est puni d'après les règles suivantes :

1° Si la reclusion ne dépasse pas un an et n'atteint pas le tiers de la durée de la détention, on applique la détention, avec une augmentation égale à la moitié de la durée de la reclusion;

2° En tout autre cas, on applique la reclusion, avec une aug-

---

Art. 67 à 79. Au cas de concours de plusieurs délits et par suite de plusieurs peines, ces textes repoussent le système de l'absorption, qui entraîne l'impunité de certains méfaits, et le cumul matériel qui, par un excès contraire, fait appliquer autant de peines qu'il y a d'infractions; le système adopté est le cumul juridique, intellectuel ou moral, dont la base est la même que celle du cumul matériel : *tot pœnæ quot delicta*, mais qui en tempère justement les conséquences. La doctrine se prononce en faveur du cumul juridique; les législations sont partagées. Voir, dans le sens de l'absorption, les C. français, art. 365 (*C. d'instr. crim.*); belge, art. 58 et s.; de Malte, art. 18 et 19; de Genève, art. 39; l'anc. C.

mentation égale au tiers de la durée de la détention, pourvu qu'on ne dépasse pas trente ans.

Quand il y a concours de plus de deux délits, avant d'appliquer, selon les cas, l'une ou l'autre des dispositions qui précèdent, on applique celles de l'article 68 concernant les délits passibles de la même espèce de peine.

Art. 70. Au coupable de deux délits, dont l'un est passible de la reclusion ou de la détention et l'autre du confinement, on applique la reclusion ou la détention, avec une augmentation égale au tiers de la durée du confinement, si la peine appliquée est la détention, et au sixième, si la peine est la reclusion.

Selon que le plus grand nombre de délits sont passibles soit de la reclusion ou de la détention, soit du confinement, on applique de la même manière les dispositions des articles 68 et 69.

bavarois de 1861, et avec une augmentation facultative, les C. de Hongrie, art. 96 et s.; du Valais, art. 76; de Zurich, § 64: de Vaud, art. 64; le projet russe, art. 55, 56, etc.; dans le sens du cumul matériel, conforme aux traditions du droit romain (l. 2, ff, *De privatis delictis*, XLVIII, 1) et de l'ancien droit français, le C. espagnol, art. 88; les C. de Suède, ch. iv, §§ 5 et s., et de Hollande, art. 57 et s., toutefois avec quelques dispositions qui rapprochent ces législations du cumul juridique; d'une manière plus marquée, dans le sens de ce dernier système, les C. d'Allemagne, §§ 74 et s.; de Portugal, art. 69; du Tessin, art. 65 § 2; le projet autrichien, § 78; et aussi, quoique avec certaines distinctions, les C. de Neufchâtel, art. 30, et le projet de ce canton, art. 89 et s.; les C. de Berne, art. 59; de

Fribourg, art. 70, etc. Voir le projet britannique, sect. 17. Voir Carrara, *Progr.*, *p. gén.*, §§ 728 et s., p. 410 et s.; Bertauld, *op. cit.*, leç. 13, p. 311 et s.; Bonneville de Marsangy, *De l'amélioration*, etc., t. II, p. 409 et s., etc.

A l'exemple de l'ancien C. toscan, art. 80, la notion de l'infraction continuée a fait l'objet de l'art. 79. Les criminalistes, particulièrement ceux d'Italie, ont développé toutes les thèses qui se rattachent à l'infraction unique et à la pluralité d'infractions, à l'unité d'action et de but, à la connexité qui rattache l'infraction en tant que moyen à l'infraction qui est le terme poursuivi, les théories de la prédominance de l'une ou de l'autre des qualifications et de la continuation, l'unité de disposition violée, l'unité de résolution délictueuse, etc. Voir Travaglia, *op. cit.*, vol. II, p. 362 et s.

Art. 71. Au coupable de plusieurs contraventions passibles de l'arrêt, on applique la peine encourue à raison de la contravention la plus grave, avec une augmentation égale à la moitié de la durée totale des autres peines, pourvu qu'elles n'excèdent pas trois ans.

Art. 72. Au coupable d'un ou plusieurs délits et d'une ou plusieurs contraventions passibles de l'arrêt, on applique la peine édictée à raison du délit ou telle qu'elle résulte du concours de plusieurs délits, suivant les règles établies aux articles précédents, avec une augmentation égale au sixième de la durée totale de l'arrêt, si la peine à infliger à raison des délits est la reclusion, et au tiers de cette durée, dans les autres cas.

Art. 73. Dans les cas prévus aux articles précédents, pour déterminer les effets de la condamnation pénale, suivant les dispositions des articles 31, 33, 34 et 35, on tient compte seulement de la peine à infliger à raison de chaque délit, sauf ce qui est prescrit à l'article suivant.

Art. 74. Les peines de l'interdiction temporaire des fonctions publiques et de la suspension de l'exercice d'une profession ou d'un métier, édictées relativement à chaque infraction, sont toutes appliquées intégralement, pourvu que la durée totale n'excède pas dix ans d'interdiction et quatre ans de suspension.

Art. 75. Les peines pécuniaires édictées relativement à chaque infraction sont toujours appliquées intégralement, pourvu qu'elles ne dépassent pas la somme de quinze mille livres quant aux délits, et de trois mille livres quant aux contraventions.

Dans le cas de conversion de peines pécuniaires en une peine restrictive de la liberté personnelle, la durée de celle-ci ne peut dépasser dix-huit mois, et, au cas de concours des deux espèces d'amende (*della multa con l'ammenda*), la conversion a toujours lieu en la peine de la détention.

Art. 76. Les règles énoncées aux articles précédents s'appliquent également dans le cas où, après une sentence de condamnation, on doit juger la même personne à raison d'une autre infraction commise avant cette condamnation.

Les règles susdites s'appliquent aussi au cas d'une infraction commise après la condamnation à une peine temporaire restrictive de la liberté personnelle, avant qu'elle ait été subie ou durant l'exécution de la sentence; mais l'augmentation de peine, suivant les articles précédents, est respectivement des deux tiers, de la moitié ou d'un tiers, au lieu de la moitié, d'un tiers et d'un sixième. Pour déterminer cette augmentation, on tient compte seulement de la fraction de peine qui reste à subir au moment où la condamnation est prononcée, après avoir calculé, dans la fixation de la peine quant à la nouvelle infraction, s'il y a lieu, l'aggravation motivée par la récidive. Mais si la peine a été subie ou la condamnation éteinte avant que la nouvelle condamnation puisse être exécutée, la peine afférente à la nouvelle infraction est appliquée intégralement.

Art. 77. Celui qui, pour accomplir ou pour cacher une infraction, ou bien à l'occasion de cet acte, commet d'autres faits constituant par eux-mêmes une infraction, lorsque ces faits ne sont pas considérés par la loi comme des éléments constitutifs ou des circonstances aggravantes de l'infraction elle-même, encourt les peines à infliger à raison de toutes les infractions commises, suivant les dispositions énoncées aux articles précédents.

Art. 78. Celui qui, par un seul et même fait, viole plusieurs dispositions de loi, est puni d'après la disposition qui édicte a peine la plus grave.

Art. 79. Plusieurs violations de la même disposition de loi, quoique commises en des temps différents, par des actes d'exécution de la même résolution, sont considérées comme constituant une seule infraction; mais la peine est augmentée d'un sixième à la moitié.

TITRE VIII.
DE LA RÉCIDIVE.

Art. 80. Celui qui, après une sentence de condamnation et non au delà de dix ans, à partir du jour où la peine a été complètement subie ou la condamnation éteinte, si la peine était supérieure à une durée de cinq ans, commet une autre infraction, ne peut être frappé du minimum de la peine encourue relativement à la nouvelle infraction.

Si la nouvelle infraction est de la même nature que celle qui a motivé la condamnation précédente, le coupable est atteint d'une aggravation de la peine encourue, d'après les règles suivantes :

1° Si la peine encourue par suite de la nouvelle infraction est la

Art. 80 à 84. La légitimité et la nécessité d'une aggravation de peine, à raison de la récidive, sont désormais à l'abri de toute controverse. La plupart des législations admettent que cette aggravation doit être prononcée, que la peine précédente ait été ou non réellement subie. Cependant les C. de Suède, de Zurich, de Genève, le projet russe, subordonnent l'aggravation à l'exécution du châtiment antérieur; de même, les C. hollandais, art. 421-423; hongrois, §§ 338, 349, 371, 381, etc.

La récidive générale est adoptée par les C. français, art. 56 et s.; belge, art. 54-57; de Genève, art. 34; de Neufchâtel, art. 33, etc. Mais un grand nombre de Codes, surtout les plus récents, adoptent, avec des prescriptions variées, la récidive spéciale, c'est-à-dire exigent que la seconde infraction soit, ou identique à la précédente (C. grec, art. 111), soit de la même nature (projet russe, art. 58), soit égale ou homogène (C. de Saint-Gall, art. 50), soit de nature se rapportant à celle de l'infraction

reclusion, la durée ordinaire de l'isolement cellulaire continu est augmentée à raison d'un sixième de la peine édictée relativement à l'infraction commise; et, si la reclusion doit être intégralement subie dans cet isolement, ou si la prolongation susdite excède les limites de la peine à infliger, on augmente proportionnellement, pour appliquer cette prolongation, la durée de la peine;

2° Si la peine encourue par suite de la nouvelle infraction est autre que la reclusion, elle est augmentée d'un sixième à un tiers.

Dans aucun cas, l'augmentation prescrite par les dispositions précédentes ne peut être appliquée dans une mesure supérieure à la plus grave des peines antérieurement infligées; et, s'il s'agit de peines pécuniaires, pour déterminer cette mesure, on établit les équivalences suivant les règles posées à l'article 19.

Art. 81. Celui qui, après avoir été plusieurs fois condamné à une peine restrictive de la liberté personnelle, chaque fois à plus de trois mois, commet, dans les termes indiqués à l'article précédent, une autre infraction de la même nature et passible également d'une peine restrictive de la liberté personnelle, encourt une augmentation de peine égale à la moitié de la durée de la nouvelle peine, si celle-ci ne dépasse pas trente mois, et à un tiers

précédente (projet autrichien), ou du même genre, comme étant classée sous un même titre (C. du Valais, art. 79; de Berne, art. 62; de Vaud, art. 67 et 68; de Fribourg, art. 74), ou de la même espèce (C. de Saint-Marin, art. 69; de Zurich, art. 66; du Tessin, art. 69 § 1); dans une même section de la loi pénale (projet espagnol, art. 114); avec limitation aux infractions spécialement indiquées (C. de Suède, ch. IV, § 11; d'Allemagne, §§ 245, 261, 264; de Hongrie, §§ 338, 349, 371, 381; de Hollande, art. 421-423, etc.). La vraie solution est d'admettre, en les distinguant, comme nous le proposions, après Carrara, dans notre réponse à M. Zanardelli, les deux genres de récidive, en les réprimant d'une manière différente. Le dernier projet italien, imité en cela par le projet de Neufchâtel, avait suivi l'exemple de l'ancien C. toscan, art. 82 et s., en adoptant comme criterium «l'identité d'impulsion coupable dans les méfaits». Le criterium est nettement indiqué, en principe; toute-

dans les autres cas, pourvu qu'on n'excède pas trente ans de reclusion ou de détention.

Si la nouvelle peine encourue est la reclusion, on applique aussi l'isolement cellulaire continu dans la mesure établie par l'article précédent.

Art. 82. Pour les effets de la loi pénale, sont considérées comme infractions de la même nature, non seulement celles qui violent une même disposition de loi, mais aussi celles qui sont prévues dans un même chapitre du Code et les infractions respectivement indiquées sous les dénominations suivantes :

a. Délits contre la sûreté de l'État;

b. Délits commis par des fonctionnaires publics, par suite de la violation des devoirs inhérents à leurs fonctions ou d'un exercice abusif de ces fonctions;

c. Délits contre les libertés politiques et la liberté des cultes, abus des ministres du culte dans l'exercice de leurs fonctions, délits commis contre les fonctionnaires publics à raison de leurs fonctions, tout autre délit commis contre l'administration publique par des particuliers, et les délits contre l'ordre public;

---

fois combien l'application n'est-elle pas ardue! La détermination des multiples groupes d'infractions n'est pas à l'abri de critiques. Heureusement la rédaction définitive a organisé simultanément les deux genres de récidive, générale et spéciale. (Voir le *Rapport au Roi,* p. 58-60.)

Nous comprenons les limitations de délais, à l'expiration desquels l'aggravation n'est plus ordonnée. Voir, dans le sens de la non-limitation, les C. français (noter toutefois la loi du 27 mai 1885,

art. 4), belge, de Neufchâtel, du Valais, le projet autrichien; pour une limitation à dix ans, les C. d'Allemagne, § 246; d'Espagne, pour les crimes, art. 114; du Portugal, art. 85; de Hongrie, §§ 338, 349, 371, 381; du Danemark, de Fribourg, art. 38; du Tessin, art. 71; le projet de Neufchâtel, art. 98, etc.; pour une limitation à cinq ans ou à la durée de la prescription de la peine, les C. hollandais, art. 421-423; espagnol (pour les délits), le projet autrichien, etc.

Les textes du présent Code rendent,

d. Simulation d'infraction, calomnie, faux témoignage en justice et prévarication;

e. Délits contre la sécurité publique;

f. Délits contre les bonnes mœurs et la paix des familles, prévus aux articles 331 à 348;

g. Homicide et violence envers les personnes;

h. Vol, rapine, extorsion, rançonnement, filouterie et autres fraudes, appropriations indues, recel, banqueroute frauduleuse, délits prévus aux articles 203 à 206, 224, 256 à 260, 293 à 299, 319 à 322, 326, et homicide et violences personnelles en vue d'un lucre.

Art. 83. Pour l'application des dispositions des articles précédents, on tient compte :

1° Des condamnations à raison de contraventions par rapport à des condamnations à raison de délits, et *vice versa;*

2° Des condamnations à raison de délits par imprudence ou négligence, ou par impéritie dans un métier ou une profession, ou par inobservation des règlements, ordres ou prescriptions disciplinaires, par rapport à des condamnations motivées par d'autres délits, et *vice versa;*

3° Des condamnations prononcées à raison d'infractions exclusivement militaires;

4° Des condamnations prononcées par les tribunaux étrangers.

Art. 84. Le condamné à l'*ergastolo,* qui a commis un autre

avec raison, obligatoire l'aggravation de peine, comme les C. de France, de Hongrie, d'Allemagne, du Portugal, de Saint-Marin, de Genève, du Valais, de Fribourg, de Vaud, comme le projet autrichien, etc. Cette aggravation est facultative pour le juge, dans les C. de Belgique, art. 54 et s.; de Hollande, art. 421-423; de Berne, de Neufchâtel, de Zurich, etc.

délit, est astreint à une nouvelle période d'isolement cellulaire continu, de six mois à cinq ans, si le délit est passible de la reclusion ou de la détention pour plus d'un an, et à une nouvelle période de huit ans au moins, qui peut être étendue à toute la vie, si le nouveau délit est passible de l'*ergastolo*.

TITRE IX.

DE L'EXTINCTION DE L'ACTION PÉNALE
ET DES CONDAMNATIONS PÉNALES.

Art. 85. La mort du prévenu éteint l'action pénale.

La mort du condamné éteint la condamnation, même à une peine pécuniaire non exécutée, et toutes les conséquences pénales de la condamnation, mais ne fait pas obstacle à l'exécution de la confiscation.

Art. 86. L'amnistie éteint l'action pénale et fait cesser l'exécution de la condamnation et toutes ses conséquences pénales.

Art. 87. L'indult ou la grâce, qui remet ou commue la peine, fait cesser l'interdiction légale du condamné et les incapa-

Art. 85 à 90. La jurisprudence française permet les poursuites, en vue du recouvrement des amendes, contre les héritiers du condamné; les art. 53 et 118 du C. hongrois les autorisent expressément, «si le jugement a acquis force de chose jugée avant la mort» de celui-ci, tandis que les C. belge, art. 86, et luxembourgeois (sauf quant aux amendes fiscales, à raison de leur caractère de réparation civile), de même que le projet russe, interdisent ces poursuites, en admettant comme un principe que l'amende, étant une peine, ne comporte d'exécution qu'envers celui qui l'a encourue. L'art. 85 ci-dessus adhère formellement à cette solution. Voir aussi le C. hollandais, art. 75; le projet espagnol, art. 122, etc.

L'art. 86 s'applique aux condamnations relatives, à la fois, aux délits poursuivis à la requête de la partie lésée et à ceux poursuivis d'office, comme dans les C. autrichien, §§ 223 et 226; hongrois, art. 105 et 113; russe, art. 169 et 170; espagnol, art. 132; portu-

cités établies aux divers paragraphes de l'article 33, pourvu qu'elles ne soient pas jointes par la loi à la peine substituée, mais ne fait pas cesser l'interdiction des fonctions publiques, ni la suspension de l'exercice d'une profession ou d'un métier, ni la surveillance spéciale de l'autorité de sûreté publique, sauf le cas d'une disposition expresse dans le décret d'indult ou de grâce.

ART. 88. Quant aux infractions que l'on ne peut poursuivre que sur la plainte de la partie, le pardon (*remissione*) émané de cette partie éteint l'action pénale, mais ne fait pas cesser l'exécution de la condamnation, si ce n'est dans les cas prévus par la loi.

Le pardon en faveur de l'un des prévenus profite également aux autres.

Le pardon ne produit pas d'effet envers le prévenu qui refuse de l'accepter.

ART. 89. L'amnistie, l'indult et la grâce et le pardon de la partie lésée ne donnent pas droit à la restitution des choses confisquées, ni des sommes payées au Trésor, à titre de peines pécuniaires.

ART. 90. Quand la peine de l'*ergastolo* ou de la réclusion, d'une durée de plus de dix ans, est remise ou commuée par décret d'in-

gais, art. 85; de Zurich, § 28; de même dans les anciens C. toscan, art. 87, et subalpin, art. 131. Voir M. Travaglia, *op. cit.*, vol. II, p. 412 et s., et le *Rapport au Roi*, p. 64.

Les art. 87 et s. font à la grâce la place qui lui appartient dans le système pénal. Si le dommage social que peut causer l'abus des mesures gracieuses est immense, le principe de la grâce n'est pas moins juste. Voir notre étude sur ce sujet, *le Correspondant*, livr. des 10 et 25 mai 1881; *Bull. de la Société générale des prisons*, novembre 1881. Voir le projet espagnol, art. 133 § 5, aux termes duquel, dans les affaires où la poursuite ne peut être exercée d'office, le condamné n'est pas relevé par le pardon de l'offensé de l'obligation de subir la peine, si le coupable refuse ce pardon.

dult ou de grâce qui n'en a pas disposé autrement, le condamné est soumis pour trois ans à la surveillance spéciale de l'autorité de sûreté publique.

Art. 91. La prescription, sauf les cas dans lesquels la loi dispose autrement, éteint l'action pénale :

1° Après vingt ans, si le prévenu a encouru la peine de l'*ergastolo;*

2° Après quinze ans, si le prévenu a encouru la reclusion pour vingt ans au moins;

3° Après dix ans, si le prévenu a encouru la reclusion pour plus de cinq ans et moins de vingt ans, ou la détention pour un temps supérieur à cinq ans, ou l'interdiction perpétuelle des fonctions publiques;

4° Après cinq ans, si le prévenu a encouru, soit la reclusion, soit la détention pour cinq ans au plus, ou la peine du confinement, ou celle de l'interdiction temporaire des fonctions publiques, ou l'amende (*multa*);

5° Après deux ans, si le prévenu a encouru la peine de l'arrêt pour plus d'un mois, ou de l'amende (*ammenda*) pour une somme supérieure à trois cents livres;

6° Après six mois, si le prévenu a encouru la peine de l'arrêt ou de l'amende (*ammenda*) dans une mesure inférieure à celle in-

---

Art. 91 à 99. Les C. de Malte, art. 588; de Neufchâtel, art. 11, etc., excluent, suivant l'avis de Bentham et à l'exemple des lois anglaises, toute prescription des condamnations. Mais la plupart des Codes admettent, comme le C. italien, qui se sépare, en cela, de l'ancien C. toscan, art. 95, ce genre de prescription. Voir les C. portugais, art. 88; hongrois, art. 117-120; hollandais, art. 76; belge, art. 91; d'Allemagne, § 67; de France (*Instr. crim.*), art. 635, 636 et 639; de Zurich, § 52; de Bâle-Ville, § 43; du Tessin, art. 79-83; de Fribourg, art. 84; de Vaud, art. 77; du Valais (*Pr. crim.*), art. 445; les projets russe, art. 59; autrichien, § 71; espagnol, art. 129, etc. Les cinq modalités de l'art. 95 ci-

diquée au numéro précédent, ou la suspension de l'exercice d'une profession ou d'un métier.

Art. 92. La prescription court, quant aux infractions consommées, du jour de la consommation; quant aux infractions tentées ou manquées, du jour où a été commis le dernier acte d'exécution; quant aux infractions continues ou permanentes, du jour où a cessé la continuité ou la permanence.

Si l'action pénale ne peut être mise en mouvement ou suivie qu'en vertu d'une autorisation spéciale, ou qu'après la solution d'une question déférée à d'autres juges, la prescription demeure suspendue et ne reprend son cours que du jour où l'autorisation a été donnée ou la question résolue.

Art. 93. Le cours de la prescription de l'action pénale est interrompu par la prononciation de la sentence de condamnation, contradictoire ou par contumace.

Sont aussi interruptifs de la prescription, le mandat d'arrestation, alors même qu'il est resté sans effet, le prévenu ayant réussi à se cacher, et toute mesure de justice dirigée contre lui et légalement notifiée au prévenu, à raison du fait qui lui est imputé; mais l'effet interruptif du mandat ou de la mesure ne peut prolonger la durée de l'action pénale pour un temps excédant, au total, la moitié des délais respectivement indiqués à l'article 91.

Si la loi établit un délai de prescription moindre que d'un an, le cours de la prescription est interrompu par quelque acte de procédure que ce soit; mais si, dans le délai d'un an à partir du jour

dessous nous paraissent trop nombreuses, sans nous expliquer, en nous plaçant dans l'ordre d'idée adopté, pourquoi l'on ne retrouve pas, pour la prescription de la peine, des catégories correspondant mieux (sauf en ce qui concerne l'*ergastolo,* déclaré imprescriptible) aux divisions établies par rapport à l'action publique. Voir Carrara, *Progr., p. gén.,* §§ 714 et s., 771 et s., p. 395 et s., 433 et s.; M. Travaglia, *op. cit.,* vol. II, p. 447 et s.

où a commencé la prescription, suivant l'article 92., la sentence de condamnation n'est pas prononcée, l'action pénale est prescrite.

La prescription interrompue recommence à courir du jour de l'interruption.

L'interruption produit son effet à l'égard de tous ceux qui ont concouru à l'infraction, alors même que les actes interruptifs ne seraient intervenus qu'envers un seul.

Art. 94. Quand un condamné a été soumis, par suite de quelque recours juridique, à une nouvelle procédure, la prescription se mesure suivant la peine qui doit lui être infligée par la nouvelle sentence, si cette peine doit être inférieure à celle prononcée par la précédente.

Art. 95. La condamnation est prescrite :

1° Après trente ans, si la peine infligée est la reclusion pour trente ans;

2° Après vingt ans, si cette peine est la reclusion ou la détention pour un temps excédant cinq ans;

3° Après dix ans, si la peine infligée est la reclusion ou la détention pour un temps non excédant cinq ans, ou la peine du confinement, ou celle de l'interdiction temporaire des fonctions publiques, ou l'amende (*multa*);

4° Après quatre ans, si cette peine est l'arrêt ou la suspension de l'exercice d'une profession ou d'un métier pour plus d'un mois, ou l'amende (*ammenda*) dépassant trois cents livres;

5° Après dix-huit mois, si la peine infligée est celle de l'arrêt, de la suspension de l'exercice d'une profession ou d'un métier, ou l'amende (*ammenda*), dans une mesure inférieure à celle indiquée au numéro précédent.

La condamnation à plusieurs espèces de peines est prescrite dans le délai établi par rapport à la peine la plus grave.

La soumission à la surveillance spéciale de l'autorité de sûreté publique devient sans effet, après que la condamnation a été prescrite.

Art. 96. La prescription de la condamnation court, soit du jour où la sentence est devenue irrévocable, soit du jour où a été interrompue, de quelque manière que ce soit, l'exécution, déjà commencée, de la condamnation.

Tout acte de l'autorité compétente pour l'exécution de la sentence, légalement porté à la connaissance du condamné, interrompt la prescription, et, quant aux peines restrictives de la liberté personnelle, la prescription est aussi interrompue par l'arrestation du condamné, accomplie en vue de l'exécution de la sentence même.

La prescription de la condamnation est aussi interrompue, si, pendant qu'elle court, le condamné commet une autre infraction de la même nature.

Art. 97. Quand, soit l'interdiction temporaire des fonctions publiques, soit toute autre incapacité temporaire, soit la suspension de l'exercice d'une profession ou d'un métier, est jointe à une autre peine, ou bien est la conséquence d'une condamnation, la prescription afférente à l'interdiction, à l'incapacité ou à la suspension susdites, ne s'accomplit qu'après un temps égal au double de la durée respectivement fixée, temps qui court du jour où l'autre peine a été subie, ou la condamnation à cette peine a été, soit prescrite, soit éteinte d'une autre manière.

Art. 98. Le temps établi pour la prescription de l'action pénale et de la condamnation se calcule conformément à la règle de l'article 30.

Art. 99. La prescription de l'action pénale et de la condamnation reçoit, d'office, son application; ni le prévenu ni le condamné ne peuvent y renoncer.

Art. 100. L'interdiction perpétuelle des fonctions publiques et toute autre incapacité perpétuelle, dérivant d'une condamnation, prennent fin par la réhabilitation, à moins que la loi n'en dispose autrement.

Si l'interdiction ou l'incapacité est jointe à une autre peine, la réhabilitation ne peut être demandée que par le condamné qui a tenu une conduite de nature à faire présumer son amendement, et après un délai de cinq ans, à partir du jour où la peine a été complètement subie ou la condamnation éteinte, soit par indult, soit par grâce, ou bien après dix ans écoulés depuis le jour où la condamnation a été prescrite.

Si l'interdiction ou l'incapacité n'était pas jointe à une autre peine, la réhabilitation ne peut être demandée que cinq ans après le jour où la sentence de condamnation est devenue irrévocable.

Le délai fixé pour demander la réhabilitation est double à l'égard des condamnés récidivistes.

La réhabilitation est accordée dans les formes établies par la loi, et elle produit son effet suivant les règles que la loi détermine.

Art. 101. Quand la loi n'en dispose pas autrement, le prévenu

---

Art. 100. La réhabilitation, que l'on peut comparer à la *restitutio in integrum* des Romains, est l'indispensable complément d'un système pénal sagement conçu. Les art. 834-847 du C. italien de procédure pénale régissent cette institution. Voir la loi française du 14 août 1885, art. 10; le projet russe, art. 28, etc. Voir M. Alianelli, *Della riabilitazione dei condannati*, Naples, 1863; Molinier, *Rapport*, Rec. de l'Ac. de lég. de Toulouse, année 1869, t. XVIII, p. 445; Lair, *De la réhabilitation des condamnés*, etc., Paris, 1859, etc. Le C. belge nous semble n'avoir pas été heureusement inspiré, en substituant, dans son art. 87, la réhabilitation gracieuse à la réhabilitation judiciaire.

peut, au sujet des contraventions, relativement auxquelles est édictée seulement une peine pécuniaire n'excédant pas trois cents livres, faire cesser le cours de l'action pénale, en payant, avant l'ouverture des débats, une somme égale au maximum de la peine édictée relativement à la contravention commise, outre les frais de la procédure.

ART. 102. L'extinction de l'action pénale ne préjudicie pas à l'action civile, quant aux restitutions et au remboursement des dommages, à moins que l'extinction ne résulte du pardon de la partie lésée, et que celle-ci n'ait point formulé, à cet égard, d'expresses réserves.

ART. 103. L'extinction de la condamnation pénale ne préjudicie pas à la condamnation civile aux restitutions, au remboursement des dommages et aux frais de la procédure, à moins que l'extinction ne résulte d'une amnistie, cas dans lequel cesse l'action du Trésor pour le recouvrement des frais de la procédure.

ART. 101. Beaucoup de dispositions particulières des lois italiennes avaient déjà adopté des mesures analogues à ce mode spécial d'extinction de l'action pénale.

ART. 102 et 103. Exacte consécration des principes juridiques. Voir l'*Exposé min.* de M. Mancini, p. 252.

Si nous n'avions appréhendé un trop grand développement des présentes notes, nous n'aurions pas manqué de mentionner de nombreuses références à la *Rivista penale* et à la *Rivista di discipline carcerarie*, qui ont publié d'intéressantes études sur beaucoup de questions résolues dans le nouveau Code. (Voir aussi *Stephen's digest, crimes and punishments*, et les annotations de droit pénal comparé que renferme, principalement au point de vue de la législation britannique, l'ouvrage de M. H.-A.-D. Phillips : *The Indian Penal Code*, Calcutta, 1889, vol. I.)

LIVRE SECOND.

DES DIFFÉRENTES ESPÈCES DE DÉLITS.

TITRE PREMIER.
DES DÉLITS CONTRE LA SÛRETÉ DE L'ÉTAT.

CHAPITRE PREMIER.
DES DÉLITS CONTRE LA PATRIE.

Art. 104. Quiconque commet un fait tendant à soumettre l'État ou une partie de l'État à la domination étrangère, ou bien à en amoindrir l'indépendance ou à en altérer l'unité, est puni de l'*ergastolo*.

Art. 105. Le citoyen qui porte les armes contre l'État est puni de la reclusion pour quinze ans.

La même peine est appliquée, même si le coupable a perdu la qualité de citoyen pour entrer au service militaire d'un État étranger.

Art. 104. Par le fait même des événements, ce texte entraîne l'esprit hors du domaine de la science, péril réel pour une œuvre de codification. *Un fatto diretto,* «un fait tendant à...» : ces expressions manquent de précision, sont vagues, laissent à la justice criminelle une telle latitude que rien ne prémunit contre une appréciation arbitraire. «Un fait tendant à altérer l'unité de l'État» : le sens de ces termes peut donner lieu aux interprétations les plus divergentes; un mandement épiscopal qui exprimerait un vœu relativement au pouvoir temporel du Souverain Pontife ne pourrait-il être considéré, par suite de sa publication, comme un fait de ce genre? Voir le *Rapport au Roi*, p. 76.

Si le coupable, avant de commettre le fait, avait perdu la qualité de citoyen pour quelque autre cause, il est puni de la reclusion ou de la détention d'un an à dix ans.

Aʀᴛ. 106. Quiconque entretient des intelligences avec un gouvernement étranger ou avec des agents de ce gouvernement, ou commet d'autres faits de nature à provoquer des hostilités ou la guerre contre l'État italien, ou bien à favoriser les opérations militaires d'un État en guerre avec l'Italie, est puni de la reclusion de huit à vingt ans, et, si le dessein conçu est réalisé, de l'*ergastolo*.

Aʀᴛ. 107. Quiconque révèle des secrets politiques ou militaires concernant la sûreté de l'État, soit en communiquant ou publiant des documents ou des faits, des projets, des plans ou autres informations relatives au matériel, aux fortifications ou aux opérations militaires, soit en facilitant, de quelque façon que ce soit, la connaissance de ce qui précède, est puni de la reclusion ou de la détention d'un an à trois ans et d'une amende de plus de deux mille livres.

La peine est :

1° De la reclusion ou de la détention de trois à cinq ans et d'une amende de quatre mille livres au moins, si les secrets sont révélés à un État étranger ou à ses agents;

2° De la reclusion ou de la détention de cinq à quinze ans et d'une amende de cinq mille livres au moins, si les secrets sont révélés à un État en guerre contre l'Italie ou à ses agents, ou bien si le fait a troublé les relations amies du Gouvernement italien avec un gouvernement étranger.

Aʀᴛ. 105 à 116. Voir les C. français, art. 75 et s. (et les lois des 28 avril 1832, art. 12, et 18 avril 1886); belge, art. 113 et s.; d'Allemagne, §§ 80 et s.; hollandais, art. 93 et s.; autrichien, §§ 67 et s.; hongrois, art. 142 et s., etc.

Si le coupable était, à raison de ses fonctions, en possession des projets, des plans ou des documents, ou était, d'une autre manière, initié aux secrets, ou bien en avait acquis la possession ou la connaissance par violence ou supercherie, la peine est augmentée d'un tiers.

ART. 108. Les peines respectivement établies dans l'article précédent sont applicables à celui qui obtient la révélation des secrets ou parvient, d'une autre manière, à les connaître.

ART. 109. Quand l'un des secrets, auxquels se réfère l'article 107, est divulgué par la négligence ou l'imprudence de ceux qui, à raison de leurs fonctions, sont en possession des projets, des plans ou des documents, ou sont initiés auxdits secrets, ces personnes sont punies de la détention de trois à dix-huit mois et d'une amende qui peut atteindre mille livres.

ART. 110. Quiconque révèle indûment des plans de fortifications, de navires, d'établissements, de routes ou d'autres travaux militaires, ou bien s'introduit clandestinement ou par supercherie, pour les connaître, dans les lieux susdits, dont l'accès est interdit au public, est puni de la reclusion ou de la détention de six à trente mois et d'une amende de cent à trois mille livres.

Le seul fait d'entrer clandestinement ou par supercherie dans lesdits lieux est puni de la détention, qui peut être portée à six mois.

ART. 111. Quiconque, chargé par le Gouvernement italien de traiter avec un gouvernement étranger des affaires d'État, se rend infidèle à son mandat, de manière à pouvoir nuire à l'intérêt public, est puni de la reclusion ou de la détention de trois à douze ans.

Art. 112. Les peines édictées aux articles 106. et suivants sont également appliquées, si le délit a été commis au détriment d'un État étranger, allié de l'Italie, en vue d'une guerre et pendant la durée des hostilités.

Art. 113. Quiconque, par des enrôlements ou autres actes hostiles non approuvés par le Gouvernement, accomplis dans le royaume ou en dehors, expose l'État au péril d'une guerre, est puni de la détention de cinq à dix ans, et, si la guerre s'en est suivie, de la détention de seize ans au moins.

Si les actes non approuvés par le Gouvernement exposent seulement l'État ou ses habitants au péril de représailles ou bien troublent les relations amies du Gouvernement italien avec un gouvernement étranger, le coupable est puni de la détention de trois à trente mois, et, si les représailles s'ensuivent, de la détention de trente mois à cinq ans.

Art. 114. Le citoyen ou l'étranger résidant dans le royaume, qui, en temps de guerre, procure directement ou indirectement à l'État ennemi ou à ses agents des approvisionnements ou autres moyens qui peuvent être employés au détriment de l'État italien, est puni de la reclusion d'un an à cinq ans et d'une amende de mille à cinq mille livres.

Art. 115. Quiconque, pour marquer son mépris, enlève, détruit ou détériore, dans un lieu public ou accessible au public, le drapeau ou autre emblème de l'État, est puni de la détention de trois à vingt mois.

Art. 116. Le citoyen qui accepte des distinctions honorifiques, des pensions ou autres avantages d'un État en guerre contre l'État italien, est puni d'une amende de cent à trois mille livres.

CHAPITRE II.

DES DÉLITS CONTRE LES POUVOIRS DE L'ÉTAT.

Art. 117. Quiconque commet un fait dirigé contre la vie, l'intégrité ou la liberté de la personne sacrée du Roi est puni de l'*ergastolo*.

La même peine est appliquée, si le fait est dirigé contre la vie, l'intégrité ou la liberté personnelle de la Reine, du Prince héréditaire ou du Régent durant la régence.

Art. 118. Est puni de la détention de douze ans au moins quiconque commet un fait ayant pour but :

1° D'empêcher le Roi ou le Régent, complètement ou partiellement, même temporairement, d'exercer sa souveraineté;

2° D'empêcher le Sénat ou la Chambre des députés d'exercer leurs fonctions;

3° De changer violemment la Constitution de l'État, la forme du Gouvernement ou l'ordre de succession au trône.

Art. 119. Quiconque, sur le territoire du royaume et sans l'autorisation du Gouvernement, enrôle ou arme des citoyens pour entrer au service militaire d'un État étranger, est puni de la reclusion ou de la détention d'un an à quatre ans.

Art. 117 à 127. Le traité d'extradition franco-italien du 12 mai 1870 n'a point admis la clause relative à l'attentat contre la vie des souverains; ce serait parce que les lois pénales italiennes rangent ce méfait sous le titre des « délits contre la sûreté intérieure de l'État », dès lors au nombre des délits politiques, et qu'on ne peut, par un traité, établir une qualification différente de la qualification établie par les lois. Il est à remarquer que le nouveau Code place cet attentat sous le même titre; si le Gouvernement italien continuait, pour le motif qui vient d'être indiqué, à ne pas admettre la clause généralement adoptée, il serait à regretter

La peine est de dix-huit mois à six ans, si, parmi les enrôlés, se trouvent quelques militaires.

Art. 120. Quiconque commet un fait ayant pour but de faire lever en armes les habitants du royaume contre les pouvoirs de l'État est puni de la détention de six à quinze ans.

Si une insurrection en est résultée, celui qui l'a provoquée ou dirigée est puni de la détention pour dix-huit ans au moins.

Celui qui y a seulement participé est puni de la détention de trois à quinze ans.

Art. 121. Quiconque, sans en tenir de la loi le pouvoir et sans ordre du Gouvernement, prend un commandement de troupes, places, forteresses, postes militaires, ports, villes, navires de guerre, est puni de la détention de cinq à dix ans.

Art. 122. Quiconque, par paroles ou actes, offense le Roi, est puni de la reclusion ou de la détention d'un an à cinq ans et d'une amende de cinq cents à cinq mille livres.

Si l'offense a été faite à une autre des personnes indiquées à l'article 117, le coupable est puni de la reclusion ou de la détention de huit mois à trois ans et d'une amende de cent à quinze cents livres.

que ce genre de méfaits ne fût pas compris dans le titre IX : «Des délits contre la personne.» Voir notamment le projet britannique, sect. 75.

L'art. 1er de la loi italienne du 13 mai 1871 déclarant «la personne du Pape sacrée et inviolable», l'art. 2 ajoute : «Tout attentat contre la personne du Pape et toute provocation à commettre cet attentat sont passibles des peines établies quant à l'attentat contre la personne du Roi et la provocation à le commettre. Les offenses et les injures publiques, commises directement contre la personne du Pape, par des paroles, des faits, ou par les moyens indiqués dans l'art. 5 de la loi sur la presse, sont passibles des peines établies par l'art. 19 de cette loi; les délits relèvent de l'action publique et sont de la compétence de la cour d'assises.» N'était-il pas, à tous les points de vue, néces-

Si l'offense a été faite publiquement, ou bien en présence de l'offensé, la peine est augmentée d'un tiers.

Art. 123. Quiconque vilipende publiquement le Sénat ou la Chambre des députés est puni de la détention d'un à trente mois et d'une amende de cinquante à quinze cents livres.

Si l'offense est faite en présence du Sénat ou de la Chambre, la détention est de six mois à trois ans et l'amende de trois cents à trois mille livres.

Art. 124. Quant aux délits prévus aux deux articles précédents, la poursuite n'est exercée que sur l'autorisation du Ministre de la justice, dans les cas indiqués à l'article 122, et du Sénat ou de la Chambre des députés, dans les cas indiqués à l'article 123.

Art. 125. Quiconque fait remonter au Roi le blâme ou la responsabilité des actes de son Gouvernement est puni de la détention, qui peut atteindre un an, et d'une amende de cinquante à mille livres.

Art. 126. Quiconque vilipende publiquement les institutions constitutionnelles de l'État est puni de la détention, qui peut atteindre six mois, ou d'une amende de cent à deux mille livres.

saire de reproduire ici les dispositions de la loi du 13 mai 1871, afin de ne pas laisser en dehors d'un Code, embrassant toute la législation pénale, des prescriptions de cette importance? Les anciens Codes étant abrogés et le nouveau ne renfermant aucune référence à la personne du Pape, quels seront désormais les textes répressifs à appliquer? Quelle est la disposition pénale qui renferme maintenant la sanction des articles précités de la loi de 1871? — L'art. 27 du décret réglementaire du 1er décembre 1889, dans lequel le Gouvernement italien aurait la pensée, nous est-il assuré, de trouver la solution, ne nous paraît pas la fournir; les termes de ce texte sont insuffisants à nos yeux : du silence absolu du nouveau Code, de l'*Exposé ministériel*, de tous les documents parlementaires, résulte une bien grave lacune.

Art. 127. Quiconque commet un délit contre l'un des membres de la famille royale, non indiqué à l'article 1 1 7, encourt la peine édictée en raison du délit commis, avec augmentation d'un sixième à un tiers. Dans tous les cas, la peine restrictive de la liberté personnelle ne peut être inférieure à trois mois, ni la peine pécuniaire à cinq cents livres.

Si le délit appartient à la catégorie des infractions relativement auxquelles est nécessaire la plainte de la partie, la poursuite n'est exercée que sur l'autorisation du Ministre de la justice.

CHAPITRE III.

DES DÉLITS CONTRE LES ÉTATS ÉTRANGERS, LEURS CHEFS
ET LEURS REPRÉSENTANTS.

Art. 128. Quiconque, sur le territoire du royaume, commet un délit contre le chef d'un État étranger, encourt la peine édictée relativement au délit commis, avec augmentation d'un sixième au tiers.

Lorsqu'il s'agit d'un fait dirigé contre la vie, la sûreté ou la liberté personnelle, la peine, augmentée d'après la disposition précédente, ne peut être inférieure à cinq ans de reclusion.

Dans tout autre cas, la peine restrictive de la liberté personnelle ne peut être inférieure à trois mois, ni la peine pécuniaire à cinq cents livres.

Si le délit appartient à la catégorie des infractions relativement auxquelles est nécessaire la plainte de la partie, la poursuite n'est exercée qu'à la demande du gouvernement de l'État étranger.

Art. 128 à 130. Satisfaction est de cette façon donnée aux devoirs internationaux. Déjà la loi allemande en date du 26 février 1876 avait ajouté au § 103 du C. de l'empire une disposition qui réprime, d'une manière même plus sévère, les délits que punit l'art. 129 ci-dessus.

Art. 129. Quiconque enlève, détruit ou détériore, dans un lieu public ou accessible au public, le drapeau ou un autre emblème d'un État étranger, pour marquer son mépris envers ledit État, est puni de la détention, qui peut atteindre un an.

La poursuite n'est exercée qu'à la demande de l'État étranger.

Art. 130. Quant aux délits commis contre les représentants d'un État étranger, accrédités près le Gouvernement du Roi, à raison de leurs fonctions, sont applicables les peines édictées au sujet des mêmes délits commis contre les fonctionnaires publics, à raison de leurs fonctions.

Lorsqu'il s'agit d'outrages, la poursuite n'est exercée que sur la demande de la partie lésée.

CHAPITRE IV.

DISPOSITIONS COMMUNES AUX CHAPITRES PRÉCÉDENTS.

Art. 131. Quiconque, pour commettre l'un des délits prévus aux articles 104, 117, 118 et 120, forme une bande armée ou exerce dans cette bande, soit un commandement supérieur, soit une fonction spéciale, est puni de la reclusion ou de la détention de dix à quinze ans.

Tous les autres membres de la bande sont punis de la reclusion ou de la détention de trois à dix ans.

Art. 132. Quiconque, en dehors des cas prévus à l'article 64, donne refuge ou assistance, ou procure des vivres à la bande

Art. 131 à 138. Voir les anciens C. des Deux-Siciles, art. 125 et s.; de Parme, art. 116 et s.; de Toscane, art. 100 et s.; subalpin, art. 160 et s.; les C. de France, art. 89 et s.; d'Allemagne, §§ 123 et s.; de Belgique, art. 110 et s.; de Saint-Marin, art. 192, etc. Voir l'*Exp. min.* de M. Zanardelli, vol. II, p. 36 et s.

Depuis la Constitution des empereurs Arcadius et Honorius qui promettait l'impunité aux délateurs, relativement aux crimes politiques, la question a reçu

mentionnée à l'article précédent, ou en favorise, d'une manière quelconque, les opérations, est puni de la détention de six mois à cinq ans.

Art. 133. Sont exempts de peine, à raison des faits prévus aux articles précédents :

1° Ceux qui, avant l'injonction de l'autorité ou de la force publique, ou immédiatement après cette injonction, dispersent la bande ou l'empêchent de commettre le délit pour lequel elle était formée ;

2° Ceux qui, sans avoir participé à la formation ou au commandement de la bande, avant ladite injonction ou immédiatement après, se retirent sans résistance, en livrant ou abandonnant leurs armes.

Art. 134. Quand plusieurs personnes se concertent et décident de commettre, par des moyens déterminés, l'un des délits prévus aux articles 104, 117, 118, 120 et au premier paragraphe de l'article 128, chacune d'elles est punie :

1° Dans les cas des articles 104 et 117, de la reclusion de huit à quinze ans ;

2° Dans le cas de l'article 118, de la détention de quatre à douze ans, et, dans le cas de l'article 120, de la détention de deux à sept ans ;

des solutions on ne peut plus variées, a divisé les législateurs et les criminalistes. L'obligation de dénoncer les complices, imposée d'abord par le C. français, art. 103-107, a été effacée de ce Code par la loi du 28 avril 1832, et on ne la retrouve ni dans le C. belge, art. 136, ni dans le C. hongrois, art. 137, qui assurent toutefois, comme la loi française, l'impunité aux délateurs, impunité que leur refusent d'autres Codes. — L'obligation, sous sanction pénale, de dénoncer les complices, édictée par les lois anglaises, l'est aussi par les C. d'Autriche, § 61 ; d'Allemagne, § 139 ; de Hollande, art. 135 et 136, relativement même à des méfaits autres que les méfaits politiques.

3° Dans le cas du premier paragraphe de l'article 128, de la reclusion de deux à huit ans.

Est exempt de peine celui qui se retire du concert précité, avant le commencement d'exécution du délit et avant l'ouverture de la procédure.

Art. 135. Quiconque, en dehors des cas énoncés aux articles 63 et 64, excite publiquement à commettre l'un des délits prévus aux articles 104, 117, 118 et 120, est puni, pour cela seul, de la reclusion ou de la détention de trois à cinq ans, dans les cas visés aux articles 104 et 117, et de douze à trente mois, dans les cas visés aux articles 118 et 120. Est toujours ajoutée une amende de mille à trois mille livres.

Art. 136. Quand, dans la perpétration de l'un des délits prévus au présent titre, le coupable commet un autre délit passible d'une peine temporaire restrictive de la liberté personnelle, supérieure à cinq ans, la peine qui résulte de l'application de l'article 77 est augmentée d'un sixième.

Art. 137. La disposition de l'article précédent s'applique également à celui qui, pour commettre l'un des délits prévus au présent titre, envahit un édifice public ou privé, ou bien enlève, par violence ou supercherie, d'un lieu de vente ou de dépôt, des armes, des munitions ou des vivres, alors même que le fait comporte une peine restrictive de la liberté personnelle, inférieure à cinq ans.

Art. 138. A la peine de la détention de plus de cinq ans, édictée au présent titre, peut être ajoutée la soumission à la surveillance spéciale de l'autorité de sûreté publique.

TITRE II.
DES DÉLITS CONTRE LA LIBERTÉ.

CHAPITRE PREMIER.
DES DÉLITS CONTRE LES LIBERTÉS POLITIQUES.

Art. 139. Quiconque, par violence, menace ou tumulte, empêche complètement ou partiellement l'exercice d'un droit politique, quel qu'il soit, est puni, quand le fait n'est pas prévu par des dispositions spéciales de la loi, de la détention d'un à trente mois et d'une amende de cent à mille livres.

Si le coupable est un fonctionnaire public qui a commis le délit en abusant de ses fonctions, la détention est d'un an à cinq ans.

CHAPITRE II.
DES DÉLITS CONTRE LA LIBERTÉ DES CULTES.

Art. 140. Quiconque, en vue d'entraver l'un des cultes admis dans l'État, empêche ou trouble l'accomplissement de fonctions ou de cérémonies religieuses, est puni d'une détention de trois mois au plus et d'une amende de cinquante à cinq cents livres.

Si le fait a été accompagné de violence, de menace ou d'injure, le coupable est puni de la détention de trois à trente mois et d'une amende de cent à quinze cents livres.

Art. 141. Quiconque, en vue d'outrager l'un des cultes admis dans l'État, vilipende publiquement celui qui le professe, est puni,

Art. 139 à 144. Voir Carrara, *Progr.*, p. sp., VI, §§ 3251 et s., p. 424 et s.; Filangieri, *Science de la législation*, l. 5, *Œuvres*, publiées par B. Constant, Paris, 1840, t. III, p. 27 et s.; Montesquieu, *Esprit des lois*, l. 12, ch. v; Carmignani, *Elementa*, §§ 736 et s., etc.

L'outrage à la religion est expressément réprimé par les C. d'Allemagne, § 166; d'Autriche, §§ 122 et 123; de

sur la plainte de la partie, de la détention, qui peut atteindre un an, ou d'une amende de cent à trois mille livres.

Art. 142. Quiconque, par mépris de l'un des cultes admis dans l'État, détruit, dégrade ou, de toute autre manière, profane, dans un lieu public, des choses destinées au culte, ou bien use de violence contre le ministre d'un culte ou le vilipende, est puni de la détention de trois à trente mois et d'une amende de cinquante à quinze cents livres.

Lorsqu'il s'agit d'un autre délit commis contre le ministre d'un culte, dans l'exercice ou à raison de ses fonctions, la peine édictée relativement à ce délit est augmentée d'un sixième.

Art. 143. Quiconque, dans des lieux destinés au culte ou dans des cimetières, mutile ou détériore des monuments, des statues, des peintures, des pierres, des inscriptions ou des tombeaux, est puni de la reclusion de trois mois à un an et d'une amende qui peut atteindre cinq cents livres.

Art. 144. Quiconque commet des actes outrageants sur un cadavre humain ou sur ses cendres, ou bien, dans un dessein injurieux ou dans tout autre but illicite, soustrait intégralement ou en partie le cadavre ou les cendres, ou en viole, de quelque manière que ce soit, le sépulcre ou l'urne, est puni de la reclusion de six à trente mois et d'une amende qui peut atteindre mille livres.

En dehors des cas ci-dessus indiqués, quiconque soustrait inté-

Hongrie, art. 190 et 191; de Russie, t. ii, art. 176 et s.; de Suède, modifié par la loi du 28 octobre 1887, ch. vii, art. 1 et 2; de Norvège, ch. viii, § 1er; de Danemark, §§ 156-158; d'Espagne, art. 240; de Portugal, art. 130; de Belgique, art. 144; de Hollande, art. 147; de Fribourg, art. 346; du Valais, art. 101 et 102; par le projet espagnol, art. 211 et s., 507 et 621, etc. La plupart

gralement ou en partie, ou bien, sans autorisation, déterre un cadavre humain ou en soustrait les cendres, est puni de la détention d'un mois au plus et d'une amende qui peut atteindre trois cents livres.

Si le fait a été commis par une personne préposée ou employée au cimetière ou autres lieux de sépulture, ou bien à laquelle auraient été confiés le cadavre ou les cendres, la peine est, dans le premier cas, de la reclusion de trois mois à trois ans et d'une amende de cinquante à quinze cents livres, et, dans le second cas, de la détention de deux mois au plus et d'une amende qui peut atteindre cinq cents livres.

CHAPITRE III.

DES DÉLITS CONTRE LA LIBERTÉ INDIVIDUELLE.

Art. 145. Quiconque réduit une personne en esclavage ou en une condition analogue est puni de la reclusion de douze à vingt ans.

Art. 146. Quiconque prive illégitimement quelqu'un de la

de ces législations, dans les textes précités, punissent le blasphème, particulièrement réprimé en Angleterre, en vertu, tant de la *Common law*, dont l'une des maximes est que la religion fait partie de la Constitution du pays, que d'un statut de 1697, 9 et 10 Guill. III, ch. xxxv, en pleine vigueur, sauf en un point modifié par l'*Act* de 1813, 53 Georg. III, ch. lx; la peine est la déclaration d'incapacité de remplir aucune charge publique, et, en cas de récidive, celle de trois ans de prison, à moins que le condamné ne fasse publiquement amende honorable. Voir les appréciations de M. A. Dehaye sur le procès du Libre-Penseur, *The free-thinker*, en 1883; *Bull. de la Société de législation comparée*, juillet 1884, et l'étude du même auteur, *Ann. du Congrès scientifique international des catholiques, en 1888*, vol. II, p. 122 et s. Voir aussi le projet britannique de 1879, sect. 141. Le C. français renferme bien sur ce sujet l'art. 262; mais la loi du 29 juillet 1881 a aboli les dispositions répressives contre les outrages à la morale religieuse, aux religions reconnues par l'État, etc.

liberté personnelle est puni de la reclusion d'un mois à cinq ans et d'une amende qui peut atteindre mille livres.

Si le coupable, pour commettre le fait ou durant son accomplissement, a usé de menaces, de sévices ou de supercherie, ou bien a commis ce fait dans un but de vengeance ou de lucre, ou dans un dessein ou sous un prétexte religieux, ou bien a livré la personne pour un service militaire à l'étranger, la peine est celle de la reclusion de trois à huit ans et d'une amende de cinq cents à trois mille livres.

Si le fait a été commis contre un ascendant ou contre un conjoint, contre un membre du Parlement ou contre un fonctionnaire public, à raison de ses fonctions, ou bien s'il est résulté de ce fait de graves dommages envers une personne relativement à sa santé ou par rapport aux affaires de l'offensé, la peine est celle de la reclusion de cinq à quinze ans et d'une amende de mille à cinq mille livres.

La peine est diminuée d'un sixième à la moitié, si le coupable a remis spontanément la personne en liberté avant tout acte de poursuite, sans avoir réalisé le dessein conçu et sans lui avoir causé aucun dommage.

Art. 147. Le fonctionnaire public qui, par abus de ses fonctions, ou bien en dehors des conditions ou des formalités prescrites par la loi, a privé quelqu'un de la liberté personnelle, est puni de la détention de trois mois à sept ans, et si, dans ce fait, se rencontre l'une des circonstances indiquées aux deux premiers paragraphes de l'article précédent, la détention est de six à quinze ans.

La peine est diminuée d'un sixième à la moitié, dans le cas prévu au dernier paragraphe de l'article précédent.

Art. 148. Quiconque, dans un but autre que la débauche, le

mariage ou le lucre, enlève une personne mineure de quinze ans, avec son consentement, à ses parents ou tuteurs ou à ceux qui en ont la direction ou la garde, même temporaire, ou bien, du consentement de cette personne, la retient indûment, est puni de la reclusion d'un an au plus.

Si le fait a été commis sans le consentement de la personne enlevée ou retenue, ou bien si cette personne n'avait pas atteint l'âge de douze ans, sont appliquées, suivant les cas, les dispositions et les peines édictées aux articles précédents.

Art. 149. Le fonctionnaire public qui, en abusant de ses fonctions, ordonne ou pratique une perquisition personnelle, est puni de la détention de six mois au plus.

Art. 150. Le fonctionnaire public préposé à une prison, qui y reçoit quelqu'un sans un ordre de l'autorité compétente, ou refuse d'obéir à un ordre d'incarcération émané de cette même autorité, est puni de la détention d'un an au plus.

Art. 151. Le fonctionnaire public compétent qui, informé d'une détention illégale, omet, retarde ou refuse d'agir pour la faire cesser ou d'en référer à l'autorité qui doit y pourvoir, est puni d'une amende qui peut atteindre quinze cents livres.

Art. 152. Le fonctionnaire public, chargé de la garde ou du transfèrement d'une personne en état de détention préventive ou condamnée, ou bien investi, à titre officiel, d'une autorité quelconque relativement à cette personne, et qui commet envers elle des actes arbitraires ou use de rigueurs non admises par les règlements, est puni de la détention d'un à trente mois.

Art. 153. Quand le fonctionnaire public, en commettant l'un

des délits prévus aux articles précédents, a agi dans un intérêt personnel, à l'amende, dans le cas de l'article 151, est ajoutée la reclusion pour trois mois au plus, et, dans les autres cas, la peine est augmentée d'un sixième, avec substitution de la reclusion à la détention.

Aᴿᴛ. **154.** Quiconque use de violence ou de menace pour contraindre quelqu'un à faire, à subir ou omettre quelque chose, est puni de la reclusion pour un an au plus et d'une amende de mille livres au plus, et, si le but poursuivi a été atteint, la reclusion ne peut être inférieure à un mois, ni l'amende à cent livres.

Si la violence ou la menace a été commise avec armes, ou par une personne masquée, ou par plusieurs personnes réunies, ou par un écrit anonyme, ou d'une manière symbolique, ou en recourant à la force d'intimidation qui dérive de sociétés secrètes existantes ou supposées, la reclusion est de deux à cinq ans, et n'est pas inférieure à trois ans, lorsque le but poursuivi a été atteint.

Dans le cas où la reclusion est appliquée pour une durée inférieure à six mois, on peut y ajouter la soumission à la surveillance spéciale de l'autorité de sûreté publique.

Aᴿᴛ. **155.** Pour l'application de la loi pénale, toutes les fois qu'elle n'en dispose pas autrement, sous la dénomination d'*armes,* quand on les considère comme circonstance aggravante d'une infraction, on entend :

1° Les armes insidieuses et toutes les armes proprement dites, lorsqu'on les emploie pour blesser;

2° Les armes précédemment indiquées et tout autre instrument

Aᴿᴛ. **145 à 157.** A l'exemple de l'ancien C. toscan, art. 361, l'art. 154 réprime la violence dite *privée.* Voir les dispositions analogues des C. d'Allemagne, § 240, modifié par la loi du 26 février 1876; du Portugal, art. 329; de Suède, ch. xv, § 22; de Hollande, art. 284, etc.

propre à blesser, lorsqu'on le porte en vue d'intimider les personnes.

Lorsque le délit a été commis en réunion de plusieurs personnes, il est considéré comme ayant été commis avec armes, si trois au moins de ces personnes étaient porteurs d'armes ostensibles.

Art. 156. Quiconque, en dehors des autres cas prévus par la loi, menace quelqu'un d'un grave et injuste dommage, est puni de la réclusion de six mois au plus.

Si la menace a été faite de l'une des manières indiquées au premier paragraphe de l'article 154, la peine est celle de la reclusion de trois mois à un an, et, dans le cas où la reclusion est appliquée pour une durée non inférieure à six mois, on peut y ajouter la soumission à la surveillance spéciale de l'autorité de sûreté publique.

A raison de toute autre menace, la peine est celle de l'amende de cent livres au plus, et la poursuite ne peut être exercée que sur la plainte de la partie.

CHAPITRE IV.

DES DÉLITS CONTRE L'INVIOLABILITÉ DU DOMICILE.

Art. 157. Quiconque s'introduit arbitrairement ou se maintient dans l'habitation d'autrui ou dans les dépendances de cette habitation, malgré la défense de celui qui a le droit de s'y opposer, ou bien s'y introduit et s'y maintient clandestinement ou par supercherie, est puni de la reclusion d'un à trente mois.

Si le délit a été commis la nuit, ou avec violence envers la personne, ou avec armes, ou par plusieurs personnes réunies, la reclusion est d'un an à cinq ans.

La poursuite n'est exercée que sur la plainte de la partie.

6.

Art. 158. Le fonctionnaire public qui, en abusant de ses fonctions, ou bien sans observer les conditions et les formalités prescrites par la loi, s'introduit dans l'habitation d'autrui ou dans les dépendances de cette habitation, est puni de la détention de trois mois à trois ans.

Si le fait a été accompagné de perquisition ou d'un autre acte arbitraire, la détention est d'un an à cinq ans, et il y est ajouté une amende de cent à mille livres.

Si le coupable a agi dans un intérêt personnel, la peine est augmentée d'un sixième et la reclusion est substituée à la détention.

CHAPITRE V.

DES DÉLITS CONTRE L'INVIOLABILITÉ DES SECRETS.

Art. 159. Quiconque ouvre indûment une lettre, un télégramme ou un écrit clos qui ne lui est pas adressé, ou s'empare indûment d'une correspondance épistolaire ou télégraphique, destinée à autrui et qui n'est pas close, pour en connaître le contenu, est puni de la reclusion de quinze jours au plus, ou d'une amende de cinquante à quinze cents livres.

Si le coupable, en divulguant le contenu de la correspondance, a causé un dommage, la peine est celle de la reclusion d'un mois à trois ans, ou d'une amende de cent à trois mille livres.

Art. 160. Quiconque supprime indûment une correspondance épistolaire ou télégraphique qui ne lui était pas adressée, alors

Art. 158. L'art. 158 protège les particuliers contre les abus de visites domiciliaires, de perquisitions, soit accomplies, sans observation des prescriptions légales, par des officiers publics ayant qualité pour y procéder en se conformant à ces prescriptions, soit exécutées, ce qui est plus fréquent, par des agents du pouvoir, dépourvus du droit de les opérer.

Art. 159 à 164. L'ouverture des lettres d'autrui était déjà prévue comme délit dans le droit *romain*, V, l. 1, §§ 5 et 6, ff, *Ad. leg. corn. de falsis*, XLVIII, 10. La *Caroline*, art. 112, punissait ce

même que, cette correspondance étant close, il ne l'ait pas ouverte, est puni de la reclusion, qui peut être portée à un an, ou d'une amende de cent à trois mille livres.

Si le fait a causé un dommage, la reclusion ne peut être inférieure à trois mois, ni l'amende à cinq cents livres.

Art. 161. Quiconque, étant en possession d'une correspondance épistolaire ou télégraphique non destinée à la publicité, quand même elle lui aurait été adressée, la fait indûment publier, s'il peut ainsi causer un dommage, est puni d'une amende de cent à deux mille livres.

Art. 162. Quiconque, étant attaché au service des postes ou des télégraphes, s'empare d'une lettre, d'un pli, d'un télégramme ou d'une autre correspondance non close, ou bien l'ouvre, si elle est close, pour en connaître le contenu, ou la livre ou en divulgue l'existence et le contenu à d'autres que le destinataire, est puni de la reclusion d'un à trente mois.

Encourt la même peine celui qui, étant attaché au service des postes et des télégraphes et en abusant de sa qualité, supprime une correspondance épistolaire ou télégraphique.

Si quelqu'un des faits prévus au présent article a causé du

fait de la peine du *faux*. Voir le C. français, art. 187, 254 et 255; le *Journ. du dr. crim.*, 36ᵉ année, 1864, p. 289 et s.; les C. belge, art. 149, 152, 154, 460; hongrois, art. 200, 201, 327; hollandais, art. 372 et s., etc.

Lorsque le fait n'a pas causé un dommage public, la poursuite n'est exercée que sur la plainte de la partie (art. 164); mais de quelle partie? de la personne qui a adressé la lettre ou de celle à qui elle était destinée? L'une et l'autre ne

devraient-elles pas avoir ce droit? *Nam interest eorum eo quod teneantur* (l. 1, § 39, ff, l. *Depositi*, XVI, 3). Voir, du reste, sur l'art. 161, le *Rapport au Roi*, p. 88.

Il est des personnes (les médecins, les avocats, les prêtres, etc.) qui, à raison de leur état ou de leurs fonctions, reçoivent des communications ou des confidences qu'elles doivent tenir secrètes. Le présent Code (art. 163), comme le C. hongrois, n'en punit la divulgation que

dommage, la reclusion est de six mois à quatre ans, et l'on y ajoute une amende de cent à cinq mille livres.

Art. 163. Quiconque, ayant connaissance, à raison de son état ou de sa fonction, ou de sa profession, ou de son métier, d'un secret qui, dévoilé, peut causer du dommage, le révèle, sans une juste cause, est puni de la détention d'un mois au plus, ou d'une amende de cinquante à mille livres; et cette amende ne peut être inférieure à trois cents livres, si le dommage est advenu.

Art. 164. A raison des délits prévus aux articles 159, 160, 161 et 163, lorsque le fait n'a pas causé un dommage public, la poursuite n'est exercée que sur la plainte de la partie.

CHAPITRE VI.

DES DÉLITS CONTRE LA LIBERTÉ DU TRAVAIL.

Art. 165. Quiconque, avec violence ou menace, restreint ou entrave, de quelque manière que ce soit, la liberté de l'industrie

si elle «peut causer du dommage». A l'art. 380 du dernier projet, qui correspond à l'art. 163 du texte définitif, on lisait la défense de «révéler le secret, sans motif légitime, hormis à l'autorité qui tient de la loi la faculté d'interroger». A ces expressions, que nous signalions, en répondant à M. Zanardelli, comme inexactes, à notre sens, ont été, dans l'art. 163, substituées celles-ci: «révéler sans juste cause». La prohibition ne comporte de réserve, dans le C. français, art. 378, qu'au «cas où la loi oblige» les personnes désignées dans ce texte à se porter dénonciateurs. Le C. belge, art. 458, ajoute à ce cas exceptionnel celui «où elles sont appelées à rendre témoignage en justice». L'exception est formulée en termes encore plus développés dans le C. hongrois, art. 328 et 329, tandis que, dans le C. hollandais, art. 272, la prohibition est absolue.

Art. 165 à 167. L'Angleterre a admis, la première, la liberté de la coalition, tout en réprimant les menaces, les intimidations directes ou indirectes. Voir Acts des 21 juin 1824, 6 juillet 1825, 19 avril 1859, 29 juin 1871, et 13 août

ou du commerce, est puni de la détention, qui peut être portée à vingt mois, et d'une amende de cent à trois mille livres.

Art. 166. Quiconque, avec violence ou menace, cause ou fait durer une cessation ou suspension de travail, pour imposer, soit aux ouvriers, soit aux patrons ou aux entrepreneurs, une diminution ou une augmentation de salaire, ou des conventions différentes des accords précédemment adoptés, est puni de la détention, qui peut être portée à vingt mois.

Art. 167. Quand les prévenus ont été les chefs des mouvements ou les promoteurs des faits prévus aux articles précédents, la peine est, à leur égard, de la détention de trois mois à trois ans et d'une amende de cinq cents à cinq mille livres.

TITRE III.

DES DÉLITS CONTRE L'ADMINISTRATION PUBLIQUE.

CHAPITRE PREMIER.

DU PÉCULAT.

Art. 168. Le fonctionnaire public qui soustrait ou détourne de l'argent ou autre chose meuble, dont, à raison de ses fonctions, il a la gestion, la perception ou la garde, est puni de l'interdic-

---

1875. La loi prussienne du 21 juin 1869, qui régit aujourd'hui l'empire d'Allemagne, a adopté des règles analogues; de même, les lois autrichienne du 7 avril 1870, françaises des 25 mai 1864 et 21 mars 1884; les C. belge, art. 310; hollandais, art. 284, d'une portée générale; espagnol, art. 556; portugais, art. 277; hongrois, art. 177, etc.

Art. 168 à 174. Voir, quant au péculat, Carrara, *Progr.*, part. *spéc.*, t. VIII., SS 3362 et s., p. 24 et s.

Le délit, maintenant qualifié *corruption*, que les Romains appelaient *crimen repetundarum*, que les Anglais dénomment *bribery*, les Espagnols *cohecho*, les Portugais *peita, suborno corrupçao*, était désigné, dans l'ancienne école italienne,

tion perpétuelle des fonctions publiques, avec reclusion de trois à dix ans, et d'une amende non inférieure à trois cents livres.

Si le dommage est léger ou s'il a été complètement réparé avant le commencement de la procédure, l'interdiction est temporaire et la reclusion est d'un an à cinq ans.

CHAPITRE II.

DE LA CONCUSSION.

Art. 169. Le fonctionnaire public qui, en abusant de ses fonctions, contraint quelqu'un à donner ou à promettre indûment, à lui-même ou à un tiers, de l'argent ou d'autres avantages, est puni de l'interdiction perpétuelle des fonctions publiques, avec reclusion de trois à dix ans, et d'une amende de trois cents livres au moins.

Si la somme ou l'avantage indûment donné ou promis est de peu de valeur, l'interdiction est temporaire et la reclusion est d'un an à cinq ans.

Art. 170. Le fonctionnaire public qui, en abusant de ses fonctions, amène quelqu'un à donner ou à promettre indûment, à lui-même ou à un tiers, de l'argent ou autre avantage, est puni de la reclusion d'un an à cinq ans, avec interdiction temporaire des fonctions publiques, et d'une amende de cent à cinq mille livres.

La reclusion est de six mois à trois ans, si le fonctionnaire

sous le nom de *barataria* ou *baratteria*, pour stigmatiser le honteux marché dont la justice est, dans ce cas, l'objet. Les C. français, art. 179; belge, art. 252; portugais, art. 321; de Neufchâtel, art. 31; de Fribourg, art. 279; du Tessin, art. 123 *bis*; de Malte, art. 111; les pro-jets anglais, sect. 109-111, 125; espagnol, art. 349, etc., édictent l'égalité de peine contre le corrupteur et le fonctionnaire corrompu, ou se réfèrent expressément aux règles générales de la complicité. Les C. de Suède, ch. xxv; de Vaud, art. 334 et s.; du Valais, art.

public reçoit ce qui ne lui est pas dû en profitant seulement de l'erreur d'autrui.

Si la somme ou l'avantage indûment donné ou promis est de peu de valeur, la reclusion est, dans le premier cas, de six mois à deux ans, et, dans le second cas, d'un mois à un an.

CHAPITRE III.

DE LA CORRUPTION.

Art. 171. Le fonctionnaire public qui, à l'occasion d'un acte de sa charge, reçoit pour lui-même ou pour d'autres, en argent ou en d'autres avantages, une rétribution qui ne lui est pas due, ou en accepte la promesse, est puni de la reclusion, qui peut être portée à un an, avec interdiction temporaire des fonctions publiques, et d'une amende de cinquante à trois mille livres.

Art. 172. Le fonctionnaire public qui, pour retarder ou omettre un acte de ses fonctions ou pour faire un acte contraire aux devoirs de sa charge, reçoit ou se fait promettre de l'argent ou autre avantage, pour lui-même ou pour d'autres, est puni de la reclusion de six mois à cinq ans, avec interdiction temporaire des fonctions publiques, et d'une amende de cent à cinq mille livres.

La reclusion est de trois à dix ans, si le fait a eu pour conséquence :

1° La collation d'emplois publics, d'appointements, de pensions

131 et s., ne renferment pas de dispositions spéciales quant au corrupteur. Les C. d'Allemagne, § 383; de Hongrie, art. 470; de Hollande, art. 177 et s.; de Genève, art. 162; de Zurich, § 215; de Berne, art. 88; le projet autrichien, §§ 355 et s., infligent au corrupteur une peine spéciale, distincte de celle qui atteint le fonctionnaire corrompu.

Dans différents Codes, la tentative de corruption n'est pas punie; les termes

ou de distinctions honorifiques, ou la conclusion de contrats, dans lesquels est intéressée l'administration à laquelle appartient le fonctionnaire public;

2° L'appui ou le préjudice, obtenu ou subi par une partie ou un prévenu dans une cause civile ou criminelle.

Si le fait a eu pour conséquence une sentence de condamnation à une peine restrictive de la liberté personnelle excédant une année, la reclusion est de cinq à quinze ans et l'amende peut être portée au maximum.

ART. 173. Quiconque amène un fonctionnaire public à commettre l'un des délits prévus aux articles précédents est puni, dans le cas de l'article 171, d'une amende de cinquante à trois mille livres, et, dans le cas de l'article 172, des peines qui y sont édictées.

Si le fonctionnaire public n'a pas commis le délit, celui qui a tenté de l'y déterminer encourt les peines édictées au présent article, avec réduction de moitié.

ART. 174. Dans les cas prévus aux articles précédents, ce qui a été donné est confisqué.

CHAPITRE IV.

DE L'ABUS D'AUTORITÉ ET DE LA VIOLATION DES DEVOIRS INHÉRENTS À UNE FONCTION PUBLIQUE.

ART. 175. Le fonctionnaire public qui, en abusant de ses fonctions, ordonne ou commet contre les droits d'autrui, quels

de quelques autres suscitent des difficultés d'interprétation. Sur l'avis de la magistrature, une disposition expresse (art. 173) du C. italien réprime, avec raison, cette tentative.

ART. 175 à 184. Le C. danois, art. 126, édicte une peine contre le juge d'instruction coupable d'avoir, par des moyens coercitifs illégaux, extorqué un aveu ou une déposition.

qu'ils soient, un acte arbitraire non prévu comme infraction par une disposition spéciale de la loi, est puni de la détention de quinze jours à un an, et, lorsqu'il a agi dans un intérêt personnel, la peine est augmentée d'un sixième, avec substitution de la reclusion à la détention.

Encourt la même peine le fonctionnaire public qui, dans l'exercice de ses fonctions, excite quelqu'un à transgresser les lois ou les ordres de l'autorité.

Art. 176. Le fonctionnaire public qui, directement ou par personne interposée, ou au moyen d'actes simulés, prend un intérêt personnel à quelque acte que ce soit de l'administration publique, dans les rangs de laquelle il remplit sa charge, est puni de la reclusion d'un mois à cinq ans et d'une amende de cent à cinq mille livres.

Art. 177. Le fonctionnaire public qui communique au public des documents ou des faits par lui possédés ou de lui connus à raison de sa charge, et qui doivent demeurer secrets, ou qui en facilite, de quelque manière que ce soit, la divulgation, est puni de la détention, qui peut être portée à trente mois, et d'une amende de trois cents livres au moins.

Art. 178. Le fonctionnaire public qui, sous quelque prétexte que ce soit, en dehors du cas de silence, d'obscurité, de contradiction ou d'insuffisance de la loi, omet ou refuse de faire un acte de ses fonctions, est puni d'une amende de cinquante à quinze cents livres.

Si le délit a été commis par trois fonctionnaires publics ou un plus grand nombre, après concert préalable, l'amende est de cent à trois mille livres.

Si le fonctionnaire public appartient à l'ordre judiciaire, il y a omission ou refus, quand se rencontrent les conditions requises par la loi pour exercer contre lui l'action civile.

ART. 179. Le militaire ou l'agent de la force publique qui refuse ou retarde indûment l'exécution d'une réquisition à lui légalement faite par l'autorité compétente est puni de la détention, qui peut atteindre deux ans.

ART. 180. Le fonctionnaire public qui, informé, dans l'exercice de ses fonctions, d'une infraction en rapport avec l'objet de ses attributions, et à raison de laquelle il est tenu d'agir d'office, omet ou retarde indûment d'en référer à l'autorité, est puni d'une amende de cinquante à mille livres.

Si le coupable est officier de police judiciaire, on ajoute l'interdiction des fonctions publiques pour une durée qui peut atteindre trente mois.

ART. 181. Les fonctionnaires publics qui, au nombre de trois ou en nombre supérieur, et après concert préalable, abandonnent indûment leur charge, sont punis d'une amende de cinq cents à trois mille livres et de l'interdiction temporaire de leurs fonctions.

Encourt la même peine le fonctionnaire public qui abandonne sa charge pour empêcher le règlement d'une affaire ou pour causer quelque autre préjudice au service public.

CHAPITRE V.

DES ABUS DES MINISTRES DES CULTES DANS L'EXERCICE DE LEURS FONCTIONS.

ART. 182. Le ministre d'un culte qui, dans l'exercice de ses fonctions, blâme ou vilipende publiquement les institutions, les

---

ART. 182 à 184. Le projet de la disposition qu'édicte l'art. 183 était ainsi conçu (art. 174) : « Le ministre d'un culte qui, en abusant de la force morale dérivant de son ministère, excite à méconnaître les institutions ou les lois de l'État, ou les lois de l'État ou les actes de l'autorité, est puni de la détention, qui peut être portée à un an, et d'une amende qui peut atteindre mille livres.

Art. 183. Le ministre d'un culte qui, en se prévalant de sa qualité, excite au mépris des institutions, des lois ou des prescriptions de l'autorité, ou bien à l'inobservation des lois, des prescriptions de l'autorité ou des devoirs inhérents à une fonction publique, est puni de la détention de trois mois à deux ans, avec une amende de cinq cents à trois mille livres et l'interdiction perpétuelle ou temporaire du bénéfice ecclésiastique. Si le fait a été commis publiquement, la détention peut être portée à trois ans.

Encourt les mêmes peines le ministre d'un culte qui, en se prévalant de sa qualité, contraint ou amène quelqu'un à des actes ou

actes de l'autorité, ou à transgresser, d'une autre manière, les devoirs envers la patrie, ou ceux inhérents à un emploi public, ou bien préjudicie aux légitimes intérêts patrimoniaux, ou trouble la paix des familles, est puni,» etc. Nous avions particulièrement insisté, dans notre avis, sur les expressions : *abusant de la force morale,... excite à méconnaître... ou à transgresser, d'une autre manière, ... préjudicie aux légitimes intérêts...* Nous avions critiqué cette rédaction, d'une telle élasticité d'interprétation qu'elle compromettait, à la fois, l'œuvre législative et son application. Le texte définitif tient compte de ces observations ; car on n'y retrouve pas les expressions que nous avions critiquées ; les termes : *en se prévalant de sa qualité... excite au mépris...* sont-ils vraiment moins périlleux que les précédents : *en abusant de la force morale,* etc.... *excite à méconnaître?* Les autres membres de phrase ont été effacés. Il y a donc une atténuation. Mais le second paragraphe de l'art. 183 commençant par ces mots : «Encourt les mêmes peines», etc., énonce une disposition nouvelle, que ne renfermait pas le projet et qui a donné place dans le Code à une idée qu'exprimait le projet ministériel. N'est-ce pas, d'une part, faire entrer le législateur et le magistrat dans le domaine de la conscience, du for intérieur, qui doit demeurer fermé à toute investigation du dehors, de l'autre, introduire dans la sphère du droit criminel des actes dont la législation civile avait jusqu'à ce jour possédé seule la sanction?

Reproduisons néanmoins le passage qui suit, extrait du *Rapport au Roi,*

déclarations contraires aux lois ou au détriment de droits acquis conformément aux lois.

Art. 184. Quand le ministre d'un culte, en se prévalant de sa qualité, commet un délit autre que les délits prévus aux articles précédents, la peine édictée à raison du délit commis est augmentée d'un sixième à un tiers, à moins que la qualité de ministre d'un culte n'ait été déjà tenue en compte par la loi.

CHAPITRE VI.

DE L'USURPATION DE FONCTIONS PUBLIQUES, DE TITRES OU D'HONNEURS.

Art. 185. Quiconque indûment s'attribue ou exerce des fonctions publiques, civiles ou militaires, est puni de la détention de trois mois au plus.

Encourt la même peine et l'interdiction temporaire des fonctions publiques le fonctionnaire public qui, après avoir reçu communication officielle de l'ordre qui fait cesser ou suspendre ses fonctions, continue à les exercer.

Le juge peut ordonner que la sentence soit publiée, par extrait,

p. 92; après avoir précisé les modifications apportées à la rédaction de l'art. 183, M. Zanardelli ajoute : «Elle n'est point par cela changée la substance des dispositions de ce chapitre; mais la plus grande précision qui a été obtenue exclut davantage tout péril d'actes arbitraires et de persécutions; de telle sorte que les bons prêtres, dont l'Italie heureusement abonde, peuvent vivre assurés que, dans l'accomplissement des devoirs inhérents à leur ministère, ils ne rencontreront aucun obstacle du côté de la loi pénale. Cette loi doit être seulement considérée comme un frein contre les mauvaises actions qu'avant la loi civile, la loi religieuse elle-même, s'inspirant des divins préceptes et des saintes traditions du christianisme, aurait dû défendre.»

Voir les C. français, art. 199-208; belge, art. 267 et 268; portugais, art. 136-139; d'Allemagne, § 130; modifié par la loi du 26 février 1876; du Tessin, art. 135-141; de Saint-Marin, art. 331 et 332; le projet espagnol, art. 167, 294, etc.

Art. 185 et 186. Les grades académiques sont visés par l'art. 186, qui rappelle l'art. 26 ci-dessus.

aux frais du condamné, dans un journal de la province où celui-ci a commis le délit et dans un journal de celle où il a son domicile, l'une et l'autre feuille devant être désignées par ledit juge.

Art. 186. Quiconque porte indûment et publiquement le costume ou les insignes d'une charge, d'un corps ou d'une fonction, ou bien s'arroge des grades académiques, des distinctions honorifiques, des titres, dignités ou charges publiques, est puni d'une amende de cinquante à mille livres.

Le juge peut ordonner que la sentence soit publiée, par extrait, aux frais du condamné, dans un journal désigné par ce magistrat.

CHAPITRE VII.

DE LA VIOLENCE ET DE LA RÉSISTANCE ENVERS L'AUTORITÉ.

Art. 187. Quiconque use de violence ou de menace envers un membre du Parlement ou un fonctionnaire public, pour le contraindre à faire ou à omettre un acte de ses fonctions, est puni de la reclusion de trois à trente mois.

La reclusion est :

1° De six mois à cinq ans, si le fait a été commis avec armes;

2° De trois à quinze ans, si le fait a été commis, en réunion

---

Art. 187 à 193. Voir Carrara, *Progr.*, part. *spéc.*, vol. V, §§ 2741 et s., p. 356 et s.

«La violence et la résistance envers l'autorité» est prévue, à la fois, envers les fonctionnaires publics et les membres du Parlement. Voir C. hongrois, art. 163 § 3; belge, art. 278, etc.

La peine est diminuée, aux termes de l'art. 190, lorsque le fait a eu lieu pour faire échapper l'auteur lui-même ou l'un de ses proches parents à une arrestation. La cause d'atténuation concernant ceux-ci se reproduit plusieurs fois dans le Code. L'art. 191 dit ce qu'il faut entendre par proches parents, *prossimi congiunti*, de même que l'art. 78 du C. hongrois, qui applique cette expression *hozzátartozó*, non seulement aux parents et enfants adoptifs, mais encore, par une remarquable extension, aux «parents nourriciers», aux «enfants nourrissons» et aux «fiancés».

L'art. 192 se réfère à la grave ques-

de plus de cinq personnes, avec armes, ou bien en réunion de plus de dix personnes, même sans armes, et après concert préalable.

Art. 188. Encourt les mêmes peines édictées à l'article précédent celui qui use de violence ou de menace pour empêcher ou troubler les assemblées ou l'exercice des fonctions de corps judiciaires, politiques ou administratifs, ou de leurs représentants, ou d'autres autorités, d'institutions ou d'offices publics, ou bien pour influer sur leurs délibérations.

Art. 189. Quiconque fait partie d'une réunion de dix personnes ou d'un plus grand nombre, qui, au moyen de violence ou de menace, tend à commettre le fait prévu à l'article précédent, est puni de la reclusion d'un an à deux ans.

Si le fait a été commis avec armes, la reclusion est de trois mois à trois ans.

Si, sur l'injonction de l'autorité, la réunion se disperse, les personnes qui en faisaient partie sont exemptes de peines, à raison du fait prévu au présent article.

Art. 190. Quiconque use de violence ou de menace contre un fonctionnaire public, pendant qu'il accomplit les devoirs de sa

tion de *l'obéissance passive* ou de *l'impunité de la résistance à des actes illégaux*. La loi française du 25 septembre 1791 (part. II, t. I, sect. 4, art. 1-6) exigeait comme condition du délit de rébellion que le dépositaire de l'autorité publique «agît légalement dans l'exercice de ses fonctions». Il est des Codes qui adhèrent à la doctrine que l'illégalité de l'acte de l'officier public ne justifie jamais la résistance envers l'autorité. Dans ce sens, le C. français, art. 209 et s.; mais la jurisprudence en a tempéré la rigueur. L'Angleterre, la Belgique, l'empire d'Allemagne, la Hollande, etc., consacrent, soit par les termes ou l'esprit de leurs constitutions, soit par des dispositions de leurs Codes criminels, la thèse, défendue par la majorité des criminalistes, que l'on doit obéir, sans réserve, à toute prescription légale, et que l'on peut résister, sans commettre de délit, à

charge, ou contre ceux qui, sur sa réquisition, lui prêtent assistance, est puni de la reclusion d'un mois à deux ans.

La reclusion est :

1° De trois à trente mois, si le fait a été commis avec armes;

2° D'un an à sept ans, si le fait a été commis, en réunion de plus de cinq personnes, avec armes, ou bien en réunion de plus de dix personnes, même sans armes, et après concert préalable.

Si le fait a eu pour but de faire échapper à l'arrestation, soit le coupable lui-même, soit l'un de ses proches parents, la peine est celle de la reclusion ou de la détention pour vingt mois au plus, ou du confinement pour un temps non inférieur à trois mois, dans le cas de la première partie, et respectivement de la reclusion de deux mois à deux ans, dans le cas du n° 1, et de six mois à cinq ans, dans le cas du n° 2 du précédent paragraphe.

ART. 191. Pour l'application de la loi pénale, on entend par *proches parents* le conjoint, les ascendants, les descendants, les oncles et tantes, les neveux et nièces, les frères, sœurs et les alliés au même degré.

ART. 192. Quand le fonctionnaire public a provoqué le fait, en excédant par des actes arbitraires les limites de ses attributions, on n'applique pas les dispositions des articles précédents.

ART. 193. Quand les prévenus ont été chefs ou promoteurs dans les faits prévus aux articles précédents, la peine est, à leur égard, augmentée d'un sixième à un tiers.

tout ce qui est arbitraire. Le C. italien a été inspiré par le même sentiment; toutefois, la magistrature ayant, dans ses observations, insisté sur le péril fréquemment signalé d'une disposition qui aurait soumis la légitimité des actes des fonctionnaires publics à l'appréciation des citoyens, on a adopté, dans la pensée d'éviter ce danger, la rédaction que présente l'art. 192.

CHAPITRE VIII.

DE L'OUTRAGE ET DES AUTRES DÉLITS
CONTRE DES PERSONNES INVESTIES DE L'AUTORITÉ PUBLIQUE.

Art. 194. Quiconque, par paroles ou par actes, porte atteinte, de quelque manière que ce soit, à l'honneur, à la réputation ou à la dignité d'un membre du Parlement ou d'un fonctionnaire public, en sa présence et en raison de ses fonctions, est puni :

1° De la reclusion pour six mois au plus, ou d'une amende de cinquante à trois mille livres, si l'offense a été dirigée contre un agent de la force publique;

2° De la reclusion d'un mois à deux ans, ou d'une amende de trois cents à cinq mille livres, si l'offense a été dirigée contre un autre fonctionnaire public ou contre un membre du Parlement.

Art. 195. Quiconque commet le fait prévu à l'article précédent, avec violence ou menace, est puni de la reclusion d'un mois à trois ans et d'une amende de cent à mille livres.

Encourt les mêmes peines quiconque, de toute autre manière, usé de violence ou de menace contre un membre du Parlement ou un fonctionnaire public à raison de ses fonctions.

Art. 196. Quand l'un des délits prévus aux articles **précédents** a été commis contre le fonctionnaire public, non en raison de ses fonctions, mais dans l'acte de l'exercice public desdites fonctions, on applique les peines ci-dessus édictées, avec diminution d'un tiers à la moitié.

Aᴙᴛ. 194 à 200. L'outrage envers les membres du Parlement est spécialement prévu dans quelques Codes, par exemple, dans les C. belge, espagnol, etc.

Art. 197. Quiconque, par paroles ou par actes, porte atteinte, de quelque manière que ce soit, à l'honneur, à la réputation ou à la dignité d'un corps judiciaire, politique ou administratif, en sa présence, ou d'un magistrat à son audience, est puni de la reclusion de trois mois à trois ans.

Si le prévenu a usé de violence ou de menace contre le corps ou le magistrat, la reclusion est de six mois à cinq ans.

La poursuite n'est exercée que sur l'autorisation du corps offensé. Si le délit a été commis contre des corps non constitués en collèges, la poursuite n'est exercée que sur l'autorisation de leur chef hiérarchique.

Art. 198. Le coupable de l'un des délits prévus aux articles précédents n'est pas admis à prouver la vérité, ni même la notoriété des faits ou des qualités attribuées à l'offensé.

Art. 199. Les dispositions contenues aux articles précédents ne sont pas appliquées, quand le fonctionnaire public a provoqué le fait, en excédant, par des actes arbitraires, les limites de ses attributions.

Art. 200. Dans tous les cas non prévus par une disposition spéciale de la loi, quiconque commet un délit contre un membre du Parlement ou un fonctionnaire public, à raison de ses fonctions, encourt la peine édictée à raison du délit commis, avec augmentation d'un sixième à un tiers.

CHAPITRE IX.

DE LA VIOLATION DES SCEAUX ET DES SOUSTRACTIONS DANS DES LIEUX

DE DÉPÔT PUBLIC.

Art. 201. Quiconque viole, de quelque manière que ce soit, les sceaux apposés en vertu d'une disposition de loi ou par ordre de l'autorité, pour garantir la conservation ou l'identité d'une chose, est puni de la reclusion de trois mois à deux ans et d'une amende de cinquante à mille livres.

Si le coupable est le fonctionnaire public qui a ordonné ou effectué l'apposition des sceaux ou celui qui a reçu en garde ou en dépôt la chose ainsi garantie, la reclusion est de trente mois à cinq ans et l'amende de trois cents à trois mille livres.

Si le délit a été commis par la négligence ou l'imprudence du fonctionnaire public ou du gardien, le coupable est puni d'une amende de cinquante à quinze cents livres.

Art. 202. Quiconque enlève, supprime, détruit ou altère des corps de délit, des actes ou documents conservés dans un office public ou par les soins d'un fonctionnaire public, en raison de sa qualité, est puni de la reclusion d'un an à cinq ans.

Si le coupable est le fonctionnaire public qui, à raison de sa charge, avait reçu le dépôt des corps de délit, des actes ou des documents, la peine est celle de l'interdiction perpétuelle des fonctions publiques et de la reclusion de deux à sept ans.

Si le dommage a été léger, ou si le coupable a restitué intact l'acte ou le document, sans en avoir tiré profit et avant le commencement de la procédure, la peine est, dans le cas de la première partie, la reclusion de six mois à trois ans, et, dans le cas du paragraphe précédent, la reclusion d'un an à cinq ans et l'interdiction temporaire des fonctions publiques.

Art. 203. Quiconque enlève ou détourne, à son profit ou au profit d'autrui, ou refuse de livrer à qui de droit les choses qui

Art. 201 à 203. La qualité de fonctionnaire public est relevée par l'art. 202 dudit Code, non comme élément constitutif du délit que prévoit ce texte, ainsi qu'il était énoncé dans des projets antérieurs à celui de M. Zanardelli, mais comme circonstance aggravante.

ont été remises à titre de gage ou sous séquestre et qui ont été confiées à sa garde, est puni de la reclusion de trois à trente mois et d'une amende de trois cents à trois mille livres.

Si le coupable est le propriétaire même de la chose remise en gage ou sous séquestre, la peine est celle de la reclusion d'un an au plus et d'une amende de cent à quinze cents livres.

Si le délit a été commis par la négligence ou l'imprudence du gardien, celui-ci est puni d'une amende de cinquante à mille livres.

Si la chose est de peu de valeur, ou si le coupable restitue la chose ou sa valeur avant le commencement de la procédure, la peine est diminuée d'un sixième à un tiers.

CHAPITRE X.

DU CRÉDIT ALLÉGUÉ AUPRÈS DES FONCTIONNAIRES PUBLICS.

ART. 204. Quiconque, en alléguant du crédit ou des relations auprès d'un membre du Parlement ou d'un fonctionnaire public, reçoit ou fait, soit donner, soit promettre, pour lui-même ou pour d'autres, de l'argent ou autres avantages, afin de déterminer ou de récompenser sa propre intervention auprès des personnes susdites, ou bien sous le prétexte de devoir acheter ou rémunérer leurs faveurs, est puni de la reclusion d'un an à cinq ans et d'une amende de cinquante à quinze cents livres.

Si le coupable est un fonctionnaire public, on ajoute, dans tous les cas, aux susdites peines l'interdiction temporaire des fonctions publiques.

ART. 204. Ce délit était sévèrement réprimé par les anciennes lois; une expression caractéristique en désigne les auteurs: *« venditori di fumo*, marchands de néant»*.

CHAPITRE XI.

DE L'INACCOMPLISSEMENT D'OBLIGATIONS ET DES FRAUDES
DANS LES FOURNITURES PUBLIQUES.

ART. 205. Quiconque, en ne remplissant pas les obligations par lui prises, ne fournit pas les vivres ou d'autres objets nécessaires, soit à un établissement ou autre service public, soit pour venir au secours d'une calamité publique, est puni de la reclusion de six mois à trois ans et d'une amende de cinq cents livres au moins.

Si l'inaccomplissement a été causé par sa seule négligence, le coupable est puni de la détention d'un an au plus et d'une amendé qui peut atteindre trois mille livres.

ART. 206. Quiconque commet des fraudes quant à la nature, la qualité ou la quantité des choses indiquées à l'article précédent est puni de la reclusion de six mois à cinq ans et d'une amende de cinq cents livres au moins.

Lorsqu'il s'agit de fraudes dans d'autres fournitures destinées à un établissement ou à un service public, la peine est la reclusion de deux ans au plus et une amende qui peut atteindre trois mille livres.

ART. 205 et 206. Les art. 212 du *C. pénal pour l'armée de terre* et 190 du *C. pénal pour l'armée de mer* renfermant des dispositions au sujet des délits du même genre que ceux prévus par les art. 205 et 206 ci-dessus, quand les troupes en sont victimes, on s'est abstenu, dans les présents textes, d'aucune référence à ces cas. En France, art. 430; en Hongrie, art. 457, etc., ces dispositions sont édictées par le C. pénal de droit commun.

CHAPITRE XII.

DISPOSITIONS COMMUNES AUX CHAPITRES PRÉCÉDENTS.

Art. 207. Pour l'application de la loi pénale, on considère comme *fonctionnaires publics* :

1° Ceux qui sont investis de fonctions publiques, même temporaires, salariées ou gratuites, au service de l'État, des provinces ou des communes, ou d'une institution placée par la loi sous la tutelle de l'État, d'une province ou d'une commune;

2° Les notaires;

3° Les agents de la force publique et les huissiers attachés à l'ordre judiciaire.

Sont assimilés aux fonctionnaires publics, en vue de la même application de la loi, les jurés, les arbitres, les experts, les interprètes et les témoins, pendant qu'ils sont appelés à remplir leurs fonctions.

Art. 208. Quand la loi considère la qualité de fonctionnaire public comme élément constitutif ou comme circonstance aggravante d'une infraction, pourvu que cette infraction ait été commise à l'occasion des fonctions par lui exercées, la loi prévoit même le cas dans lequel les personnes énumérées à l'article précédent n'ont plus la qualité de fonctionnaire public ou n'exercent plus leurs fonctions, au moment où l'infraction est commise.

Art. 209. Quand quelqu'un, pour commettre un délit, use de la faculté ou des moyens inhérents aux fonctions publiques dont

Art. 207 à 209. La plupart des Codes disent ce qu'il faut entendre, au point de vue de l'application de la loi pénale, par l'expression : *fonctionnaires publics*. Voir notamment les C. d'Allemagne, §§ 113, 116, 336, 359; de Hollande, art. 84, 183 et 184; de Hongrie, art. 164, 166, 461; d'Espagne, art. 291, 362; du Tessin, art. 134, etc. Voir le *Rapport au Roi*, p. 97 et 98.

il est investi, la peine édictée à raison du délit commis est augmentée d'un sixième à un tiers, à moins que la qualité de fonctionnaire public n'ait été déjà tenue en compte par la loi.

TITRE IV.

DES DÉLITS CONTRE L'ADMINISTRATION DE LA JUSTICE.

CHAPITRE PREMIER.

DU REFUS DE REMPLIR DES MISSIONS LÉGALES.

Art. 210. Quiconque, appelé par l'autorité judiciaire comme témoin, expert ou interprète, parvient, en alléguant un faux prétexte, à se faire dispenser de cette mission, ou bien, s'étant présenté, refuse de faire la déposition ou de remplir la mission d'expert ou d'interprète, est puni de la détention de six mois au plus, ou d'une amende de cent à mille livres.

Cette disposition s'applique également aux jurés, lorsqu'ils obtiennent une dispense, en alléguant un faux prétexte.

S'il s'agit d'un expert, la condamnation a pour conséquence la suspension de l'exercice de sa profession ou de son métier pendant un temps égal à la durée de la détention.

CHAPITRE II.

DE LA SIMULATION D'INFRACTION.

Art. 211. Quiconque dénonce à l'autorité judiciaire ou à un

Art. 210. Ce texte assure, sous des sanctions pénales, le concours légalement dû à la justice. Les prévisions sont plus complètes que dans beaucoup d'autres pays, notamment qu'en France, où des objections, sérieuses d'ailleurs, tirées de l'insuffisance de taxes énoncées au tarif criminel, provoquent parfois, de la part des médecins, des refus qui, en dehors du cas de *flagrant délit*, ne les exposent à aucune répression. Il est à remarquer aussi que les peines applicables, lorsqu'il y a lieu, sont bien moindres que celles édictées par le présent texte.

Art. 211. Les deux dispositions que renferme ce texte font défaut dans beau-

fonctionnaire public qui est tenu d'en rendre compte à cette autorité, une infraction qui n'a pas eu lieu, ou bien qui en simule les traces, de manière à rendre possible l'ouverture d'une procédure pénale pour la constater, est puni de la reclusion, qui peut être portée à trente mois.

Encourt la même peine celui qui, devant l'autorité judiciaire, déclare faussement avoir commis ou avoir concouru à commettre une infraction, à moins que la fausse déclaration n'ait pour but de sauver un proche parent.

CHAPITRE III.

DE LA CALOMNIE.

Art. 212. Quiconque, en portant dénonciation ou plainte à l'autorité judiciaire ou à un fonctionnaire public qui est tenu

coup de législations, notamment dans le C. français. On en est réduit, en France, à poursuivre, comme inculpé, soit d'outrage envers l'autorité, soit quelquefois de faux, celui qui dénonce mensongèrement une infraction non perpétrée ou qui, par suite de concert avec les prévenus et comme prix d'un coupable marché, se déclare l'auteur d'une infraction qu'il n'a pas commise (*falsa confessione*); même lacune dans les C. d'Allemagne, d'Autriche, de Belgique, de Grèce, de Hongrie, etc., à la différence du C. du Tessin, qui prévoit ces délits (art. 177). La seconde disposition a été spécialement débattue; mais l'une et l'autre nous paraissent, l'expérience le prouve, justement visées par le C. italien.

Nous avons plusieurs fois constaté le fait d'une peine d'emprisonnement subie par un individu se présentant, moyennant rémunération, sous le nom du condamné; commis en Italie, ce fait ne pourrait, ce semble, être atteint par l'art. 211, qui ne le vise pas d'une manière expresse; il faudrait, comme en France, intenter une poursuite sous inculpation de faux.

L'exonération de peine, accordée au cas du deuxième paragraphe de l'art. 211, paraît excessive; car la même raison devrait faire affranchir de toute répression celui qui subirait une peine prononcée contre un proche parent; dans les deux cas, l'impunité absolue semble inadmissible; une diminution de peine serait seule justifiée.

Art. 212 et 213. Voir des dispositions analogues, notamment dans les C. de Hongrie, art. 227; du Tessin, art. 179; du Valais, art. 276; de Saint-Marin, art. 288 et s., etc. Plusieurs Codes, par

d'en rendre compte à cette autorité, inculpe quelqu'un, que le déclarant sait être innocent, d'une infraction, ou bien en simule, à la charge de celui-ci, les traces ou les indices matériels, est puni de la reclusion d'un an à cinq ans et de l'interdiction temporaire des fonctions publiques.

Le coupable est puni de l'interdiction perpétuelle des fonctions publiques et de la reclusion de trois à douze ans :

1° Si l'infraction imputée est passible d'une peine restrictive de la liberté personnelle, supérieure à cinq ans;

2° Si, en conséquence de la fausse imputation, a été prononcée une condamnation à une peine restrictive de la liberté personnelle.

La reclusion n'est pas inférieure à quinze ans, s'il a été prononcé une condamnation à une peine supérieure à la reclusion.

Art. 213. Les peines édictées à l'article précédent sont diminuées des deux tiers, si le coupable du délit qui y est prévu rétracte l'imputation ou révèle la simulation avant tout acte de procédure envers la personne calomniée; et ces peines sont diminuées seulement d'un tiers à la moitié, si la rétractation ou la révélation a lieu à une date ultérieure, mais avant la prononcia-

exemple les trois derniers qui viennent d'être cités, comme les anciens C. subalpin, art. 376, et toscan, art. 269, édictent contre le calomniateur une peine égale en nature et en durée à celle que son dire faisait encourir au calomnié. Mais la science rejette ce criterium, cette application du talion, et réclame contre la calomnie des peines spéciales, sans rechercher l'égalité de répression. C'est dans ce sens que disposent les art. 212 et 213, de même que les C. d'Allemagne, d'Autriche, de Hongrie, d'Espagne, de Belgique, de Hollande, de Zurich, de Fribourg, etc.

Les diminutions de peine, énoncées à l'art. 213, ne se rencontrent guère dans les autres Codes. Le principe sur lequel reposent ces diminutions n'est cependant pas indigne d'attention.

Les projets d'Autriche et de Neufchâtel vont plus loin que le C. italien, en considérant comme un délit, assimilable à la calomnie, le fait de ne pas informer un inculpé de circonstances et de preuves dont on a connaissance, à sa décharge.

tion du verdict du jury dans les affaires de cour d'assises, ou avant la prononciation de la sentence, devant les autres juridictions, sur le fait faussement imputé.

CHAPITRE IV.

DU FAUX TÉMOIGNAGE EN JUSTICE.

Art. 214. Quiconque, en déposant comme témoin devant l'autorité judiciaire, affirme ce qui est faux ou nie ce qui est vrai, ou tait, en tout ou en partie, ce qu'il sait sur les faits au sujet desquels il est interrogé, est puni de la reclusion d'un à trente mois et de l'interdiction temporaire des fonctions publiques.

La reclusion est d'un an à cinq ans, si le fait a été commis pour nuire à un prévenu ou au cours des débats d'un procès concernant un délit. La reclusion est de trois à dix ans, si ces deux circonstances se rencontrent en même temps.

Si le fait a eu pour conséquence une sentence de condamnation à une peine supérieure à la reclusion, la reclusion est de dix à vingt ans.

Si la déposition a été faite sans serment, la peine est diminuée d'un sixième à un tiers.

Art. 215. Est exempt de peine, à raison du fait prévu à l'article précédent:

Art. 214 à 221. Au cas de rétractation immédiate, l'impunité est accordée, comme par le C. italien, par les C. hongrois, art. 225; du Tessin, art. 188; de Saint-Marin, art. 301, etc. Le C. d'Allemagne, S 158, n'énonce qu'une réduction de peine. Les C. français et belge ne font aucune mention de la rétractation; mais la jurisprudence admet que le faux témoignage n'est pas punissable, s'il est rétracté avant la fin des débats. L'ancien C. toscan, art. 276 et 277, impliquait une règle plus rigoureuse. Voir le projet anglais, sect. 83 et 84. — Les dispositions édictées par l'art. 215 sont excessives.

Voir, quant à la tentative de subornation, le *Rapport au Roi*, p. 101 et 102. Le

1° Celui qui, en disant la vérité, se serait inévitablement exposé lui-même ou aurait inévitablement exposé un proche parent à un grave dommage dans sa liberté ou dans son honneur;

2° Celui qui, à raison des qualités personnelles par lui déclarées au juge, n'aurait pas dû être assigné comme témoin ou aurait dû être averti de la faculté de s'abstenir de déposer.

La peine est seulement diminuée de la moitié aux deux tiers, si la fausse déposition expose une autre personne à une poursuite pénale ou à une condamnation.

Art. 216. Est exempt de peine, à raison du fait prévu à l'article 214, celui qui, ayant déposé dans une affaire pénale, rétracte sa fausse déclaration et fait connaître la vérité avant que l'instruction soit close par une sentence ou par une ordonnance de non-lieu; ou bien avant que le débat soit clos ou avant que l'affaire soit renvoyée à une autre audience à cause du faux témoignage.

Si la rétractation est faite à une date ultérieure, ou s'il s'agit d'une fausse déposition dans une affaire civile, la peine est diminuée d'un tiers à la moitié, pourvu que la rétractation advienne avant que, dans la cause où le faux témoignage s'est produit, soit prononcé le verdict du jury, quant aux affaires de cour d'assises, ou avant la prononciation de la sentence devant les autres juridictions.

projet de Neufchâtel, art. 160 et s., distingue les fausses déclarations, d'une part, sur les faits principaux, de l'autre, sur les faits accessoires.

Voir sur le *parjure*, en matière civile, et les difficultés qui se réfèrent à ce sujet, l'*Exposé min.* précité de M. Zanardelli, vol. II, p. 119 et s. Voir les C. français, art. 366, modifié par la loi du 13 mai 1863; belge, art. 226; portugais, art. 243; allemand, S 153; autrichien, art. 190; hongrois, art. 213; russe, art. 236; suédois, ch. XIII, S 1; hollandais, art. 207; de Vaud, art. 192; de Genève, art. 152; du Tessin, art. 190; de Berne, art. 114; de Saint-Marin, art. 294 et 295, etc.

Si du faux témoignage est résultée l'arrestation d'une personne, ou un autre grave dommage envers autrui, la peine n'est diminuée que d'un tiers, dans le premier cas, et d'un sixième, dans le cas du premier paragraphe du présent article.

Art. 217. Les dispositions des articles précédents s'appliquent également aux experts et aux interprètes qui, appelés en l'une de ces qualités devant l'autorité judiciaire, fournissent des avis, des informations ou des traductions mensongères; et quant aux experts, l'interdiction temporaire des fonctions publiques peut s'étendre à l'exercice de leur profession ou de leur métier.

Art. 218. Quiconque suborne un témoin, un expert ou un interprète, afin qu'il commette le délit prévu à l'article 214, est puni, quand la déposition, l'expertise ou la traduction a eu lieu :

1° De la reclusion de trois mois à trois ans, au cas prévu dans la première partie de l'article 214;

2° De la reclusion de deux à sept ans, et respectivement de cinq à douze ans, dans les cas prévus au premier paragraphe du même article;

3° De la reclusion pour douze ans au moins, dans le cas prévu au second paragraphe du même article.

Si la déposition, l'expertise ou la traduction fausse a été faite sans serment, la peine est diminuée d'un sixième à un tiers.

Lorsqu'il a été seulement tenté, avec menaces, dons ou promesses, de suborner le témoin, l'expert ou l'interprète, les peines édictées dans les dispositions précédentes sont réduites à un tiers.

Lorsque la condamnation n'a pas pour conséquence l'interdiction perpétuelle, on y ajoute l'interdiction temporaire des fonctions publiques.

Tout ce qui a été donné par le suborneur est confisqué.

Art. 219. Les peines édictées à l'article précédent sont diminuées de la moitié aux deux tiers, si le coupable du délit y énoncé est le prévenu ou l'un de ses proches parents, pourvu qu'il n'ait pas exposé une autre personne à une poursuite pénale ou à une condamnation.

Art. 220. Quand la déposition, l'expertise ou la traduction fausse a été rétractée dans les conditions et dans le temps indiqués à l'article 216, la peine envers le coupable du délit prévu à l'article 218 est diminuée d'un sixième à un tiers.

Art. 221. Quiconque, en qualité de partie dans un procès civil, atteste par serment ce qui est faux, est puni de la reclusion de six à trente mois, avec une amende de cent à trois mille livres et l'interdiction temporaire des fonctions publiques.

Si le coupable se rétracte avant la solution du litige, la reclusion est d'un à six mois.

CHAPITRE V.

DE LA PRÉVARICATION.

Art. 222. Le défenseur qui, en colludant avec la partie adverse ou, de toute autre manière frauduleuse, préjudicie à la cause qui lui a été confiée, ou bien donne simultanément son concours,

Art. 222 à 224. Justes pénalités. Ces dispositions sont conformes à l'ancien C. toscan, art. 198 et 199. Voir dans le même sens les C. d'Allemagne, § 356; d'Autriche, § 102; de Hongrie, art. 482; de Malte, art. 114; du Tessin, art. 166 § 1; de Saint-Marin, art. 311, 313 et 314, etc.

Celui qui prête, en même temps, son concours dans la même affaire, aux deux parties opposées, était autrefois, à bon droit, *noté d'infamie;* voir l. 4, § 4, ff, *De his qui notantur infamiâ*, III, 2.

Le deuxième § de l'art. 222 atteint, en outre, le fait de prêter son ministère, successivement, dans la même affaire, aux parties adverses, sans le consentement de la première personne, dont les intérêts ont été défendus. Contrairement à l'avis de quelques criminalistes qui ne

dans la même affaire, aux parties opposées, est puni de la reclusion de trois à trente mois, avec interdiction temporaire des fonctions publiques, interdiction qui s'étend à l'exercice de sa profession, et d'une amende de cent à trois mille livres.

Si, après avoir prêté son ministère à une partie, le défenseur se charge, sans le consentement de celle-ci, dans la même affaire, de prêter son ministère à la partie adverse, il est puni de la reclusion, qui peut être portée à six mois, ou d'une amende de cinq cents à cinq mille livres.

Art. 223. Le défenseur qui, dans une affaire pénale, hors les cas prévus à l'article précédent, en se rendant infidèle aux devoirs de sa charge, nuit au prévenu qu'il assiste, est puni de la reclusion d'un mois à trois ans et de l'interdiction temporaire des fonctions publiques, interdiction qui s'étend à l'exercice de sa profession.

Si la personne défendue était prévenue d'un délit à raison duquel est édictée une peine restrictive de la liberté personnelle pour plus de cinq ans, la reclusion est de trois à huit ans.

Art. 224. Le défenseur qui se fait remettre par son client de l'argent ou autre chose, sous le prétexte d'acquérir ou de rému-

reconnaissent pas dans ce fait les éléments du délit de prévarication, le C. italien le réprime comme un second mode de ce délit. Le défenseur qui abandonne un client pour se ranger du côté de son adversaire ne met-il pas en péril les intérêts du premier, par l'abus qu'il peut faire des documents, des secrets dont il a eu connaissance? Plusieurs des Codes précités visent aussi ce délit.

A l'exemple de plusieurs Codes, l'art. 224 atteint d'autres actes manifestement délictueux. Les anciens C. subalpin, art. 313 et 314, et toscan, art. 200, rattachaient ce mode de prévarication aux dispositions relatives au crédit allégué près des fonctionnaires. Le projet, art. 213, était plus rigoureux, en réprimant même, comme délit, le fait de demander des taxes ou honoraires non dus, ou en les élevant à un chiffre supérieur à ce qui est dû; telle est la disposition du C. d'Allemagne, S 352; mais les éléments du délit ont été res-

nérer la faveur d'un témoin, d'un expert ou d'un interprète, de l'officier du ministère public qui doit conclure, d'un magistrat ou d'un juré qui doit statuer dans la cause, est puni de la reclusion de deux à six ans, avec une amende de trois mille livres au moins et avec interdiction temporaire des fonctions publiques, interdiction qui s'étend à l'exercice de sa profession.

CHAPITRE VI.

DE L'ASSISTANCE SUBSÉQUENTE.

ART. 225. Quiconque, après la perpétration d'un délit, à raison duquel est édictée une peine non inférieure à la détention, sans concert antérieur au délit même et sans contribuer à faire atteindre les conséquences dernières, aide quelqu'un à s'en assurer le profit, à éluder les investigations de l'autorité, ou bien à échapper aux recherches de celle-ci ou à l'exécution de la condamnation, et

treints par le texte définitif du C. italien, aux termes de l'art. 224.

Comme les C. d'Allemagne, de Hongrie, de Malte, etc., le C. italien ne considère comme un délit, ni le pacte dit *quotalice*, qui stipule pour le défenseur une part *aliquote* de la valeur en litige, pacte dégradant de la part de l'avocat, mais qui a paru ne relever que de la répression disciplinaire, ni le refus non motivé de la défense d'un indigent, refus que punissent les C. du Tessin, art. 164, et de Saint-Marin, art. 310. Ces deux Codes répriment aussi le pacte *quotalice*, de même que le faisaient les anciens C. subalpin, art. 309, et toscan, art. 197. Les C. du Tessin et de Saint-Marin punissent, en outre, le premier, la cession au défenseur de litiges ou de droits litigieux, même par personne

interposée, le second, l'acquisition par celui-ci, durant le procès, des droits de son client.

ART. 225. Le droit romain connaissait les *fautores criminis*, mais sans avoir, quant à eux, dégagé une notion juridique, distincte de celle afférente aux coparticipants. De cela que, malgré tous les efforts tentés dans ce but, on se refuse à admettre de complicité *post delictum*, la science moderne a constitué un délit *sui generis*, toujours postérieur à la perpétration du méfait auquel il se réfère, l'assistance subséquente, prévue aussi aux §§ 257 et s. du C. d'Allemagne, dans le C. de Saint-Gall, au projet anglais, *accessory after the act*, etc., et ayant pour but, soit d'aider à atteindre les conséquences dernières du méfait, soit d'en assurer l'impunité. Le

quiconque supprime ou, de quelque manière que ce soit, fait disparaître ou altère les traces ou les indices d'un délit passible de la peine susdite, est puni de la reclusion ou de la détention, qui peut être portée à cinq ans, sans être supérieure à la moitié de la durée de la peine édictée à raison du délit même.

Lorsqu'il s'agit d'autres infractions, la peine est celle de l'amende, qui peut atteindre mille livres.

Est exempt de peine celui qui commet le fait dans l'intérêt d'un proche parent.

CHAPITRE VII.

DE L'ÉVASION ET DE L'INEXÉCUTION DE PEINE.

ART. 226. Quiconque, étant légalement arrêté, s'évade, en usant de violence envers les personnes ou à l'aide de bris, est puni de la détention de trois à dix-huit mois.

ART. 227. Le condamné qui s'évade, en employant l'un des moyens indiqués à l'article précédent, encourt :

1° Une augmentation, qui peut être portée à deux ans, de

---

présent article élargit la notion résultant déjà des anciens C. subalpin, art. 285, et toscan, art. 60. L'expression *fauteur*, déjà employée avec des significations particulières dans les C. de Fribourg et du Valais, se rencontre dans le projet de Neufchâtel, art. 65, qui vise notamment le recel de la personne du coupable. Le *favoreggiamento* est ce que le projet espagnol, art. 327-329, dénomme *encubrimiento*. Voir Carrara, *Prog.*, *p. gén.*, §§ 477 et s., p. 250 et s.; *part. sp.*, vol. V, §§ 2822 et s., p. 452 et s.; voir aussi son *Discours sur le recel frauduleux des choses volées, opusc.*, vol. III, *op.*, 43,

traduit par nous, *Rev. crit. de lég. et de jur.*, année 1865, p. 409 et s.

ART. 226 à 234. La fuite, non accompagnée des moyens prévus par la loi, n'est pas punissable; c'est ce que reconnaissent presque toutes les législations; c'est ce qu'admettait Jousse lui-même, t. IV, p. 81. Le C. italien présente néanmoins une exception dérivant des conditions du système pénitentiaire, exception justifiée; la fuite, dite *simple*, est punie, quand il s'agit d'un condamné qui, admis à travailler au dehors, s'évade du lieu où il se trouve, art. 227. Les motifs d'exception ou de diminution de

l'isolement cellulaire continu ou une nouvelle période de cet isolement pour un égal intervalle de temps, s'il subissait la peine de l'*ergastolo;*

2° Une prolongation du tiers à la moitié de la peine qu'il a encore à subir, s'il s'agit d'une autre peine restrictive de la liberté personnelle, pourvu que cette prolongation ne soit ni inférieure à trois mois, ni supérieure à trois ans.

Les précédentes dispositions s'appliquent aussi au condamné admis, aux termes de l'article 14, à travailler en dehors de l'établissement pénitentiaire, par le seul fait de son évasion du lieu assigné pour son travail.

S'il s'agit de la reclusion, l'augmentation est calculée sur la période de peine dans laquelle le condamné se trouvait, à moins qu'il ne s'agisse du mode d'exécution prévu à l'article 14, cas dans lequel la prolongation est subie dans l'établissement ordinaire, avec travail en commun.

Ne sont pas applicables les dispositions de l'article 76.

Art. 228. Quiconque procure ou facilite, de quelque manière que ce soit, l'évasion d'un individu en état de détention préventive ou d'un condamné, est puni de la reclusion ou de la détention d'un à trente mois, en tenant compte de la gravité de la prévention ou de la nature et de la durée de la peine qui reste à subir; et si le condamné subissait la peine de l'*ergastolo*, de la reclusion ou de la détention de trente mois à quatre ans.

Si, pour procurer ou faciliter l'évasion, le coupable a employé l'un des moyens indiqués à l'article 226, la peine, lorsque l'éva-

peine sont à considérer. Voir, en Angleterre, la loi du 27 août 1881, *fugitive offenders act.*

Les art. 227 et 234 édictent des pénalités à raison de l'inexécution de la peine. Voir, à ce sujet, le projet espagnol, art. 117 et 118, qui réprime la rupture de condamnation, *quebrantamiento de condena,* chef d'inculpation digne de remarque.

sion a eu lieu, est de deux à cinq ans, et, quand l'évasion n'a pas eu lieu, d'un mois à trois ans, compte tenu, dans les deux cas, de la gravité de la prévention ou de la nature et de la durée de la peine qui reste à subir.

La peine est diminuée d'un tiers, si le coupable est un proche parent de l'individu préventivement arrêté ou condamné.

Art. 229. Le fonctionnaire public, chargé de la garde ou du transfèrement d'un individu préventivement arrêté ou condamné, qui, de quelque manière que ce soit, procure ou facilite son évasion, est puni de la reclusion d'un an à cinq ans, et de trois à huit ans, si l'évadé subissait la peine de l'*ergastolo;* en outre, lorsque la condamnation n'a pas pour effet l'interdiction perpétuelle, de l'interdiction temporaire des fonctions publiques.

Si, pour procurer ou faciliter l'évasion, le coupable a coopéré à la violence ou au bris, ou bien a fourni les armes ou les instruments, ou n'en a pas empêché la remise, la peine est celle de l'interdiction perpétuelle des fonctions publiques et de la reclusion de trois à dix ans, quand l'évasion a eu lieu, et d'un an à cinq ans, lorsque l'évasion n'est pas advenue.

Si l'évasion a eu lieu par suite de la négligence ou de l'imprudence d'un fonctionnaire public, celui-ci est puni de la détention de trois mois à deux ans, et d'un an à trois ans, si l'évadé subissait la peine de l'*ergastolo;* en outre, toujours, de l'interdiction temporaire des fonctions publiques.

Dans l'application de la peine, on tient toujours compte de la gravité de la prévention ou de la nature et de la durée de la peine qui reste à subir.

Art. 230. Quand la violence, prévue aux articles précédents, a été commise avec armes, ou bien si le fait a eu lieu en réunion de trois personnes ou d'un plus grand nombre, ou après concert, préalable, les peines édictées aux mêmes articles sont augmentées d'un tiers; et si le coupable subissait la peine de l'*ergastolo*, l'augmentation ou la nouvelle période d'isolement cellulaire continu peut être portée à trois ans.

Art. 231. Le fonctionnaire public, chargé de la garde ou du transfèrement d'un individu préventivement arrêté ou condamné, qui, sans autorisation, lui permet de s'éloigner, même temporairement, du lieu où celui-ci doit, soit demeurer préventivement arrêté, soit subir sa peine, est puni de la détention d'un mois à un an et de l'interdiction temporaire des fonctions publiques.

Dans le cas où, par suite de cette permission, advient l'évasion de l'individu préventivement arrêté ou condamné, la détention est de six mois à quatre ans.

Art. 232. Quand l'évadé revient spontanément en prison, au cas de l'article 226, la peine est celle de la détention d'un mois à un an; au cas du n° 2 de l'article 227, la prolongation de peine est seulement d'un sixième et ne peut dépasser un an; et dans le cas prévu au n° 1 dudit article 227, l'évadé n'encourt aucune aggravation de peine.

Art. 233. Est exempt de peine, au cas prévu au deuxième paragraphe de l'article 229, et n'encourt pas l'augmentation de peine édictée au paragraphe de l'article 231, le fonctionnaire public coupable du fait respectivement prévu par ces textes, si, dans le délai de trois mois à dater de l'évasion, il procure la capture des évadés ou les fait se représenter devant l'autorité.

Art. 234. En dehors des cas prévus dans les autres dispositions du présent Code, le condamné qui transgresse les obligations dérivant de la condamnation est puni :

1° S'il s'agit de l'interdiction des fonctions publiques ou de la suspension de l'exercice d'une profession ou d'un métier, de la détention, qui peut être portée à un an, et d'une amende de cent à trois mille livres, indépendamment de la durée de la peine à laquelle il a été condamné;

2° S'il s'agit de la surveillance spéciale de l'autorité de sûreté publique, de la reclusion d'un mois à un an, le cours de la surveillance demeurant suspendu pendant le temps de la détention préventive et de la reclusion.

CHAPITRE VIII.

DE LA SATISFACTION ARBITRAIRE DONNÉE À SES PROPRES PRÉTENTIONS.

Art. 235. Quiconque, à seule fin d'exercer un droit prétendu, dans les cas où il pourrait recourir à l'autorité, s'il se fait raison à lui-même, en usant de violence envers les choses, est puni d'une amende qui peut atteindre cinq cents livres.

Si le coupable use de menace ou de violence contre les personnes, alors même qu'il n'use pas de violence envers les choses, il est puni de la détention d'un an au plus, ou du confinement de deux ans au plus, et d'une amende qui peut atteindre mille livres.

Si la violence a été commise avec armes, ou accompagnée de lésions personnelles, pourvu qu'elles n'aient pas produit un effet plus grave que celui qui est prévu au dernier paragraphe de l'article 372, la détention ne peut être inférieure à un mois, ni le confinement à trois mois, ni l'amende à trois cents livres.

Art. 235 et 236. Ces dispositions, très bien conçues, ne peuvent manquer d'être adoptées dans d'autres pays. Ce délit résulte du concours des circonstances suivantes : 1° acte externe privant une personne d'un droit dont elle jouit et accompli, malgré son opposition expresse ou présumée; 2° croyance, chez l'agent, qu'en accomplissant cet acte, il use lui-même d'un droit; 3° certitude qu'il fait

Si le fait n'a pas été accompagné d'un autre délit, relativement auquel l'action est intentée d'office, la poursuite n'est exercée que sur la plainte de la partie.

Art. 236. Quand le coupable du délit prévu à l'article précédent prouve l'existence du droit, la peine est diminuée d'un tiers.

CHAPITRE IX.

DU DUEL.

Art. 237. Quiconque défie une autre personne en duel, alors même que le défi n'est pas accepté, est puni d'une amende qui peut atteindre cinq cents livres; mais s'il a été la cause injuste et déterminante du fait d'où est dérivé le défi, la peine est celle de la détention, qui peut être portée à deux mois.

Est exempt de peine celui qui a été amené au défi par une insulte grave ou un grand affront.

Celui qui accepte le défi, quand il a été la cause injuste et déterminante du fait duquel il est dérivé, est puni d'une amende de cent à quinze cents livres.

Si le duel a lieu, on applique seulement les dispositions des articles suivants.

Art. 238. Quiconque se sert d'armes dans un duel est puni,

une chose injuste en la forme; 4° défaut de qualification plus grave, motivant une poursuite d'un autre caractère. Voir les anciens C. subalpin, art. 286-288, et toscan, art. 146, et le *Rapport au Roi*, p. 105.

Art. 237 à 245. On trouve des dispositions spéciales sur le duel dans les législations russe, hollandaise, autrichienne, hongroise, allemande, espagnole, portugaise, belge, suédoise, dans les C. de Fribourg, du Valais, de Vaud, de Zurich, dans les projets autrichien et espagnol, etc. La France n'a pas de loi spéciale, ce qui a motivé des variations de jurisprudence. Voir l'*Étude* de M. Molinier sur le projet de loi proposé en 1851 et sur la question du duel, *Rec. de*

s'il ne cause à son adversaire aucune lésion personnelle, de la détention, qui peut être portée à deux mois.

Si le coupable a été la cause injuste et déterminante du duel, la détention est de quinze jours à quatre mois.

Art. 239. Le duelliste est puni de la détention :

1° De six mois à cinq ans, s'il tue son adversaire ou s'il lui cause une lésion personnelle qui entraîne la mort;

2° D'un mois à deux ans, s'il lui cause une lésion personnelle qui produise l'un des effets prévus au premier paragraphe de l'article 372 ;

3° De quatre mois au plus, s'il lui cause une autre lésion personnelle, quelle qu'elle soit.

Si le coupable a été la cause injuste et déterminante du duel, la détention est, dans le premier cas, de deux à sept ans; dans le second, de trois mois à trois ans, et, dans le troisième, d'un à six mois.

Art. 240. Les peines édictées dans la première partie des deux

l'*Ac. de lég. de Toulouse,* année 1861, t. X, p. 177 et s.; Brochocki, *Mémoire sur la lég. du duel en Russie,* même *Recueil,* année 1863, t. XII, p. 110 et s. Voir aussi, en Angleterre, 24 et 25 Vict., ch. clx, sect. 14.

La peine est, en principe, d'une autre nature qu'en ce qui concerne l'homicide et les coups et blessures, de même que dans les C. d'Allemagne, SS 201 et s.; de Hongrie, art. 293 et s., etc.

Quant à la mesure de la peine, elle varie suivant les législations. Voir les deux Codes précités; les C. hollandais, art. 152 et s.; belge, art. 427-430; portugais, art. 385; espagnol, art. 440; grec, art. 208; suédois, ch. xiv, S 41 ; du Tessin, art. 322 ; du Valais, art. 238-240; de Vaud, art. 247 et 248; de Zurich, SS 23 et 92, etc.; les projets autrichien, S 209, et espagnol, art. 482 et s.

Les porteurs du défi sont punis aussi par les C. d'Allemagne, S 203; de Hongrie, art. 293; de Fribourg, art. 377; de Zurich, S 94, etc.

Les témoins sont également passibles de peines, aux termes des C. belge, art. 432, dans les cas qui y sont déter-

précédents articles sont diminuées d'un sixième à un tiers, si le coupable a été entraîné au duel par une grave insulte ou un grand affront.

Art. 241. Les porteurs du défi sont punis d'une amende de cinq cents livres au plus ; mais ils sont exempts de peine, s'ils empêchent le combat.

Les témoins ou seconds sont punis d'une amende de cent à mille livres, si le duel n'a pour conséquence aucune lésion personnelle, et de la détention, qui peut atteindre dix-huit mois, dans les autres cas ; mais ils sont exempts de peine si, avant le duel, ils ont fait tout ce qui dépendait d'eux pour réconcilier les parties, ou si, par leur fait, le combat a une issue moins grave que celle qui, d'une autre manière, pouvait advenir.

Art. 242. Quand l'un des duellistes n'a eu aucune part au fait qui a occasionné le duel, s'il se bat à la place de celui qui y a été directement intéressé, les peines édictées aux précédents articles 238 et 239 sont augmentées de la moitié.

On n'applique pas cette augmentation de peine, si le duelliste est un proche parent de la personne directement intéressée, ou bien s'il est un des témoins ou seconds qui se bat à la place de son proche parent absent.

Art. 243. Au lieu des dispositions des articles 239 et 242, on applique, à raison de l'homicide et des lésions personnelles advenus en duel, les dispositions des chapitres I et II du titre IX :

minés ; portugais, art. 386 ; suédois, ch. xiv, § 41 ; de Fribourg, art. 381 ; de Zurich, § 94, etc.

De même que l'ancien C. toscan, art. 347, les C. d'Allemagne, § 210 ; d'Autriche, §.163 ; de Hongrie, art. 295 ;

de Hollande, art. 153 ; de Belgique, art. 424 ; de Zurich, § 96, punissent, comme le présent Code, l'excitation au duel, le blâme pour n'avoir pas adressé ou accepté un défi.

Comme les C. d'Allemagne, de Hon-

1° Si les conditions du combat n'ont pas été précédemment réglées par les témoins ou seconds, ou bien si le combat n'a pas lieu en leur présence;

2° Si les armes qui ont servi au combat ne sont pas égales et ne sont pas des épées, des sabres ou des pistolets chargés d'une manière égale, ou bien si ce sont des armes de précision ou à plusieurs coups;

3° Si, dans le choix des armes ou dans le combat, il y a eu fraude ou violation des conditions arrêtées;

4° S'il a été expressément convenu, ou bien s'il résulte du genre de duel, ou de la distance entre les combattants, ou des autres conditions arrêtées, que l'un des duellistes devait être tué.

Dans tous les cas, la peine est celle de la reclusion, et, lorsque la condamnation n'a pas pour conséquence l'interdiction perpétuelle, on y ajoute l'interdiction temporaire des fonctions publiques.

Si la lésion personnelle est passible d'une peine inférieure aux peines édictées par les articles 239 et 242, on applique ces dernières peines, augmentées d'un tiers, en substituant la reclusion à la détention.

Les témoins, dans les cas des n°ˢ 2, 3 et 4, encourent les mêmes peines édictées dans le présent article contre les duellistes; mais ces peines peuvent être diminuées d'un tiers.

La fraude ou la violation des conditions arrêtées, quant au choix des armes ou au combat, est à la charge non seulement de celui qui en est l'auteur, mais encore de celui des duellistes, des témoins ou seconds qui en a eu connaissance avant ou pendant le combat.

Art. 244. Quiconque offense publiquement une personne ou

grie, de Hollande, de Bâle, de Zurich, etc., le C. italien édicte contre les duellistes les peines ordinaires de l'homicide et des coups et blessures, lorsque se rencontrent les circonstances aggravantes énoncées à l'art. 243.

Voir le *Rapport au Roi*, p. 106-112.

la signale, de quelque manière que ce soit, au mépris public, soit parce qu'elle n'a pas fait une provocation en duel, soit parce qu'elle a récusé le défi, ou bien, en témoignant ou en menaçant de ce mépris, incite quelqu'un au duel, est puni de la détention d'un mois à un an.

Art. 245. Quand celui qui provoque ou défie en duel, ou bien menace de provoquer ou de défier, agit dans le but d'extorquer de l'argent ou autre avantage, on applique, suivant les cas, les dispositions de l'article 407 ou de l'article 409.

TITRE V.

DES DELITS CONTRE L'ORDRE PUBLIC.

CHAPITRE PREMIER.

DE L'INSTIGATION À COMMETTRE UNE INFRACTION.

Art. 246. Quiconque excite publiquement quelqu'un à commettre une infraction est puni, à raison du seul fait d'instigation :

1° De la reclusion de trois à cinq ans, s'il s'agit d'un délit relativement auquel est édictée une peine supérieure à la reclusion;

2° De la reclusion ou de la détention pour deux ans au plus,

Art. 246 et 247. L'ancien C. subalpin punissait également l'instigation publique à commettre un délit. Les législations, en général, sauf en Angleterre, ne prévoient pas l'instigation non publique. Voir toutefois les lois belge des 7 juillet 1875 et 23 août 1887; allemande, du 26 février 1876; danoise, du 2 novembre 1885.

Le C. autrichien, § 9, comme quelques anciens Codes, notamment le C. subalpin, punit le mandat de commettre un délit, comme méfait tenté ou manqué, lorsque, soit par le refus ou le repentir du mandataire, soit pour toute autre cause indépendante du mandant, le méfait n'a pas été accompli. Quelles que soient les critiques formulées contre la thèse afférente à la tentative d'instigation, nous pensons que le défaut de répression du mandat qui n'a pas produit d'effet, sinon comme infraction manquée

s'il s'agit d'un délit relativement auquel est édictée l'une ou l'autre de ces peines;

3° D'une amende qui peut atteindre mille livres dans les autres cas.

Dans les cas prévus aux n°ˢ 2 et 3, on ne peut jamais dépasser le tiers du maximum de la peine édictée à raison de l'infraction à laquelle se réfère l'instigation.

Art. 247. Quiconque, publiquement, fait l'apologie d'un fait que la loi prévoit comme délit, ou pousse à la désobéissance de la loi, ou bien suscite la haine entre les différentes classes de la société, d'une manière périlleuse pour la tranquillité publique, est puni de la détention de trois mois à un an et d'une amende de cinquante à mille livres.

CHAPITRE II.

DE L'ASSOCIATION POUR COMMETTRE UNE INFRACTION.

Art. 248. Quand cinq personnes ou un plus grand nombre s'associent pour commettre des délits contre l'administration de la justice, ou la foi publique, ou la paix publique, ou les bonnes mœurs et l'ordre des familles, ou contre la personne ou la propriété, chacun des associés est puni, à raison du fait seul de l'association, de la reclusion d'un an à cinq ans.

Si les associés parcourent les campagnes ou les chemins publics, et si deux ou un plus grand nombre d'entre eux portent des

ou tentée, du moins comme délit *sui generis,* constitue une regrettable lacune dans les législations pénales.

Les lois françaises des 9 septembre 1835, art. 8, et 27 juillet 1849, art. 3, qui réprimaient l'apologie des faits qualifiés crimes ou délits, ont été abrogées par la loi du 29 juillet 1881; dès lors, ce fait n'est actuellement passible, en France, d'aucune peine. Le C. italien le réprime, à juste titre, comme le C. hongrois, art. 174, etc.

armes ou les conservent dans un lieu de dépôt, la peine est celle de la reclusion de trois à dix ans.

S'ils sont promoteurs ou chefs de l'association, la peine, quant à eux, est celle de la reclusion de trois à huit ans, au cas indiqué dans la première partie du présent article, et de cinq à douze ans, aux cas indiqués dans le paragraphe précédent.

Aux peines édictées dans le présent article est toujours ajoutée la soumission à la surveillance spéciale de l'autorité de sûreté publique.

Art. 249. Quiconque, en dehors des cas prévus dans l'article 64, donne refuge ou assistance, ou bien fournit des vivres aux associés ou à quelqu'un d'entre eux, est puni de la reclusion d'un an au plus.

Est exempt de peine celui qui fournit des aliments ou donne un refuge à un proche parent.

Art. 250. A raison des délits commis par les associés ou par quelqu'un d'entre eux pendant la durée ou à l'occasion de l'association, la peine résultant de l'application de l'article 77 est augmentée d'un sixième à un tiers.

Art. 251. Quiconque participe à une association ayant pour but de commettre les délits prévus dans l'article 247 est puni de la détention de six à dix-huit mois et d'une amende de cent à trois mille livres.

Art. 248 à 251. Voir les C. d'Allemagne, §§ 127 et s.; de France, art. 96 et s.; de Hongrie, art. 176 et s.; de Belgique, art. 128 et s.; de Hollande, art. 140 et s.; de Suède, ch. viii, § 13, etc.

CHAPITRE III.

DE L'EXCITATION À LA GUERRE CIVILE, DES CORPS ARMÉS
ET DE L'INTIMIDATION PUBLIQUE.

Art. 252. Quiconque commet un fait ayant pour but de susciter la guerre civile ou de porter la dévastation, le pillage ou le massacre dans quelque partie que ce soit du royaume, est puni de la reclusion de trois à quinze ans, et de dix à dix-huit ans, si le but poursuivi est atteint, ne serait-ce qu'en partie.

Art. 253. Quiconque, en dehors des cas prévus dans l'article 131, pour commettre une infraction déterminée, forme un corps armé ou exerce dans ce corps un commandement ou une fonction spéciale, est, à raison de ce seul fait, puni de la reclusion de trois à sept ans.

Tous les autres membres dudit corps armé sont punis de la reclusion d'un an à trois ans.

Si la peine édictée à raison de l'infraction en vue de laquelle le fait a eu lieu est la détention, cette dernière peine est toujours infligée au lieu de la reclusion.

Sont applicables les dispositions des articles 133 et 249.

Art. 254. Quiconque, sans une autorisation légitime, forme un corps armé qui n'a pas pour but de commettre des infractions, est puni de la détention d'un an au plus, ou d'une amende qui peut atteindre mille livres.

Art. 252 à 255. Voir les C. d'Allemagne, §§ 126 et 130; de Hollande, art. 141 et 142; de Bâle, § 62; du Tessin, art. 193; de Zurich, § 91, etc. En France, la loi du 29 juillet 1881 a abrogé les dispositions pénales qui atteignaient l'excitation à la haine et au mépris des citoyens les uns contre les autres, sauf les cas de provocation aux crimes et aux délits, avec certaines distinctions.

Art. 255. Quiconque, à seule fin d'inspirer une terreur publique ou de susciter un tumulte ou un désordre public, fait éclater des bombes, des instruments de mort ou d'autres machines ou matières explosibles, ou bien menace d'un désastre, de périls publics, est puni de la reclusion, qui peut être portée à trente mois.

Si l'explosion ou la menace se produit dans un lieu et dans un temps de réunion publique, ou bien dans un moment de commun péril, de commotions ou de calamités publiques ou de désastres, la reclusion est de trois mois à cinq ans.

A la reclusion peut être ajoutée la soumission à la surveillance spéciale de l'autorité de sûreté publique.

TITRE VI.

DES DÉLITS CONTRE LA FOI PUBLIQUE.

CHAPITRE PREMIER.

DE LA FAUSSE MONNAIE ET DES FAUX DANS LES PAPIERS DE CRÉDIT PUBLIC.

Art. 256. Est puni de la reclusion de trois à douze ans :

1° Quiconque contrefait des monnaies nationales ou étrangères ayant cours légal ou commercial dans l'État ou au dehors;

2° Quiconque altère, de quelque manière que ce soit, des

Art. 256 à 263. L'assimilation de la contrefaçon des papiers de crédit public à la fausse monnaie est aussi admise par les C. d'Allemagne, § 149; de France, art. 139; de Hollande, art. 208 et s.; de Hongrie, art. 203, 210, 211; de Suède, ch. XII, §§ 12-17, etc.

Le C. français, art. 132 et s., modifié par la loi du 13 mai 1863, distingue la contrefaçon des monnaies d'or ou d'argent de la contrefaçon des monnaies de billon, des monnaies ayant cours légal dans le pays des monnaies étrangères n'ayant pas cours légal; mais atteint de la même peine toutes les formes de fausse monnaie, contrefaçon, altération, participation à l'émission, exposition, introduction. Le C. belge, art. 160 et s., fait d'autres distinctions, notamment entre la contrefaçon et l'altération, de même que les C. de Suède, ch. XII, § 13, et du Tessin, art. 197 et s.

monnaies de bon aloi, en leur donnant l'apparence d'une valeur supérieure;

3° Quiconque, de concert avec celui qui a opéré ou a concouru à opérer la contrefaçon ou l'altération des monnaies, les introduit dans l'État, ou les emploie, ou les met de toute autre manière dans la circulation, ou bien les fournit à d'autres dans le but de les employer ou de les placer de toute autre manière dans la circulation.

Si la valeur légale ou commerciale de la monnaie contrefaite ou altérée est très importante, la peine est celle de la reclusion de cinq à quinze ans.

Si la valeur intrinsèque des monnaies contrefaites est égale ou supérieure à celle des monnaies de bon aloi, la peine est celle de la reclusion d'un an à cinq ans.

Art. 257. Quiconque altère des monnaies de la qualité indiquée à l'article précédent, en amoindrissant, de quelque manière que ce soit, la valeur de ces monnaies, ou bien, de concert avec celui qui a de la sorte altéré la monnaie, commet l'un des faits indiqués au n° 3 dudit article, est puni de la reclusion d'un an à cinq ans.

Art. 258. Quiconque, sans concert avec celui qui a opéré ou a concouru à opérer la contrefaçon ou l'altération, pratique l'émis-

A la différence des C. français et belge, qui répriment la fausse monnaie, sans rechercher s'il y a eu ou non intention de la mettre en circulation, les C. d'Allemagne, §§ 146 et s.; de Hongrie, art. 203 et s.; de Hollande, art. 208 et s.; de Zurich, §§ 98 et 99, exigent comme élément de l'acte de contrefaçon qu'il ait eu lieu dans le but de mettre en circulation la monnaie contrefaite; ces Codes édictent des distinctions et des règles particulières qui leur sont propres; le C. de Zurich notamment distingue la fausse monnaie des fraudes monétaires, avec leurs formes variées.

Par une disposition nouvelle, le projet britannique punit de quatorze ans de

sion ou met autrement en circulation les monnaies contrefaites ou
altérées, est puni, s'il s'agit des monnaies indiquées en l'article 256,
de la reclusion d'un an à sept ans, et de trois à dix ans, dans le
cas prévu au premier paragraphe, et, s'il s'agit des monnaies indiquées en l'article 257, de la reclusion de trois à trente mois.

Si le coupable a reçu, de bonne foi, les monnaies, la peine est
celle de la détention de six mois au plus et d'une amende qui
peut atteindre deux mille livres.

Art. 259. Les peines édictées aux articles précédents sont
diminuées d'un sixième à un tiers, si la fausseté est facilement
reconnaissable.

Art. 260. Quiconque fabrique ou détient des instruments exclusivement destinés à la contrefaçon ou à l'altération des monnaies est puni de la reclusion d'un an à cinq ans.

Art. 261. Quand, à raison des délits prévus aux articles précédents, on applique la peine de la reclusion, on ajoute toujours
l'amende et la soumission à la surveillance spéciale de l'autorité
de sûreté publique.

travaux forcés ceux qui coupent des
monnaies d'or ou d'argent, de sept ans
de cette peine ceux qui ont en leur
possession des parties coupées.

Le C. italien édicte une diminution de
peine, au cas où la fausseté est facilement reconnaissable, disposition que n'admettait pas le projet. Voir l'*Exp. min.*,
vol. II, p. 175 et s.

Parmi les papiers de crédit public, le
Code ne range pas les papiers et billets
nominatifs, que visait le projet; sur ce
point, les législations sont divisées. Les

C. de Belgique, art. 173; de Hongrie,
art. 211; du Tessin, art. 203, étendent
les prescriptions aux valeurs nomina-
tives. Voir, en sens contraire, l'ancien C.
toscan, art. 230; les C. d'Allemagne,
§ 149; de Hollande, art. 208 et s., etc.

L'exemption de peine se rencontre
dans quelques législations, mais avec des
conditions qui varient suivant les dispositions de chacune. Voir les C. français,
art. 138; belge, art. 192; de Berne,
art. 103, etc. Mais beaucoup de Codes
n'admettent aucun cas d'impunité.

Art. 262. Est exempt de peine le coupable de l'un des délits prévus aux articles précédents, s'il réussit, avant que l'autorité en ait connaissance, à empêcher la contrefaçon, l'altération ou la circulation des monnaies contrefaites ou altérées.

Art. 263. Pour l'application de la loi pénale, sont assimilés à la monnaie les papiers de crédit public.

Par *papiers de crédit public*, on entend, outre les papiers qui ont cours légal comme la monnaie, les papiers et billets au porteur émis par les gouvernements et qui constituent des titres négociables et tous les autres papiers ayant cours légal ou commercial émis par des établissements autorisés à faire ces émissions.

CHAPITRE II.

DE LA FALSIFICATION DES SCEAUX, DES CACHETS PUBLICS ET DE LEURS EMPREINTES.

Art. 264. Quiconque contrefait le sceau de l'État, destiné à être apposé sur les actes du Gouvernement, ou fait usage de ce sceau contrefait, même par d'autres, est puni de la reclusion de trois à six ans et de l'amende.

Art. 265. Quiconque contrefait le sceau d'une autorité de l'État, d'une province, d'une commune ou d'un établissement soumis par la loi à la tutelle de l'État, de la province ou de la commune, ou bien le sceau d'un notaire, ou fait usage de tels sceaux contrefaits, même par d'autres, est puni de la reclusion d'un mois à deux ans et d'une amende qui peut atteindre quinze cents livres.

Art. 266. Quiconque contrefait les cachets, poinçons, marques

Art. 264 à 274. Voir Carrara, *Progr.*, *p. sp.*, vol. VII, §§ 3858 et s., p. 557 et s.

ou autres instruments destinés par une prescription de la loi ou du Gouvernement à une certification publique, ou bien fait usage de tels instruments contrefaits, même par d'autres, est puni de la reclusion d'un an à cinq ans et d'une amende de cinquante à trois mille livres.

Encourt les mêmes peines celui qui, sans avoir concouru à la contrefaçon, met en vente des objets sur lesquels il a été fait usage desdits instruments contrefaits.

Art. 267. Quiconque contrefait seulement les empreintes des instruments indiqués aux précédents articles, par un moyen non propre à la reproduction et distinct de l'usage des instruments contrefaits, est puni de la reclusion de six mois à trois ans, au cas de l'article 264; d'un mois à un an, au cas des articles 265 et 266, et toujours d'une amende qui peut atteindre mille livres.

Art. 268. Quiconque contrefait le papier timbré, les timbres-poste ou les empreintes du timbre de l'État est puni de la reclusion de deux à cinq ans et d'une amende de mille à trois mille livres.

Art. 269. Quiconque contrefait les timbres pour les papiers timbrés, les timbres-poste ou les empreintes de timbres, ou le papier filigrané pour l'application desdits timbres, est puni de la reclusion de six à trente mois et d'une amende de cinquante à mille livres.

Art. 270. Quiconque fait usage de papier timbré contrefait, d'empreintes de timbres contrefaites ou de timbres-poste contrefaits, ou les expose en vente, ou bien les met autrement en circulation, est puni de la reclusion, qui peut être portée à trente mois, et d'une amende qui peut atteindre cinq cents livres.

Art. 271. Quiconque, sans avoir concouru à aucun des délits prévus aux articles précédents, détient les sceaux ou les cachets contrefaits, ou bien les instruments exclusivement destinés à la contrefaçon, est puni de la reclusion d'un mois à deux ans et d'une amende de cinquante à cinq cents livres.

Art. 272. Quiconque, en s'étant procuré les vrais sceaux, cachets, poinçons ou marques indiqués au précédent article, en fait usage au détriment d'autrui, ou à son profit ou au profit d'autres personnes, encourt les peines édictées aux précédents articles, avec diminution d'un tiers à la moitié.

Art. 273. Quiconque contrefait ou altère des billets de chemins de fer ou d'autres entreprises publiques de transport, ou bien fait usage de ces billets contrefaits ou altérés, même par d'autres, est puni de la reclusion d'un an au plus et d'une amende de cinquante à mille livres.

Art. 274. Quiconque annule ou fait, de quelque manière que ce soit, disparaître des cachets, des timbres-poste, des empreintes de cachets, des billets de chemins de fer ou d'autres entreprises publiques de transport, les signes apposés pour indiquer l'usage qui en a déjà été fait, ou bien qui se sert de ces objets ainsi altérés, est puni de la reclusion de trois mois au plus et d'une amende qui peut atteindre cinq cents livres.

CHAPITRE III.

DES FAUX EN ÉCRITURES.

Art. 275. Le fonctionnaire public qui, dans l'exercice de ses

Art. 275 à 284. Les art. 446 et 447 du C. de *pr. pénale des Deux-Siciles* subordonnaient la continuation de la poursuite de faux en écriture privée à la réponse de l'inculpé à l'interpellation que le juge était tenu de lui adresser

fonctions, dresse, en tout ou en partie, un acte faux ou altère un acte vrai, lorsqu'il en peut résulter un préjudice public ou privé, est puni de la reclusion de cinq à douze ans.

Si l'acte fait légalement foi jusqu'à inscription de faux, la reclusion est de huit à quinze ans.

Aux actes originaux sont assimilées les copies authentiques de ces actes quand, aux termes de la loi, elles tiennent lieu de l'original manquant.

Art. 276. Le fonctionnaire public qui, en recevant ou dressant un acte dans l'exercice de ses fonctions, atteste comme vrais et accomplis en sa présence des faits ou déclarations non conformes à la vérité, omet de constater ou altère les déclarations par lui reçues, lorsqu'il en peut résulter un préjudice public ou privé, est puni des peines édictées à l'article précédent.

Art. 277. Le fonctionnaire public qui, en supposant un acte public, en simule une copie et la remet en la forme légale, ou bien remet une copie d'un acte public différent de l'original, sans que cet acte ait été altéré ou supprimé, est puni de la reclusion de trois à dix ans, et, si le document est du nombre des actes qui font légalement foi jusqu'à inscription de faux, la reclusion ne peut être inférieure à cinq ans.

Si le faux a été commis dans un certificat afférent au contenu

pour savoir s'il entendait se servir de l'écrit suspect. Les anciens C. subalpin et toscan ne subordonnaient pas l'action pénale à cette interpellation, qui offrait à l'inculpé le moyen de se soustraire à toute poursuite. Pourquoi ne demanderait-on pas de même à l'individu inculpé de vol d'une somme d'argent, s'il entend se servir de cette somme? Néanmoins la règle de l'interpellation avait été insérée dans plusieurs des textes antérieurs au projet de M. Zanardelli, qui l'a justement écartée du sien; le Code a rompu avec les traditions napolitaines. On ne rencontre pas, du reste, le système de l'interpellation dans les autres Codes modernes.

Mais le faux en écriture privée n'est déclaré punissable par l'art. 280 que « lorsqu'il en est fait usage ». Voir dans

des actes, lorsqu'il en peut résulter un préjudice public ou privé, la peine est celle de la reclusion d'un an à cinq ans.

Art. 278. Quiconque, n'étant pas fonctionnaire public, commet un faux dans un acte public, de l'une des manières indiquées à l'article 275, est puni de la reclusion de trois à dix ans, et, si l'acte fait légalement foi jusqu'à inscription de faux, la reclusion ne peut être inférieure à cinq ans.

Si le faux est commis dans la copie d'un acte public, soit en supposant l'existence de l'original, soit en formulant cette copie d'une manière différente du véritable texte, soit en altérant une copie exacte, la peine est celle de la reclusion d'un an à cinq ans, et, si l'acte fait légalement foi jusqu'à inscription de faux, la reclusion ne peut être inférieure à trois ans.

Art. 279. Quiconque atteste faussement à un fonctionnaire public, dans un acte public, soit son identité ou son propre état, soit l'identité ou l'état d'une autre personne, ou d'autres faits dont l'acte est destiné à prouver la vérité, lorsqu'il en peut résulter un préjudice public ou privé, est puni de la reclusion de trois mois à un an, et de neuf à trente mois, s'il s'agit d'un acte de l'état civil ou de l'autorité judiciaire.

Est puni de la reclusion de trois mois à un an celui qui, dans

ce sens les C. d'Allemagne, même pour le faux en écriture authentique, § 267, et de Hongrie, art. 401. Toutefois la plupart des Codes en vigueur et, à leur exemple, le C. hollandais n'exigent pas le fait d'usage comme condition de la pénalité du faux en écriture privée; il convient cependant de noter que ce dernier Code, art. 225, exige que le faux ait eu lieu « dans le dessein d'en faire usage ou d'en faire faire usage par d'autres personnes ».

L'art. 282 ci-dessous a été rédigé sous l'inspiration d'un sentiment très élevé. La loi pénale a, en effet, le droit d'atteindre les faux, même quand ils ont pour but de prouver des faits vrais.

Comme les C. français, espagnol, portugais, hollandais, le C. italien assimile les faux dans les effets de com-

des titres ou des effets de commerce, atteste faussement sa propre identité ou celle d'une autre personne.

Art. 280. Quiconque fabrique, en tout ou en partie, une écriture privée fausse ou altère une écriture privée vraie, lorsqu'il en peut résulter un préjudice public ou privé, est puni, quand il en est fait usage par lui ou par d'autres, de la reclusion d'un an à trois ans.

Art. 281. Quiconque fait usage ou tire profit, de quelque manière que ce soit, d'un acte faux, est puni, alors même qu'il n'a pas concouru au faux, des peines respectivement édictées à l'article 278, s'il s'agit d'un acte public, et de la peine édictée à l'article 280, s'il s'agit d'une écriture privée.

Art. 282. Quand le coupable commet l'un des délits indiqués aux articles précédents, pour se procurer à lui-même ou pour procurer à d'autres un moyen de preuve de faits vrais, il est puni de la reclusion d'un mois à deux ans, s'il s'agit d'un acte public, et de la reclusion de six mois au plus, s'il s'agit d'une écriture privée.

Art. 283. Quiconque supprime ou détruit, en tout ou en partie, un acte original ou une copie d'un tel acte, copie qui, selon la loi, tient lieu de l'original manquant, lorsqu'il en peut résulter un préjudice public ou privé, encourt respectivement les peines

merce aux faux en écriture authentique. Par une addition au projet, addition très justifiée à raison du caractère et de l'importance de ce genre de documents, le texte définitif, art. 284, assimile aussi, quant aux faux, les testaments olographes aux actes authentiques.

Voir le projet britannique, art. 313-317, qui vise à la fois le faux matériel et le faux intellectuel. Ce projet punit des travaux forcés à vie celui qui se rend coupable de *personation*, en se donnant pour un autre.

édictées par les articles 275., 278, 279 et 280., suivant les distinctions précisées dans ces textes.

Art. 284. Pour l'application des dispositions de l'article précédent, sont assimilés aux fonctionnaires publics ceux qui sont autorisés à dresser des actes auxquels la loi attribue un caractère public, et sont assimilés aux actes publics les testaments olographes, les lettres de change et tous les titres de crédit, transmissibles par endossement ou au porteur.

CHAPITRE IV.

DES FAUX DANS LES PASSEPORTS, LICENCES, CERTIFICATS, ATTESTATIONS ET DÉCLARATIONS.

Art. 285. Est puni de la reclusion d'un à dix-huit mois :

1° Quiconque contrefait des licences, passeports, feuilles de route ou de séjour;

2° Quiconque altère, de quelque manière que ce soit, des documents vrais, de l'espèce indiquée au numéro précédent, afin de les attribuer à des personnes ou de les reporter à des lieux ou à des temps différents des personnes, des lieux ou des temps relativement auxquels ces documents ont été délivrés, ou bien faussement en fait paraître accomplies les certifications, ou remplies les conditions exigées pour leur validité et leur efficacité;

3° Quiconque fait usage de licences, passeports, feuilles de route ou de séjour contrefaits ou altérés, ou les remet à d'autres pour qu'ils en fassent usage.

Art. 285 à 292. Les Romains devaient faire usage de documents analogues aux passeports; car on lit, à la l. 27, § 2, ff, *Ad legem Corneliam de falsis*, XLVIII, 10 (Modestin), des dispositions répressives de la falsification des *diplomata commeatoria* :

Qui falso diplomate vias commeavit, pro admissi qualitate gravissimè puniendus est.

Art. 286. Quiconque, pour se faire délivrer des licences, passeports, feuilles de route ou de séjour, s'attribue dans ces documents un nom ou un surnom faux, ou une fausse qualité, ou bien concourt, par son attestation, à faire délivrer de la sorte un de ces documents, est puni de la réclusion de six mois au plus et d'une amende de cinquante à mille livres.

Art. 287. Le fonctionnaire public qui, dans l'exercice de ses fonctions, commet l'un des délits prévus aux articles précédents, ou participe, de quelque manière que ce soit, à la perpétration de ces délits, est puni de la réclusion de six mois à trois ans.

Art. 288. Quiconque, étant légalement obligé de tenir des registres spéciaux soumis au contrôle de l'autorité de sûreté publique, ou de faire des communications à cette autorité, par rapport à ses opérations industrielles ou professionnelles, insère ou laisse insérer dans ses registres ou communications des indications ou des données fausses, est puni de la réclusion de trois mois au plus, ou d'une amende de cinquante à mille livres.

Art. 289. Le médecin, le chirurgien ou autre officier de santé qui délivre, par pure faveur, une fausse attestation destinée à faire foi auprès de l'autorité, est puni de la réclusion de quinze jours au plus, ou d'une amende de cent à mille livres.

Encourt la même peine celui qui fait usage de la fausse attestation.

Si, par suite de l'attestation fausse, une personne saine d'esprit a été admise ou maintenue dans un asile d'aliénés, ou s'il en est résulté un autre grave préjudice, la peine est celle de la réclusion de six mois à trois ans.

Si le fait a été commis moyennant dons ou promesses d'argent, ou d'autres avantages, pour soi-même ou pour autrui, la peine est celle de la reclusion de trois mois à deux ans, et de deux à sept ans, si l'attestation a la conséquence prévue au paragraphe précédent; dans tous les cas, on ajoute une amende de trois cents à trois mille livres.

Encourt les mêmes peines indiquées au précédent paragraphe celui qui donne ou promet de l'argent ou autres avantages.

Tout ce qui a été donné est confisqué.

Art. 290. Le fonctionnaire public ou autre personne qui a légalement le pouvoir de délivrer des certificats, quand ils attestent dans l'un de ces documents la bonne conduite, l'indigence ou d'autres circonstances de nature à valoir à celui que ce certificat concerne, la bienfaisance ou la confiance publique ou privée, ou l'obtention de fonctions ou d'emplois publics, ou de faveurs, ou de bénéfices légaux, ou l'exemption de fonctions, de services ou de charges publiques, est puni de la reclusion de quinze jours au plus, ou d'une amende de cent à quinze cents livres.

Encourt la même peine celui qui fait usage du faux certificat.

Art. 291. Quiconque, n'ayant pas les qualités ou les droits indiqués aux deux articles précédents, contrefait une attestation ou un certificat de l'espèce qui y est prévue, ou altère un de ces documents vrais, et quiconque fait usage d'une telle attestation ou d'un tel certificat contrefait ou altéré, est puni de la reclusion de six mois au plus.

Art. 292. Quiconque, pour induire en erreur l'autorité, lui présente un acte, une attestation ou un certificat vrai, en l'appliquant faussement, soit à lui-même, soit à une autre personne, encourt la peine édictée à l'article précédent.

CHAPITRE V.

DES FRAUDES DANS LES DIFFÉRENTS GENRES DE COMMERCE, DANS LES INDUSTRIES ET DANS LES ENCHÈRES.

Art. 293. Quiconque, en répandant de fausses nouvelles, ou par d'autres moyens frauduleux, produit sur un marché public ou dans des bourses de commerce une augmentation ou une diminution dans le prix de salaires, denrées, marchandises ou titres, négociables sur un marché public ou admis aux négociations de bourse, est puni de la reclusion de trois à trente mois et d'une amende de cinq cents à trois mille livres.

Si le délit est commis par des intermédiaires publics ou des agents de change, la peine est celle de la reclusion d'un an à cinq ans et de l'interdiction temporaire des fonctions publiques, interdiction qui s'étend à l'exercice de la profession, et d'une amende de plus de mille livres.

Art. 294. Quiconque fait usage de mesures ou de poids présentant une empreinte légale contrefaite ou altérée, quand il peut en résulter un préjudice public ou privé, est puni de la reclusion d'un mois au plus et d'une amende de cent livres au plus, et, si le coupable en fait usage dans l'exercice d'un négoce public, de la reclusion de trois mois au plus et d'une amende de cinquante à cinq cents livres.

Celui qui, exerçant un négoce public, est coupable de simple détention de mesures ou de poids présentant une empreinte légale contrefaite ou altérée, est puni d'une amende qui peut atteindre cinq cents livres.

Art. 293 à 299. Voir l'*Exposé min.*, vol. II, p. 192 et s.

Les dispositions pénales contre les monopoleurs qui emploient des moyens frauduleux sont très anciennes; tous les vieux criminalistes, qui les dénomment *dardanarii*, traitent de leurs agissements.

Aʀᴛ. 295. Quiconque, dans l'exercice de son commerce, trompe l'acheteur, en lui livrant une chose pour une autre, ou bien une chose d'une origine, qualité ou quantité différentes de celles qui sont déclarées ou dont on est convenu, est puni de la reclusion de six mois au plus, ou d'une amende de cinquante à trois mille livres.

Si la tromperie concerne des objets précieux, la peine est celle de la reclusion de trois à dix-huit mois, ou d'une amende de plus de cinq cents livres.

Aʀᴛ. 296. Quiconque contrefait ou altère les noms, marques ou signes distinctifs des œuvres de l'esprit, ou bien des produits de quelque industrie, que ce soit, ou fait usage de ces noms, marques ou signes contrefaits ou altérés, même par d'autres, est puni de la reclusion d'un mois à deux ans et d'une amende de cinquante à cinq mille livres.

Encourt la même peine celui qui contrefait ou altère des dessins ou modèles industriels, ou fait usage de ces dessins ou modèles contrefaits ou altérés, même par d'autres.

Le juge peut ordonner que la sentence de condamnation soit insérée dans un journal par lui désigné, aux frais du condamné.

Aʀᴛ. 297. Quiconque introduit dans l'État, pour en faire commerce, expose en vente ou met autrement en circulation des œuvres de l'esprit ou des produits de quelque industrie que ce soit, avec des noms, marques ou signes distinctifs contrefaits ou altérés, ou bien avec des noms, marques ou signes distinctifs de nature à tromper l'acheteur sur l'origine ou sur la qualité de l'œuvre ou du produit, est puni de la reclusion d'un mois à deux ans et d'une amende de cinquante à cinq mille livres.

Aʀᴛ. 298. Quiconque révèle des renseignements concernant

des découvertes ou des inventions scientifiques, ou des applications industrielles dont il a acquis la connaissance à raison de son état, de sa fonction, de sa profession ou de son métier, renseignements qui devaient demeurer secrets, est puni, sur la plainte de la partie de la reclusion de six mois au plus et d'une amende supérieure à cent livres.

Si la révélation est faite à un étranger non résidant dans le royaume ou à un agent de cet étranger, la reclusion est d'un mois à un an et l'amende est supérieure à cinq cents livres.

ART. 299. Quiconque, avec violence ou menace, par dons, promesses, collusions ou autres moyens frauduleux, empêche ou trouble la concurrence dans les enchères publiques ou dans les licitations privées pour le compte des administrations publiques, ou bien en éloigne les enchérisseurs, est puni de la reclusion de trois à douze mois et d'une amende de plus de cent livres.

Si le coupable est une personne préposée par la loi ou par l'autorité aux enchères ou aux licitations susdites, la reclusion est d'un an à cinq ans et l'amende n'est pas inférieure à cinq cents livres.

Celui qui, moyennant de l'argent ou autre avantage, donné ou promis, soit à lui-même, soit à une autre personne, s'abstient de prendre part auxdites enchères ou licitations, est puni de la reclusion de six mois au plus, ou d'une amende de cent à deux mille livres.

TITRE VII.
DES DÉLITS CONTRE LA SÉCURITÉ PUBLIQUE.
CHAPITRE PREMIER.

DE L'INCENDIE, DE L'INONDATION, DE LA SUBMERSION ET D'AUTRES DÉLITS
DE COMMUN PÉRIL.

ART. 300. Quiconque communique le feu à un édifice ou à des constructions, de quelque nature qu'elles soient, à des produits non encore détachés du sol ou bien à des amoncellements ou à des dépôts de matières combustibles, est puni de la reclusion de trois à sept ans.

La reclusion est de cinq à dix ans, si le feu a été communiqué à des édifices destinés à l'habitation ou bien à des édifices publics ou destinés à un usage public, dans un but d'utilité publique ou pour l'exercice d'un culte, ou bien à des ateliers industriels, à des dépôts de marchandises, à des dépôts de matières inflammables ou explosibles, à des chantiers, à des wagons de chemins de fer, à des carrières, à des navires ou à des forêts.

Art. 301. Quiconque, afin de détruire, en tout ou en partie, des édifices ou des choses indiquées à l'article précédent, place ou fait éclater des mines, des torpilles ou d'autres compositions ou machines explosibles, ou bien place ou allume des matières inflammables pouvant produire le même résultat, encourt les peines respectivement édictées dans ledit texte.

Art. 302. Quiconque cause une inondation est puni de la reclusion de trois à dix ans.

Art. 303. Quiconque, en rompant des chaussées ou des digues ou d'autres ouvrages destinés à une commune défense contre les eaux ou à une commune ressource contre des calamités, fait surgir le péril d'une inondation ou d'autres désastres, est puni de la reclusion d'un an à cinq ans.

Art. 300 à 311. L'incendie n'implique pas nécessairement l'exécution d'un dessein mûrement conçu ; les Romains eux-mêmes distinguaient l'incendie, suite d'une résolution prise par entraînement, de l'incendie vraiment prémédité. Cette question ne demeure pas moins très débattue. La détermination de la tentative d'incendie et de l'incendie consommé suscite aussi beaucoup de difficultés.

Les législations présentent, quant aux pénalités, des dispositions variées et de notables divergences.

Si de ce fait résulte l'inondation ou un autre désastre, on applique les dispositions de l'article précédent.

Art. 304. Quiconque communique le feu à des navires ou à des bateaux, de quelque nature qu'ils soient, ou bien en cause la submersion ou le naufrage, est puni de la reclusion de trois à dix ans.

Art. 305. Quand l'un des faits prévus aux articles précédents est commis sur des ouvrages, des édifices ou dépôts militaires, des arsenaux, des ateliers ou des navires de l'État, la reclusion est de sept à quinze ans.

Art. 306. Quiconque, en détruisant, en éloignant ou en faisant manquer, de quelque manière que ce soit, les fanaux ou autres signaux, ou en faisant de faux signaux ou d'autres ruses, fait surgir le péril d'un naufrage, est puni de la reclusion d'un an à cinq ans.

Lorsqu'il en résulte la submersion ou le naufrage d'un navire, on applique, suivant les cas, les dispositions des deux articles précédents.

Art. 307. Quiconque, pour empêcher l'extinction d'un incendie ou les travaux de défense contre une inondation, une submersion ou un naufrage, enlève, cache ou met hors de service des matériaux, des appareils ou autres moyens destinés à l'extinction ou à la défense, est puni de la reclusion d'un an à cinq ans.

Art. 308. Les dispositions des articles 300 à 305 s'appliquent même à celui qui, en commettant, relativement à des édifices ou des choses lui appartenant, l'un des faits prévus dans ces articles, cause un dommage ou expose à un péril, soit des personnes, soit des choses appartenant à autrui et de la nature indiquée auxdits articles.

Si le fait a eu le but prévu dans l'article 414, la peine est augmentée d'un sixième à un tiers.

Art. 309. Quand l'un des faits prévus dans les articles précédents a mis en péril la vie des personnes, la peine qui est édictée est augmentée de la moitié.

Art. 310. Dans les cas prévus aux articles précédents, si la chose est de peu d'importance, qu'aucune autre chose n'ait été exposée à un danger et qu'aucune personne n'ait été en péril, au lieu des dispositions contenues auxdits articles, on applique celles de l'article 424.

Art. 311. Quiconque, par imprudence ou par négligence, ou par impéritie dans son propre métier ou sa profession, ou par inobservation de règlements, ordres ou prescriptions, cause un incendie ou une explosion, une inondation, une submersion ou un naufrage, une ruine ou autre désastre de commun péril, est puni de la détention, qui peut être portée à trente mois, et d'une amende qui peut atteindre mille livres.

S'il est résulté de ce fait un péril quant à la vie des personnes, la détention est de six mois à cinq ans et l'amende de trois cents à trois mille livres, et, s'il en est résulté la mort de quelqu'un, la détention est d'un an à dix ans et l'amende est supérieure à mille livres.

CHAPITRE II.

DES DÉLITS CONTRE LA SÉCURITÉ DES MOYENS DE TRANSPORT OU DE COMMUNICATION.

Art. 312. Quiconque, en plaçant des objets sur une voie

ferrée, ou bien en fermant ou en ouvrant les communications sur cette voie, ou en faisant de faux signaux, ou, de toute autre manière, fait surgir le péril d'un désastre, est puni de la reclusion d'un an à cinq ans.

Si le désastre a lieu, la peine est celle de la reclusion de cinq à quinze ans.

Art. 313. Quiconque détériore une voie ferrée, ou les machines, les wagons, les instruments ou autres objets ou appareils qui servent à l'exploitation de la voie ferrée, est puni de la reclusion d'un an à cinq ans.

Encourt la même peine celui qui lance des corps durs ou des projectiles contre les convois en marche.

Art. 314. Quiconque, par imprudence ou négligence, ou par impéritie dans son métier ou sa profession, ou par inobservation de règlements, ordres ou prescriptions, fait surgir le péril d'un désastre sur les voies ferrées, est puni de la détention de trois à trente mois et d'une amende de cinquante à trois mille livres; de la détention de deux à dix ans et d'une amende supérieure à trois mille livres, si le désastre advient.

Art. 315. Quiconque détériore les machines, les appareils ou les fils télégraphiques, ou cause la dispersion des courants, ou, de toute autre manière, interrompt le service des télégraphes, est puni de la reclusion d'un mois à cinq ans.

Art. 312 à 317. Toutes les législations prévoient les graves méfaits auxquels se réfèrent les présents articles.

Voir les lois françaises des 15 juillet 1845 et 27 décembre 1851; les C. de Belgique, art. 406-410, 422, 524, 525, 544, 563 et 564; de Hollande, art. 164 et 165; d'Allemagne, §§ 305, 315-320; d'Autriche, §§ 76 et 85; de Hongrie, C. p., art. 434-443; C. contr., art. 112; de Suède, ch. xix, § 11, etc.

Voir le *Rapport au Roi*, p. 124-126. Voir, en ce qui concerne les télégraphes, le livre de Philippe Serafini, sur le *Droit télégraphique*.

Art. 316. Pour l'application de la loi pénale est assimilée aux voies ferrées ordinaires toute autre voie munie de rails métalliques et exploitée à l'aide de la vapeur ou de tout autre moteur mécanique.

Pour la même application de la loi sont assimilés aux télégraphes les téléphones destinés à un service public.

Art. 317. En dehors des cas indiqués aux articles précédents, quiconque, de quelque manière que ce soit, détruit, en tout ou en partie, ou met autrement hors de service des chemins ou des ouvrages destinés aux communications par terre ou par eau, ou bien écarte, pour nuire à ces communications, les objets destinés à leur sécurité, est puni de la reclusion de trois mois à cinq ans, et de trois à douze ans, si le fait met en péril la vie des personnes.

CHAPITRE III.

DES DÉLITS CONTRE LA SANTÉ ET L'ALIMENTATION PUBLIQUE.

Art. 318. Quiconque, soit en corrompant, soit en empoisonnant des eaux potables affectées à un commun usage ou des substances destinées à l'alimentation publique, met en péril la conservation des personnes, est puni de la reclusion de trois à dix ans.

Art. 319. Quiconque contrefait ou falsifie, d'une manière nuisible à la santé, des substances alimentaires ou médicinales, ou d'autres choses destinées à être mises dans le commerce, ou bien expose en vente ou met, de toute autre façon, dans le commerce, de telles substances ou choses contrefaites ou falsifiées, est puni de la reclusion d'un mois à cinq ans et d'une amende de cent à cinq mille livres.

Art. 318 à 326. Voir les C. français, art. 423, et lois des 27 mars 1851 et 27 juillet 1867; — belge, art. 498 et s.; hollandais, art. 330, etc.

Art. 320. Quiconque expose en vente des substances alimentaires ou médicinales, ou autres choses ni contrefaites ni falsifiées, mais nuisibles à la santé, sans que ce danger soit connu de l'acheteur, est puni de la reclusion de six mois au plus et d'une amende de cent à trois mille livres.

Art. 321. Quiconque, étant autorisé à vendre des substances médicinales, les fournit en espèce, qualité ou quantité non conformes aux ordonnances médicales, ou différentes de l'espèce, de la qualité, de la quantité déclarées ou dont on est convenu, est puni de la reclusion d'un an au plus et d'une amende de cinquante à cinq cents livres.

Art. 322. Quiconque expose en vente ou met autrement dans le commerce, comme sincères, des substances alimentaires qui ne le sont pas, mais non nuisibles à la santé, est puni de la reclusion d'un mois au plus et d'une amende de cinquante à cinq cents livres.

Art. 323. Quand l'un des faits prévus aux précédents articles est commis par imprudence ou négligence, ou par impéritie dans une profession ou un métier, par inobservation de règlements, ordres ou prescriptions, le coupable est puni :

1° De la détention d'un mois à un an, ou d'une amende qui peut atteindre mille livres, dans le cas prévu à l'article 318;

2° De la détention de trois mois au plus et d'une amende de cinq cents livres au plus, dans les cas prévus à l'article 319;

3° De la détention d'un mois au plus, ou d'une amende de cent livres au plus, au cas prévu aux articles 320 et 321.

Art. 324. Quand l'un des faits prévus aux articles précédents met en péril la vie des personnes, les peines qui y sont édictées sont augmentées de la moitié.

Art. 325. Quand le coupable de l'un des délits prévus aux articles 319, 320 et 322 commet le fait, en abusant d'une profession sanitaire ou d'un autre métier ou profession soumis à surveillance pour des raisons de santé publique, la peine est :

1° De la reclusion de six mois à six ans et d'une amende de cent livres au moins, dans le cas prévu à l'article 319;

2° De la reclusion de trois mois à un an et d'une amende de cinq cents à cinq mille livres, dans le cas prévu à l'article 320;

3° De la reclusion d'un à six mois et d'une amende de deux cents à mille livres, dans le cas prévu à l'article 322.

La condamnation, à raison de l'un des délits prévus aux articles précédents, a toujours pour conséquence la suspension de l'exercice de la profession ou du métier qui a servi de moyen pour le commettre, et ce, pendant un temps égal à la durée de la reclusion ou de la détention qui est infligée.

Art. 326. Quiconque, par de fausses nouvelles ou autres moyens frauduleux, produit la disette ou le renchérissement de substances alimentaires, est puni de la reclusion d'un an à cinq ans et d'une amende de cinq cents à cinq mille livres; à ces peines est ajoutée l'interdiction temporaire des fonctions publiques, étendue à l'exercice de la profession, si le coupable est un courtier public.

CHAPITRE IV.

DISPOSITIONS COMMUNES AUX CHAPITRES PRÉCÉDENTS.

Art. 327. Sauf ce qui est prescrit aux articles 266 n° 4 et 373, si de l'un des faits prévus aux articles 300 à 306, 308, 312,

313, 315 à 321 et 325, est résultée la mort ou une lésion personnelle, les peines qui y sont établies sont redoublées, si la mort est advenue, et sont augmentées d'un tiers à la moitié, s'il est résulté des lésions personnelles; mais la reclusion ne peut être inférieure, dans le premier cas, à cinq ans, et, dans le second cas, à trois mois.

Si des faits sont résultées, soit la mort de plusieurs personnes, soit la mort d'une seule et la lésion d'une ou de plusieurs, la reclusion ne peut être inférieure à dix ans, et lorsqu'elle est supérieure à cette durée, elle peut être portée jusqu'au maximum légal. S'il est résulté une lésion personnelle de plusieurs personnes, la reclusion ne peut être inférieure à six mois; et, lorsque la reclusion est déjà supérieure à cinq ans, elle peut être portée à quinze ans.

Art. 328. Quand l'un des délits prévus aux deux premiers chapitres du présent titre est commis, de nuit, ou bien dans un temps de commun péril, de calamités ou de commotions publiques, la peine est augmentée d'un tiers.

Art. 329. Quand l'un des délits prévus au présent titre est commis par une personne chargée des services, des travaux ou de la garde du matériel qui y est indiqué, les peines édictées sont augmentées d'un sixième à un tiers.

Art. 330. Quand, dans les délits prévus aux deux premiers chapitres du présent titre, le péril résultant du fait est très peu considérable, ou bien si le coupable s'est employé efficacement à en empêcher ou à en limiter les conséquences, la peine peut être diminuée d'un tiers à deux tiers.

Art. 327 à 330. Par l'ample latitude laissée aux tribunaux, l'art. 330 rend possible, dans une large mesure, lorsqu'il y a lieu, l'atténuation des peines édictées aux deux premiers chapitres du présent titre.

TITRE VIII.

DES DÉLITS CONTRE LES BONNES MOEURS ET L'ORDRE DES FAMILLES.

CHAPITRE PREMIER.

DE LA VIOLENCE CHARNELLE, DE LA CORRUPTION DES MINEURS ET DE L'OUTRAGE À LA PUDEUR.

Art. 331. Quiconque, par violence ou menace, contraint une personne, de l'un ou l'autre sexe, au commerce charnel, est puni de la reclusion de trois à dix ans.

Encourt la même peine celui qui a un commerce charnel avec une personne de l'un ou de l'autre sexe qui, au moment du fait :

1° N'a pas accompli douze ans;

2° N'a pas accompli quinze ans, si le coupable est l'ascendant, le tuteur ou l'instituteur de cette personne;

3° Si cette personne, en état de détention préventive ou condamnée, est confiée au coupable pour raison de transfèrement ou de surveillance;

4° Si elle n'est pas en situation de résister, à raison de maladie mentale ou physique, ou pour autre cause indépendante du fait du coupable, ou bien par l'effet de moyens frauduleux par lui employés.

Art. 332. Quand l'un des faits prévus dans la première partie

---

Art. 331 à 339. Comme l'ancien C. toscan et beaucoup de Codes en vigueur, notamment les C. français, belge, espagnol, le C. italien se tait sur les actes de débauche contre nature; les dispositions édictées ne permettent pas moins de les atteindre. Les C. d'Allemagne, S 175; d'Autriche, S 129; de Hongrie, art. 241 et 242; de Suède, ch. xviii, S 10, de même que les lois anglaises, 24 et 25

et aux n°s 1 et 4 du dernier paragraphe de l'article précédent est commis par abus d'autorité, de confiance ou de relations domestiques, le coupable est puni, au cas prévu dans la première partie, de la reclusion de six à douze ans, et, dans les autres cas, de la reclusion de huit à quinze ans.

Art. 333. Quiconque, en usant des moyens ou profitant des conditions ou des circonstances indiqués à l'article 331, commet sur une personne, de l'un ou de l'autre sexe, des actes de débauche, qui n'ont pas pour but le délit prévu audit article, est puni de la reclusion d'un an à sept ans.

Si le fait est commis par abus d'autorité ou de confiance, ou de relations domestiques, la reclusion, au cas de violence ou de me-

Vict., ch. x, sect. 61, et le projet britannique, prévoient expressément cet odieux méfait.

Le viol, l'attentat à la pudeur, avec ou sans violence, sont l'objet de dispositions circonstanciées. Les motifs d'aggravation énoncés en l'art. 331 sont très fondés; ceux indiqués aux n°s 3 et 4 méritent d'être notés, comme peu fréquemment prévus dans les Codes. — Il est des législations encore plus sévères. Le projet anglais, sect. 165, qualifie viol le fait d'abuser d'une femme « en obtenant son consentement sous prétexte de traitement médical ». Voir, dans le projet espagnol, art. 139, les conséquences de la responsabilité civile à la charge des coupables d'attentats aux mœurs.

L'âge de la victime (*quandò puella non est doli capax*) suffit à qualifier l'attentat, si elle a moins de douze ans. Voir le C. espagnol, art. 453 3°, et le projet, art. 500 et 501; les C. portugais, art. 294; hollandais, art. 244; suédois, ch. XVIII, § 7;

du Tessin, art. 255; de Saint-Marin, art. 422; — moins de treize ans: C. français, art. 331, modifié par la loi du 13 mai 1863; lois britanniques, 24 et 25 Vict., ch. c, sect. 50, 38 et 39 Vict., ch. xciv, sect. 3 et 4; voir aussi le projet, sect. 210 et 211; — moins de quatorze ans: C. d'Allemagne, § 176; de Belgique, art. 372; de Hongrie, art. 236; — moins de seize ans : projet de Neufchâtel; — plus de douze et moins de vingt-trois ans : projet espagnol, dans les cas indiqués à l'art. 502. Le C. de Zurich énonce des prescriptions analogues, quand la victime est une jeune fille non formée.

La qualité d'ascendant, de ministre du culte, d'instituteur, etc., est prévue, avec des règles variées d'aggravation, dans presque tous les Codes, notamment les C. d'Allemagne, § 174; de France, art. 333; de Belgique, art. 377; de Hongrie, art. 235; de Hollande, art. 249, etc.

Le défaut de liberté chez la victime

nace, est de deux à dix ans, et, dans les cas prévus aux n°s 1 et 4 du dernier paragraphe de l'article 331, de quatre à douze ans.

ART. 334. Quand l'un des faits prévus aux articles précédents est commis avec le concours simultané de deux personnes ou d'un plus grand nombre, les peines qui y sont édictées sont augmentées d'un tiers.

ART. 335. Quiconque, au moyen d'actes de débauche, corrompt une personne mineure de seize ans, est puni de la réclusion, qui peut être portée à trente mois, et d'une amende de cinquante à quinze cents livres.

doit suffire, quel que soit son âge, pour qualifier le délit. Le C. italien a suivi en cela l'exemple des C. d'Allemagne, § 177; d'Autriche, §§ 125 et s.; de Hongrie, art. 232 2°; de Hollande, art. 243; de Belgique, art. 375; de Suède, ch. xviii, § 8; du Tessin, art. 253 et s.; de Zurich, §§ 109 et s., etc. Voir dans le même sens le projet espagnol, art. 500. En France, la jurisprudence supplée, en partie, au silence du Code.

Le C. italien distingue l'excitation à la corruption pour servir aux passions du coupable du trafic qui provoque à la débauche, *lenocinio,* objet de dispositions spéciales, art. 345 et s. (Voir projet espagnol, art. 308.) Si cette distinction existait dans le C. français, les variations de jurisprudence qui se sont produites relativement à l'art. 334 auraient été évitées. L'art. 335 du C. italien réprime le premier de ces délits, la corruption d'un mineur de seize ans. Le C. belge ne renferme pas d'inculpation spé-

ciale, en dehors de celle résultant de l'art. 372; les C. d'Allemagne, § 182, et de Zurich, art. 144, prévoient ce méfait vis-à-vis de la jeune fille jusqu'à seize ans; de même, le C. hollandais, art. 245, au cas de commerce charnel; le C. de Zurich, § 114, réprime la séduction, sans limite d'âge; le C. portugais, art. 392, étend la protection de la jeune fille jusqu'à dix-huit ans; le C. de Fribourg, art. 205, punit celui qui séduit ou corrompt une mineure de dix-huit ans. Le C. français nous semble avoir élevé, avec raison, la limite à vingt et un ans. Les divergences entre les législations sont donc considérables. (V. les anciens C. toscan, art. 299, et subalpin, art. 506.)

L'art. 336 fait dépendre de la plainte de la partie ou de son représentant la poursuite des divers délits dont il vient d'être parlé. La plainte est aussi exigée par les C. de Portugal et de Zurich. Mais c'est avec raison que les C. français, autrichien, allemand, espagnol, belge,

Si le délit est commis avec supercherie, ou bien si le coupable est un ascendant de la personne mineure, ou si le soin, l'éducation, l'instruction, la surveillance ou la garde, même temporaire, lui en a été confiée, la peine est celle de la reclusion d'un an à six ans et d'une amende de cent à trois mille livres.

Art. 336. Relativement aux délits prévus aux précédents articles, la poursuite n'est exercée que sur la plainte de la partie; mais la plainte n'est plus admise après l'expiration d'un an à partir du jour où le fait a été commis, ou bien à partir de la date à laquelle en a eu connaissance celui qui a le droit de former la plainte, à la place de l'offensé.

La rémission demeure sans effet, si elle advient après l'ouverture des débats.

La poursuite est exercée d'office, quand le fait :

1° A causé la mort de la victime, ou est accompagné d'un autre délit relativement auquel est édictée une peine restrictive de la liberté personnelle pour trente mois au moins, et qui autorise une poursuite d'office;

2° Est commis dans un lieu public ou accessible au public;

3° Est commis par abus de la puissance paternelle ou de l'autorité tutélaire.

Art. 337. Quiconque, de manière à causer un scandale public,

hollandais, de Bâle-Ville, de Genève, etc., admettent la poursuite d'office.

A la différence des C. français, belge, hollandais, espagnol, le C. italien, comme l'ancien C. toscan, mais dans les limites précisées par l'art. 337, réprime l'inceste, répression que l'on rencontre aussi, avec des dispositions variées, dans les C. d'Allemagne, § 173; d'Autriche, art. 131; de Hongrie, art. 243 et 244; de Suède, ch. xviii, §§ 1-5; du Danemark, §§ 161-165; du Tessin, art. 275; de Zurich, § 115; dans les anciens C. toscan et subalpin.

Pour permettre d'atteindre plus fermement de honteux chantages, le Code relève, à juste titre, comme une circonstance aggravante du délit d'outrage public à la pudeur, le but de lucre.

entretient des relations incestueuses avec un descendant ou un ascendant, même illégitime, ou avec un allié en ligne directe, ou bien avec une sœur ou un frère, soit germain, soit consanguin ou utérin, est puni de la reclusion de dix-huit mois à cinq ans et de l'interdiction temporaire des fonctions publiques.

Art. 338. Quiconque, en dehors des cas indiqués aux articles précédents, offense la pudeur ou les bonnes mœurs, par des actes commis dans un lieu public ou accessible au public, est puni de la reclusion de trois à trente mois.

Art. 339. Quiconque offense la pudeur, par des écrits, des dessins ou autres objets obscènes, distribués ou présentés, sous quelque forme que ce soit, au public, ou exposés en vente, est puni de la reclusion de six mois au plus et d'une amende de cinquante à mille livres.

Si le fait est commis dans un but de lucre, la reclusion est de trois mois à un an et l'amende de cent à deux mille livres.

CHAPITRE II.

DU RAPT.

Art. 340. Quiconque, à l'aide de violence, de menace ou de supercherie, enlève ou retient, dans des vues de débauche ou de mariage, une femme majeure ou émancipée, est puni de la reclusion de six mois à cinq ans.

Art. 340 à 344. L'ancien C. toscan; le C. d'Allemagne, §§ 236 et 237; le projet autrichien, §§ 247-249, atténuent aussi la pénalité, quand le rapt a lieu en vue du mariage. Les C. français, hongrois, hollandais, n'établissent pas de distinction, que le but soit le mariage ou la débauche. La législation anglaise donne à la notion du rapt une étendue plus grande que les autres lois. Voir 24 et 25 Vict., ch. c, sect. 55 et 56; voir aussi le projet britannique, s. 221 et 222.

Art. 341. Quiconque, à l'aide de violence, de menace ou de supercherie, enlève où retient, dans des vues de débauche ou de mariage, une personne mineure, ou bien, dans des vues de débauche, une femme mariée, est puni de la reclusion de trois à sept ans.

Si la personne a été enlevée ou retenue sans violence, menace ou supercherie, mais de son consentement, la peine est de la reclusion de six mois à trois ans.

Si la personne enlevée n'a pas accompli douze ans, le coupable est puni, alors même qu'il n'use pas de violence, de menace ou de supercherie, de la reclusion de trois à sept ans.

Art. 342. Quand le coupable de l'un des délits prévus aux articles précédents, sans avoir commis aucun acte de lubricité, remet volontairement en liberté la personne enlevée, en la ramenant à la maison d'où il l'a détournée ou dans la maison de sa famille, ou en la plaçant dans un autre lieu sûr, à la disposition de sa famille, la reclusion est d'un mois à un an, dans le cas de l'article 340, et respectivement, de six mois à trois ans et d'un an à cinq ans, dans les cas de l'article 341.

Art. 343. Si l'un des délits prévus aux articles précédents est commis dans le but seul du mariage, à la reclusion peut être substituée la détention.

Art. 344. Relativement aux délits prévus aux articles précédents, la poursuite n'est exercée que sur la plainte de la partie; mais la plainte n'est plus admise après l'expiration d'un an à partir du jour où le fait a été commis ou de la date à laquelle en a été informé celui qui a le droit de former la plainte, à la place de l'offensé. La rémission demeure sans effet, si elle a lieu après l'ouverture des débats.

CHAPITRE III.
DU PROXÉNÉTISME.

Art. 345. Quiconque, pour servir les passions d'autrui, favorise la débauche d'une personne mineure ou l'excite à la corruption, est puni de la reclusion de trois à trente mois et d'une amende de cent à trois mille livres.

La reclusion est d'un an à six ans et l'amende ne peut être inférieure à cinq cents livres, si le délit est commis :

1° Sur une personne qui n'a pas accompli douze ans ;

2° Par supercherie ;

3° Par des ascendants, des alliés dans la ligne directe ascendante, le père ou la mère adoptifs, le mari, le tuteur, ou bien toute autre personne, à qui le mineur est confié pour raison de soin, d'éducation, d'instruction, de surveillance ou de garde, même temporaire ;

4° Habituellement ou dans un but de lucre.

Au cas de concours de deux ou d'un plus grand nombre des circonstances susénoncées, prévues sous des numéros différents, la reclusion est de deux à sept ans et l'amende ne peut être inférieure à mille livres.

Art. 346. Quiconque, pour servir les passions d'autrui, favorise ou facilite la prostitution ou la corruption d'une personne mineure, suivant les modes ou dans les cas indiqués au premier

Art. 345 à 348. Le *lenocinio* est le trafic pour servir les passions d'autrui, le proxénétisme, distinct de l'excitation à la corruption, dont il a été parlé plus haut. (Voir note sous les art. 331-339.) Comme éléments de ce délit ; les C. d'Allemagne, § 180 (Voir toutefois le § 181) ; de Hollande, art. 250 ; de Zurich, § 121, exigent l'habitude ou le but de lucre ; les C. français, art. 334 ; belge, art. 379 ; espagnol, art. 459, l'habitude ; le C. du Tessin, l'habitude ou le but de lucre ; le C. autrichien, ni l'une ni l'autre de ces conditions, du moins quand la vic-

paragraphe de l'article précédent, est puni de la reclusion de trois mois à deux ans et d'une amende de trois cents à cinq mille livres; dans le cas prévu au second paragraphe, la reclusion est de six mois à trois ans et l'amende de cinq cents à six mille livres.

Art. 347. L'ascendant, l'allié en ligne ascendante, le mari ou le tuteur qui, à l'aide de violence ou de menace, contraint à se prostituer une descendante ou sa femme, même majeure, ou un mineur placé sous sa tutelle, est puni de la reclusion de six à dix ans.

Si l'ascendant ou le mari entraîne, par supercherie, à la prostitution sa descendante ou sa femme majeure, la reclusion est de trente mois à cinq ans.

Art. 348. Quand le coupable de l'un des délits prévus aux articles précédents est le mari, la poursuite n'est exercée que sur la plainte de la femme, et, si celle-ci est mineure, que sur la plainte de celui qui, si elle n'eût pas été dans les liens du mariage, aurait exercé sur elle la puissance paternelle ou l'autorité tutélaire.

La condamnation a pour conséquence la perte de la puissance maritale.

---

time est honnête ou que les coupables ont autorité sur elle, seconde exception qu'admettent aussi les C. d'Allemagne, d'Espagne et de Hollande. Les dispositions du C. italien sont très préférables à toutes les autres; car, en présence d'un méfait qui par lui-même blesse l'ordre social, il est juste de considérer, comme le fait l'art. 345, ces circonstances, non comme constitutives du délit, mais comme aggravantes.

A l'exemple des C. français, belge, d'Allemagne, de Hollande, d'Espagne, du Tessin, le C. italien exige que la victime soit mineure; les C. d'Autriche, §§ 132 et 512; de Hongrie, art. 247; de Zurich, § 121, ne renferment pas cette prescription; il est vrai que le C. hongrois ne prévoit ce délit que de la part des parents ou de ceux qui ont autorité sur la victime, et que, pour ce cas tout au moins, on devrait ne pas exiger la condition de minorité. Le C. de Saint-Gall qualifie cet acte de délit, même lorsqu'il a été commis envers une majeure et sans but de lucre.

CHAPITRE IV.

DISPOSITIONS COMMUNES AUX CHAPITRES PRÉCÉDENTS.

Art. 349. La condamnation relative à l'un des délits prévus aux articles 331, 332, 333, 335, 337, 345, 346 et 347, a pour conséquence, quant aux ascendants, la perte de tout droit qui, à raison de leur qualité, leur est accordé par la loi sur les personnes ou sur les biens des descendants, au détriment desquels ils ont commis le délit, et, quant au tuteur, la destitution de la tutelle et l'exclusion de toute autre fonction semblable.

Art. 350. Quand l'un des délits prévus aux articles 331, 332, 333, 340 et 341, est commis sur la personne d'une fille publique, les peines édictées par ces textes sont diminuées de la moitié aux deux tiers.

Art. 351. Quand de l'un des faits prévus aux articles 331, 332, 333, 340 et 341, résulte la mort ou une lésion de la victime, les peines édictées par ces textes sont augmentées de la moitié au double, en cas de mort, et d'un tiers à la moitié, au cas de lésion personnelle; mais la reclusion ne peut être inférieure, dans le premier cas, à dix ans, et, dans le second, à trois ans.

Art. 352. Le coupable de l'un des délits prévus aux articles

Art. 349 à 352. Les dispositions de l'art. 349 ont été dès longtemps édictées par les lois pénales. Voir la *Const. de Théodose et de Valentinien*, l. 6, C, *De spectaculis*, XI, 40. Voir les C. français, art. 335; belge, art. 382; hollandais, art. 251; du Tessin, art. 264, etc.

La réduction de peine énoncée à l'art. 350 est une sage solution qui prévaut dans les Codes modernes, aussi éloignés, dans ce cas, de l'impunité que des prescriptions qui ne tiendraient aucun compte de la dégradation morale de la victime. Voir les anciens C. subalpin, art. 499; toscan, art. 290; sardo-napolitain, art. 343, etc.

331, 332, 333, 335, 340 et 341, est exempt de peine si, avant la prononciation de la condamnation, il contracte mariage avec la victime, et la poursuite cesse à l'égard de tous ceux qui ont concouru au délit, sauf, lorsqu'il y a lieu, la peine afférente à toutes autres infractions.

Si le mariage est contracté après la condamnation, l'exécution de la sentence cesse, et cessent aussi toutes ses conséquences pénales.

CHAPITRE V.

DE L'ADULTÈRE.

Art. 353. La femme adultère est punie de la détention de trois à trente mois.

Son complice est puni de la même peine.

Art. 354. Le mari qui entretient une concubine au domicile conjugal, ou notoirement ailleurs, est puni de la détention de trois à trente mois, et la condamnation a pour conséquence la perte de la puissance maritale.

Art. 353 à 358. Si les lois anglaises et le C. de Genève ne punissent pas l'adultère, ce délit est prévu, quoique souvent avec des restrictions, par les C. d'Allemagne, § 172; d'Autriche, §§ 502 et s.; de Hongrie, art. 246; de France, art. 336 et s.; de Belgique, art. 387 et s.; de Hollande, art. 241 et s.; de Suède, ch. xvii, §§ 1-3; de Fribourg, art. 398 et s.; des Grisons, §§ 143 et s.; du Tessin, art. 207 et s.; de Vaud, art. 207 et s.; de Zurich, § 177, etc.

La tendance des Codes modernes est non seulement d'accroître les cas de poursuites de l'adultère du mari, mais encore d'assimiler complètement l'adultère de celui-ci à l'adultère de la femme, quant à la détermination des éléments du délit. Voir dans ce sens presque tous les Codes précités, sauf les C. français, belge, portugais, qui exigent l'entretien de la concubine dans la maison conjugale, comme condition de l'adultère du mari, tandis que le C. espagnol punit l'entretien au dehors, avec scandale; voir aussi le projet espagnol, art. 498.

A l'exception des C. français, belge, espagnol, portugais, les Codes modernes prononcent, en général, la même peine relativement à l'adultère de la part, soit du mari, soit de la femme. Les C. d'Autriche, § 502, et du Tessin, art. 270

La concubine est punie de la détention, qui peut être portée à un an.

Art. 355. Dans les délits prévus aux précédents articles, si l'époux était légalement séparé de son conjoint ou était abandonné de lui, la peine, relativement à chacun des coupables, est de la détention de trois mois au plus.

Art. 356. La poursuite n'est exercée, à raison des délits prévus aux précédents articles, que sur la plainte du mari ou de la femme, et la plainte s'étend nécessairement au complice de la femme adultère et à la concubine.

La plainte n'est plus admise après l'expiration du délai de trois mois, à partir du jour où l'époux offensé a été informé du fait.

N'est pas non plus admise la plainte de l'époux, à raison de la faute duquel est prononcée une sentence de séparation de corps.

Art. 357. Est exempt de peine celui qui commet l'un des faits prévus aux articles précédents :

1° Si la plainte émane du mari, lorsque la femme prouve qu'il

et s., tout en adhérant au même principe, déclarent, l'un, que la femme doit être punie avec plus de rigueur, l'autre qu'elle encourt une peine plus forte, lorsqu'elle fuit avec son complice.

Sauf, par exemple, les C. de France, art. 338, et de Berne, art. 175, qui ajoutent contre le complice une peine d'amende et l'emprisonnement, presque tous les Codes édictent contre la femme et son complice les mêmes pénalités.

La concubine est atteinte d'une peine moindre que le mari adultère par les C. d'Espagne et de Saint-Marin. Elle n'est pas punie par le C. belge. A défaut d'une disposition expresse du C. de France, art. 339, la jurisprudence, se fondant sur l'art. 60, la déclare passible de la même peine que le mari, ainsi que l'énoncent presque tous les Codes.

L'art. 355 réprime l'adultère, au cas de séparation légalement prononcée entre les époux; mais, comme le C. du Tessin et ainsi que le C. danois, au cas de cessation de la cohabitation, avec une réduction de peine, tandis que notamment les C. français et belge n'édictent, dans ce cas, aucune atténuation.

a, dans les cinq ans qui ont précédé le fait, commis lui-même le délit prévu par l'article 354, ou l'a, soit contrainte, soit amenée à se prostituer, ou bien a excité ou favorisé sa prostitution;

2° Si la plainte émane de la femme, lorsque le mari prouve qu'elle a, dans le délai susdit, commis elle-même le délit prévu par l'article 353.

Art. 358. La rémission peut intervenir même après la condamnation, et en faire cesser l'exécution et les conséquences pénales.

La mort de l'époux qui a porté plainte produit les effets de la rémission.

CHAPITRE VI.

DE LA BIGAMIE.

Art. 359. Quiconque, étant lié par un mariage valide, en contracte un autre, et quiconque, étant libre, contracte mariage avec une personne valablement mariée, est puni de la reclusion ou de la détention d'un an à trois ans.

Si le coupable a induit en erreur la personne, avec laquelle il a contracté mariage, sur la liberté de son propre état ou de l'état

Art. 359 et 360. Beaucoup de Codes, tels que les C. autrichien, hollandais, etc., ne disent pas expressément si l'un des éléments de la bigamie est la validité du premier mariage. Mais, comme le C. italien, les C. de Hongrie, art. 251; de Fribourg, art. 203; de Zurich, § 120, font de la validité une condition *sine quâ non* de la déclaration de culpabilité. En présence de termes moins formels que dans ces Codes, la jurisprudence, notamment en France et en Belgique, se prononce dans le même sens. Le C. d'Allemagne, § 171, et le projet autrichien, § 184, disposent en sens contraire : ils déclarent qu'il y a bigamie, si le nouveau mariage est contracté avant que le précédent ait été dissous, annulé ou déclaré non valable. Le C. danois édicte une peine contre le non-marié qui (circonstance bien rare) s'unit à une personne qu'il sait être dans les liens d'une première union, ou même qui, ayant ignoré le premier mariage, continue, après l'avoir découvert, à habiter avec la bigame.

de cette personne, la peine est celle de la reclusion de trois à sept ans.

Art. 360. La prescription de l'action pénale, quant au délit prévu à l'article précédent, court du jour où est dissous l'un des deux mariages ou de la date de la déclaration de nullité du second, à raison de la bigamie.

CHAPITRE VII.

DE LA SUPPOSITION ET DE LA SUPPRESSION D'ÉTAT.

Art. 361. Quiconque, en cachant ou en changeant un enfant, supprime ou altère son état civil, ou bien fait inscrire sur les registres de l'état civil un enfant qui n'existe pas, est puni de la reclusion de cinq à dix ans.

Art. 362. Quiconque, en dehors des cas prévus à l'article précédent, dépose un enfant légitime ou naturel reconnu dans un hospice d'enfants trouvés ou dans un autre établissement de bienfaisance, ou bien l'y présente en cachant son état, est puni de la reclusion de trois mois à cinq ans, et cette peine peut être portée à huit ans, si le coupable est un ascendant.

Art. 363. Le coupable de l'un des délits prévus aux articles précédents, qui le commet pour sauver son propre honneur ou l'honneur de sa femme, de sa mère, de sa descendante, de sa fille adoptive ou de sa sœur, ou bien pour éviter des sévices imminents, est puni de la détention d'un mois à trois ans.

Art. 361 à 363. Ces textes répriment les trois modes que comporte le genre de méfait prévu : suppression, changement, supposition d'état. La *Caroline* ne renfermait aucune disposition spéciale; on appliquait son art. 112 afférent au faux. Des lois pénales en vigueur aujourd'hui dans les différents États ressortent des divergences qui vont de l'extrême indulgence à l'extrême rigueur.

TITRE IX.

DES DÉLITS CONTRE LA PERSONNE.

CHAPITRE PREMIER.

DE L'HOMICIDE.

Art. 364. Quiconque, avec l'intention de tuer, cause la mort de quelqu'un, est puni de la reclusion de dix-huit à vingt et un ans.

Art. 364 à 368. L'homicide volontaire, dit «simple» (*manslaughter*, en Angleterre, *Todtschlag*, en Allemagne, *drap*, en Suède), n'est puni de mort que par le C. autrichien, qu'atténue, sur ce point, le projet de revision. Ce crime est puni des travaux forcés à perpétuité par les C. français, art. 304 § 3, et belge, art. 393. Presque tous les autres Codes édictent des peines moindres. Voir les C. de Russie, art. 1455; de Hollande, art. 287; de Hongrie, art. 279; de Suède, ch. xvi, § 3; d'Appenzell ext., § 80; de Berne, art. 126; de Fribourg, art. 127; de Genève, art. 251; de Lucerne, § 155; de Neufchâtel, art. 160; de Soleure, § 109; de Saint-Gall, art. 130; du Tessin, art. 292; du Valais, art. 222; de Vaud, art. 211; de Zurich, § 126; de Zug, § 69; le projet espagnol, art. 407, etc. Aux termes du C. d'Allemagne, § 212, et des deux C. de Bâle, § 101, la peine peut n'être même que de cinq ans de reclusion.

L'homicide volontaire, dit «qualifié», avec une circonstance aggravante, telle, par exemple, que la préméditation, (*murder*, en Angleterre, *Mord*, en Allemagne et en Suède), est passible, chez presque tous les peuples, du châtiment le plus élevé dans l'échelle pénale. Néanmoins les C. russe, art. 1454, et portugais, art. 351, n'édictent qu'une peine temporaire.

La préméditation, définie par les C. français, art. 297; portugais, art. 352; roumain, art. 227; de Neufchâtel, art. 156; du Tessin, art. 290; du Valais, art. 215; de Monaco, art. 287, etc., ne l'est pas dans les autres. Voir Alimena, *La préméditation dans ses rapports avec la psychologie, le droit*, etc., Turin, 1887; voir aussi notre étude sur *La criminalité morale et légale*, Toulouse, 1863; voir l'*Exp. min.* précité, vol. II, p. 269 et s. Toute définition de la préméditation est si périlleuse que le législateur italien, après l'examen le plus approfondi, s'est décidé, pénétré des observations de Carrara, à ne pas en formuler une.

Les C. de France, art. 301 et 302; de Belgique, art. 255; d'Autriche, §§ 135 et 136; d'Espagne, art. 418; projet, art. 469; de Suède, ch. xiv, § 18; de Fribourg, art. 123 et 124; de Neufchâtel, art. 158; du Valais, art. 219 et 220; de Vaud, art. 212, etc., induisent la préméditation, conformément à

Art. 365. La peine de la reclusion est de vingt-deux à vingt-quatre ans, si le délit prévu à l'article précédent est commis :

1° Sur la personne du conjoint, du frère ou de la sœur, ou bien du père ou de la mère adoptifs, ou de l'enfant adoptif, ou des alliés en ligne directe ;

2° Sur la personne d'un membre du Parlement ou d'un fonctionnaire public, à cause de leurs fonctions ;

3° Au moyen de substances vénéneuses.

la doctrine la plus ancienne, de l'emploi du poison et statuent en conséquence. A l'exemple de l'ancien C. toscan, le C. italien n'admet pas cette solution. Les C. d'Allemagne, de Hongrie, de Hollande, de Zurich, même, à vrai dire, les lois anglaises et le C. du Tessin ne prévoient pas, d'une manière *spéciale*, l'inculpation d'homicide volontaire par empoisonnement.

L'aggravation de peine, motivée par le lien de parenté entre la victime et le meurtrier, donne lieu à une distinction qui range, d'un côté, les ascendants, descendants légitimes, père, mère, enfants naturels, art. 366 1°, et de l'autre, les personnes énoncées à l'art. 365 1°. L'homicide perpétré sur l'une des personnes de cette seconde catégorie entraîne une aggravation moindre toutefois que l'attentat commis sur celles de la première ; on remarque avec intérêt le deuxième ordre d'aggravation, fondé sur de graves motifs et qu'on ne rencontre que dans un petit nombre de Codes.

Le parricide ne laisse place à aucune excuse de provocation, de légitime défense, de juste douleur, dans plusieurs législations, notamment les C. français,

art. 299, 302, 323 ; belge, art. 415 ; autrichien, §§ 137 et 138 ; de Neufchâtel, art. 161, etc. Il en est, au contraire, qui admettent l'excuse, comme le C. hongrois, art. 281 § 3.

La plupart des Codes infligent au parricide la peine de l'homicide qualifié, le plus réprimé, ainsi : les lois anglaises, 24 et 25 Vict., ch. c, sect. 8 ; le C. belge, art. 395, etc. Les C. d'Allemagne, au contraire, § 215, et de Hongrie, art. 280, édictent une peine supérieure à celle du meurtre, mais moindre que celle de l'assassinat. A l'inverse, il est des Codes, comme celui de France, art. 13, 302, qui ajoutent, de quelque manière, au mode d'exécution de la peine la plus grave.

Les C. français, art. 299 ; de Genève, art. 254 ; de Neufchâtel, art. 161, mentionnent les pères et mères naturels et adoptifs, en même temps que les pères et mères légitimes. L'ancien C. subalpin, art. 523, renfermait la même mention relativement aux père et mère adoptifs. Les C. d'Espagne, de Fribourg, de Vaud, assimilent la répression du meurtre des enfants légitimes ou illégitimes, du frère et de la sœur, au parricide. Voir aussi, à

Art. 366. On applique la peine de l'*ergastolo,* si le délit prévu à l'article 364 est commis :

1° Sur la personne d'un ascendant ou d'un descendant légitime, ou bien du père ou de la mère ou de l'enfant naturels, quand la filiation naturelle a été légalement reconnue ou déclarée;

2° Avec préméditation;

3° Sous la seule impulsion d'une brutale méchanceté, ou bien au moyen de traitements atroces;

4° Au moyen d'incendie, d'inondation, de submersion ou d'un autre des délits prévus au titre VII du présent livre;

5° Pour préparer, faciliter ou consommer une autre infraction, bien qu'elle n'ait pas été accomplie;

6° Immédiatement après avoir commis une autre infraction, pour s'en assurer le profit, ou parce qu'on n'a pu atteindre le but proposé, ou bien pour cacher l'infraction ou en supprimer les traces ou les preuves, ou de toute autre manière pour procurer l'impunité au coupable même ou à un tiers.

Art. 367. Quand, dans les cas prévus aux articles précédents, la mort ne serait pas advenue sans le concours de conditions préexistantes ignorées du coupable, ou de causes qui ont surgi d'une manière indépendante de son fait, la peine est, dans le cas de l'article 364, de la reclusion de quinze à vingt ans; dans les cas de l'article 365, de la reclusion de dix-huit à vingt-deux ans, et,

cet égard, les dispositions des C. autrichien, §§ 137 et 138, et hongrois, art. 280. Le C. italien établit à cet égard une distinction, art. 365 et 366.

L'aggravation résultant de la «brutale méchanceté ou de traitements atroces» ne se rencontre, en termes variés, que dans les C. français, art. 303; de Saint-Marin, art. 450 3°; dans le projet espagnol, art. 469, etc.

Les art. 367 et 368 § 2 ci-dessus édictent une diminution de peine relativement à l'homicide, dit *præterintenzionale,* quand d'autres causes concourent avec l'action du coupable. — Voir le *Rapport au Roi,* p. 140 et 141.

dans les cas de l'article 366, de la reclusion de plus de vingt-deux ans.

Art. 368. Quiconque, par des actes destinés à commettre une lésion personnelle, cause la mort de quelqu'un, est puni de la reclusion de douze à dix-huit ans, dans le cas de l'article 364; de quinze à vingt ans, dans le cas de l'article 365, et de vingt ans au moins, dans le cas de l'article 366.

Si la mort ne serait pas advenue sans le concours de conditions préexistantes ignorées du coupable, ou de causes qui ont surgi d'une manière indépendante de son fait, la peine est celle de la reclusion de huit à quatorze ans, dans le cas de l'article 364; de onze à seize ans, dans les cas de l'article 365, et de quinze à vingt ans, dans les cas de l'article 366.

Art. 369. Quand le délit prévu à l'article 364 est commis sur la personne d'un enfant non encore inscrit sur les registres de

Art. 369. L'infanticide, c'est-à-dire l'homicide d'un enfant nouveau-né, est assimilé aux autres homicides, sans être considéré, de plein droit, comme qualifié, tandis que plusieurs Codes, notamment le C. français, art. 300 et 302, le placent au même rang que l'assassinat. D'autres, au contraire, tels que les C. du Valais, art. 221 et 222; de Saint-Marin, art. 436 et s. et 446, édictent, relativement à cet attentat, commis dans des circonstances déterminées, une réduction de peine, spécialement à l'égard de la mère coupable, comme dans les C. de Fribourg, art. 134; de Genève, art. 257; de Neufchâtel, art. 172; de Vaud, art. 218, etc. Le C. autrichien, § 139, réprime l'homicide de l'enfant naturel d'une peine moindre que le meurtre de l'enfant légitime. Les C. d'Allemagne, § 217; de Belgique, art. 396; de Hongrie, art. 284; de Suède, ch. XIX, §§ 22 et s.; de Berne, art. 129; de Zurich, § 131, voient un motif d'atténuation de la peine dans la qualité de mère naturelle chez celle qui commet l'infanticide pour sauver l'apparence de l'honneur. Les C. portugais, art. 356; du Tessin, art. 328; le projet espagnol, art. 470, autorisent une réduction, lorsqu'il est établi que le méfait a été commis dans ce but. Le C. italien, art. 369, consacre, d'une manière générale, une telle cause d'atténuation en ces termes : *per salvare l'onore*, etc., pensée bien mieux exprimée dans le projet espagnol : *per occultar su deshonra*, pour cacher le déshonneur. Le C. hollandais entre dans cet

l'état civil et dans les cinq premiers jours de sa naissance, pour sauver l'honneur du coupable ou l'honneur de sa femme, de sa mère, de sa descendante, de sa fille adoptive ou de sa sœur, la peine est celle de la détention de trois à douze ans.

Art. 370. Quiconque détermine une autre personne au suicide, ou lui donne son aide dans ce but, est puni, lorsque le suicide est advenu, de la reclusion de trois à neuf ans.

Art. 371. Quiconque, par imprudence, négligence ou bien par impéritie dans son métier ou sa profession, ou par inobservation de règlements, ordres ou prescriptions, cause la mort de quelqu'un, est puni de la détention de trois mois à cinq ans et d'une amende de cent à trois mille livres.

Si du fait résulte la mort de plusieurs personnes, ou même la

ordre d'idées, mais en prévoyant deux hypothèses, art. 290 et 291.

Le C. de Zurich, § 132, étend l'atténuation aux complices de la mère, quels qu'ils soient, tandis que les C. de Portugal, d'Espagne et du Tessin la restreignent à la mère.

Quant à l'âge de l'enfant victime du meurtre, les législations ne varient pas moins. Les C. autrichien et suédois appliquent la diminution de peine au fait se produisant au moment de l'accouchement; le C. de Zurich vise l'état d'excitation inhérente à l'enfantement; les C. d'Allemagne, de Hongrie, de Belgique, de Genève, de Neufchâtel, de Vaud, se réfèrent au moment de la naissance, ou immédiatement après; les C. de Hollande, de Berne, du Tessin, qualifient infanticide le meurtre s'accomplissant au moment de la naissance ou

peu après; le C. de Fribourg, le projet espagnol, attachent cette qualification à l'homicide commis dans le jour de la naissance; le C. portugais prolonge ce délai jusqu'à huit jours; le C. français énonce qu'il s'agit du meurtre d'un enfant nouveau-né, mais ne détermine aucun délai.

Art. 370 et 371. En réprimant la participation au suicide, l'art. 370 s'est conformé aux dispositions de l'ancien C. toscan, art. 314; des C. d'Espagne, art. 421; de Hollande, art. 294; de Hongrie, art. 283; de Fribourg, art. 368; de Berne, art. 125; du Tessin, art. 301, etc. La plupart des autres Codes, notamment ceux de France et de Belgique, sont muets à cet égard. Le C. d'Allemagne, § 216, et les C. précités d'Espagne, de Hollande, de Hongrie, du Tessin, punissent, en outre, spécialement le fait

mort d'une seule et la lésion d'une personne ou de plusieurs, lésion qui ait produit les effets indiqués au premier paragraphe de l'article 372, la peine est celle de la détention d'un an à huit ans et d'une amende qui ne peut être inférieure à deux mille livres.

CHAPITRE II.

DES LÉSIONS PERSONNELLES.

Art. 372. Quiconque, sans le dessein de tuer, cause à quelqu'un un dommage dans son corps ou dans sa santé, ou une perturbation mentale, est puni de la reclusion d'un mois à un an.

La peine est :

1° De la reclusion d'un an à cinq ans, si le fait produit l'affaiblissement permanent d'un sens ou d'un organe, ou un embarras permanent de la parole, ou une altération permanente de la vue, ou bien s'il met la vie en péril, ou s'il entraîne une maladie mentale ou physique, d'une durée de vingt jours ou au delà, ou, pour un semblable intervalle de temps, l'incapacité de se livrer aux

«de commettre un homicide volontaire, sur les instances expresses et formelles de la personne tuée». En Angleterre, la tentative de suicide est passible de deux ans d'emprisonnement avec travail sévère, 3 Georg. IV, ch. cxiv; les complices sont punis. — Voir aussi le projet britannique, sect. 69, 183 et 184, et le projet de Neufchâtel, art. 298.

Art. 372 à 375. Les lois anglaises, 24 et 25 Vict., ch. c, sect. 19 et 40; les C. d'Allemagne, SS 223 et 224; d'Autriche, S 152; de Hollande, art. 300 et 302; de Fribourg, art. 143 et 144; de Neufchâtel, art. 163 et 165, ne font, sauf pour quelques cas particuliers, qu'une seule distinction entre les lésions sim-

ples et les lésions graves, *grievous bodily harm* et *actual bodily harm*. Les C. de Suède, ch. xix, SS 10, 12 et 13; de Hongrie, art. 301; de Berne, art. 140-142; du Tessin, art. 307, 309, 310; de Vaud, art. 230, 231, 237, classent les lésions en trois divisions : graves, légères, très légères. Les C. français, art. 309 et s.; belge, art. 398 et s., se rattachent à ce système, ainsi que le C. de Zurich, S 138, qui prévoit les lésions graves, légères et les mauvais traitements. Le C. espagnol, art. 429-432, après avoir statué, d'une manière distincte, sur la castration et la mutilation, divise toutes les autres lésions en deux catégories : graves et moins graves.

occupations ordinaires, ou bien si, commis contre une femme enceinte, le fait accélère sa délivrance;

2° De la reclusion de cinq à dix ans, si le fait produit une maladie mentale ou physique, avec certitude ou probablement incurable, ou la perte d'un sens, d'une main, d'un pied, de la parole ou de la capacité d'engendrer, ou de l'usage d'un organe, ou une altération permanente de la vue, ou bien si, commis contre une femme enceinte, le fait cause l'avortement.

En dehors des cas prévus au précédent paragraphe et à l'article suivant, si le fait n'entraîne pas de maladie ou d'incapacité de se livrer aux occupations ordinaires, ou si la durée de la maladie ou de l'incapacité ne dépasse pas dix jours, la poursuite n'est exercée que sur la plainte de la partie et la peine est celle de la reclusion de trois mois au plus, ou d'une amende de cinquante à mille livres.

Art. 373. Quand, dans le fait prévu à l'article précédent, se rencontre l'une des circonstances indiquées aux n°ˢ 2 et 3 de l'article 365, ou bien si le fait est commis à l'aide d'armes insidieuses ou de toute autre arme proprement dite, ou de substances corrosives, la peine est augmentée d'un sixième à un tiers.

S'il se rencontre l'une des circonstances prévues à l'article 366, la peine est augmentée d'un tiers, avec application de la peine, à

Les C. de Genève, art. 259 et s., et du Valais, art. 245 et s., énoncent, en quelque sorte, quatre distinctions; le C. de Saint-Marin, art. 451, les résume ainsi : 1° les coups sans traces; 2° les coups légers; 3° les coups devenus graves par accident; 4° les coups graves de leur nature. Voir le *Rapport au Roi*, p. 141-143.

La plupart des Codes prévoient, d'une manière spéciale, les coups entraînant la mort sans intention de la causer, c'est-à-dire l'un des modes de l'homicide *préterintentionnel*.

Les législations varient beaucoup quant à la détermination de celles des lésions dont la poursuite est subordonnée à la plainte de la partie. Le C. de Vaud, art. 236-239, est l'un de ceux qui donnent le plus d'extension à cette règle.

raison de l'infraction concomitante, suivant les règles de l'article 77.

ART. 374. Quand, aux cas prévus aux articles précédents, le fait excède dans ses conséquences le but que s'était proposé le coupable, les peines édictées dans ces textes sont diminuées d'un tiers à la moitié.

ART. 375. Quiconque, par imprudence ou négligence, ou bien par impéritie dans son métier ou sa profession, ou par inobservation de règlements, ordres ou prescriptions, cause à quelqu'un un dommage dans son corps ou dans sa santé, ou une perturbation mentale, est puni :

1° De la détention de trois mois au plus, ou d'une amende de mille livres au plus, et la poursuite n'est exercée que sur la plainte de la victime, dans le cas de la première partie et du dernier paragraphe de l'article 372;

2° De la détention d'un à vingt mois, ou d'une amende de trois cents à six mille livres, dans les autres cas.

Si plusieurs personnes sont lésées dans le cas du n° 1, la détention peut être portée à six mois et l'amende à deux mille livres, et, dans les cas du n° 2, la peine est celle de la détention de trois mois à trois ans, ou d'une amende supérieure à mille livres.

CHAPITRE III.

DISPOSITIONS COMMUNES AUX CHAPITRES PRÉCÉDENTS.

ART. 376. N'est pas punissable celui qui a commis l'un des faits prévus aux chapitres précédents, contraint par la nécessité :

ART. 376 à 380. L'homicide et les coups sont excusables, aux termes du C. français, art. 322 et 329, et du C. belge, sous une réserve, art. 412 et 417, s'ils ont été commis en repoussant l'escalade ou l'effraction accomplies pour

1° De défendre ses propres biens contre les auteurs de l'un des faits prévus aux articles 406, 407, 408 et 410, ou du pillage;

2° De repousser les auteurs d'une escalade, d'une effraction ou d'un incendie attaquant une maison ou un autre édifice habité ou leurs dépendances, lorsque ces faits ont lieu la nuit, ou bien lorsque la maison ou l'édifice habité ou leurs dépendances sont situés dans un lieu isolé, et s'il y a motif fondé de crainte, quant à la sécurité personnelle de celui qui s'y trouve.

La peine est seulement diminuée d'un tiers à la moitié, et à la reclusion est substituée la détention, s'il y a excès dans la défense, aux cas indiqués au n° 1 du présent article, ou bien si le fait est commis en repoussant les auteurs de l'escalade, de l'effraction ou de l'incendie communiqué, soit à une maison, soit à un autre édifice habité ou à leurs dépendances, sans le concours des conditions prévues au n° 2.

Art. 377. Relativement au délit prévu aux chapitres précédents, si le fait est commis par le conjoint ou par un ascendant, ou par un frère ou une sœur sur la personne de son conjoint, d'une descendante, d'une sœur ou de leur complice ou de tous deux, au moment où ils sont surpris en flagrant délit d'adultère ou de commerce illégitime, la peine est réduite au-dessous d'un sixième, avec substitution de la détention à la reclusion, et de la détention d'un an à cinq ans à l'*ergastolo*.

---

pénétrer dans une maison habitée ou ses dépendances, ou bien pour se défendre de vols perpétrés avec violence. Le C. du Tessin, art. 293, se préoccupe presque exclusivement de la défense opposée à des méfaits contre les personnes. Les autres Codes étendent pleinement l'excuse de la légitime défense à la protection des biens. Voir les C. d'Allemagne, § 53; de Hollande, art. 41; de Hongrie, art. 79; de Zurich, § 48, etc.

Au cas, soit d'homicide, soit de lésions, causés par suite d'un fait imprévu ou dans une rixe, lorsqu'on ne connaît pas l'auteur du coup mortel ou de la lésion, deux systèmes sont en présence : ou bien on applique à tous ceux qui ont participé à la violence la théorie de la

Art. 378. Quand plusieurs personnes prennent part à l'exécution de l'un des délits prévus aux articles 364 , 365, 366, 372 et 373, et si l'on ne connaît pas l'auteur de l'homicide ou de la lésion, toutes encourent les peines qui y sont respectivement édictées, avec diminution d'un tiers à la moitié, et à l'*ergastolo* est substituée la reclusion pour quinze ans au moins.

Cette diminution de peine ne s'applique pas au coopérateur immédiat du fait.

Art. 379. Sauf les dispositions de l'article précédent et sous la réserve des peines plus graves encourues à raison d'infractions individuellement commises, quand dans une rixe quelqu'un est tué ou est atteint d'une lésion personnelle, tous ceux qui, dans la rixe, ont porté les mains sur le corps de la victime sont punis :

1° De la reclusion de trois mois à cinq ans, si quelqu'un est tué ou est atteint d'une lésion personnelle d'où résulte la mort;

2° De la reclusion, qui peut être portée à deux ans, dans les autres cas, mais sans dépasser le tiers de la peine qui aurait dû être infligée à l'auteur.

Ceux qui ont pris part à la rixe, sans porter les mains sur le corps de la victime, sont punis de la reclusion de six mois au plus.

A l'égard de celui qui a été la cause déterminante de la rixe, lesdites peines sont augmentées d'un tiers.

complicité *corespective*, empruntée à la jurisprudence du royaume des Deux-Siciles, sous l'empire de l'art. 390 du C. de 1819; telle est la règle adoptée par l'art. 378 ci-dessus; par les C. autrichien, §§ 134, 157; espagnol, art. 430, 435; du Tessin, art. 304, 314; du Valais, art. 226, 252; ou bien, comme les C. d'Allemagne, § 227; de Hollande, art. 306; de Hongrie, art. 308; de Vaud, avec quelques différences, art. 240, 241-246, on considère cette participation comme un méfait *sui generis*. Entre les deux systèmes se placent des réglementations mixtes, adoptées notamment par les C. de Zurich, § 128, et de Fribourg, art. 132 et 149.

Art. 380. Quiconque, en prenant part à une rixe, use d'une arme pour faire acte de menace, est puni de la détention, qui peut être portée à un an.

CHAPITRE IV.

DE L'AVORTEMENT PROCURÉ.

Art. 381. La femme qui, à l'aide de quelque moyen que ce soit, employé par elle ou par un tiers, de son consentement, se procure un avortement, est punie de la détention d'un an à quatre ans.

Art. 382. Quiconque procure l'avortement d'une femme, de son consentement, est puni de la reclusion de trente mois à cinq ans.

Si, en conséquence du fait de l'avortement, ou des moyens employés pour le procurer, advient la mort de la femme, la peine est celle de la reclusion de quatre à sept ans, et de cinq à dix ans,

Art. 381 à 385. Les C. français, hollandais, de Berne, de Fribourg, de Genève, de Neufchâtel, du Tessin, du Valais, de Vaud, ne donnent aucune explication du terme *avortement.* Les C. de Suède, ch. xiv, § 26; de Zurich, § 134; de Saint-Marin, art. 432, prévoient à la fois l'avortement et le dessein de tuer le fœtus. Les C. d'Allemagne, § 218, et de Hongrie, art. 285, se réfèrent aussi à l'avortement et à l'occision de l'enfant dans le sein de sa mère, et le C. autrichien, § 144, à la venue au monde de l'enfant mort.

Quant à l'indication des moyens employés, plusieurs systèmes sont suivis. Les C. français, art. 317; belge, art.

340; portugais, art. 358; de Neufchâtel, art. 178; de Genève, art. 269; du Valais, art. 234; de Malte, art. 230; de Saint-Marin, art. 432, font de ces moyens une énonciation plus ou moins imparfaite. Les C. de Suède, ch. xiv, § 6; de Berne, art. 135; de Fribourg, art. 137; du Tessin, art. 323; de Zurich, se bornent à mentionner deux catégories : « moyens externes ou internes ». La plupart des autres Codes ne renferment aucune disposition relative aux moyens employés. Les C. de Suède et de Berne exigent des moyens *idoines*, tandis que le C. autrichien réprime quelque acte que ce soit, accompli dans le but de l'avortement.

si la mort advient par suite de l'emploi de moyens plus dangereux que ceux à l'emploi desquels elle avait consenti.

Art. 383. Quiconque fait usage de moyens destinés à procurer l'avortement d'une femme, sans son consentement ou contre sa volonté, est puni de la reclusion de trente mois à six ans, et de sept à dix ans, si l'avortement advient.

Si, en conséquence du fait de l'avortement ou des moyens employés pour le procurer, advient la mort de la femme, la peine est celle de la reclusion de quinze à vingt ans.

Les peines édictées au présent article sont augmentées d'un sixième, si le coupable est le mari.

Art. 384. Quand le coupable de l'un des délits prévus aux articles précédents est une personne qui exerce une profession touchant à la santé, ou bien une profession ou un métier soumis à surveillance en considération de la santé publique, et que, par suite des moyens qu'elle a indiqués, fournis ou employés, l'avorte-

---

Le plus grand nombre des Codes édictent la même pénalité contre la femme qui s'est fait avorter et celui qui a usé des moyens abortifs. Néanmoins les C. de Hollande, art. 297; de Genève, art. 269; de Vaud, art. 227, et de Hongrie, dans un cas déterminé, art. 285, punissent ce dernier plus sévèrement que la femme. A la différence de presque tous les autres Codes qui édictent une aggravation de peine, lorsque l'avortement a été opéré à l'insu ou sans le consentement de la femme, les C. de France, du Valais, de Malte et de Saint-Marin prononcent la même peine.

Les plus grandes différences existent entre les législations au sujet de la répression de l'avortement, quand la mort de la mère survient, suivant qu'elle avait ou non consenti à l'emploi des moyens.

L'aggravation de peine contre les médecins, chirurgiens, etc., se rencontre presque partout; mais il est des Codes qui distinguent entre la participation directe et la complicité.

Une diminution de peine est édictée à l'égard de la femme «devenue enceinte hors mariage», aux termes du C. hongrois, art. 285. Les C. d'Espagne, art. 427; du Portugal, art. 358; de Saint-Marin, art. 433, atténuent aussi la peine envers elle, quand l'avortement a eu pour but d'éviter la publicité du déshon-

ment a été procuré, ou si la mort est advenue, les peines édictées dans ces articles sont augmentée d'un sixième.

La condamnation a toujours pour conséquence la suspension de l'exercice de la profession ou du métier pendant un temps égal à la durée de la reclusion infligée.

Art. 385. Dans le cas d'avortement procuré pour sauver l'honneur du coupable, ou l'honneur de sa femme, de sa mère, de sa descendante, de sa fille adoptive ou de sa sœur, les peines édictées aux précédents articles sont diminuées d'un tiers aux deux tiers, et à la reclusion est substituée la détention.

CHAPITRE V.

DE L'ABANDON D'ENFANTS ET D'AUTRES PERSONNES INCAPABLES DE VEILLER SUR ELLES-MÊMES OU BIEN EN PÉRIL.

Art. 386. Quiconque abandonne un enfant, mineur de douze ans, ou bien une personne incapable, à raison d'une maladie mentale ou physique, de veiller sur elle-même et dont il a la garde ou doit prendre soin, est puni de la reclusion de trois à trente mois.

Si du fait de l'abandon résulte un grave dommage relativement au corps ou à la santé, ou une perturbation mentale, le coupable est puni de la reclusion de trente mois à cinq ans, et de cinq ans à douze ans, si la mort en résulte.

Art. 387. Les peines édictées au précédent article sont augmentées d'un tiers :

1° Si l'abandon advient dans un lieu solitaire ;

---

neur de la mère. Le C. du Tessin, art. 327, amoindrit aussi la peine, lorsque le méfait a eu pour but « d'éviter des sévices ».

Art. 386 à 389. Voir notamment la loi espagnole du 28 juillet 1878, sur la protection de l'enfance, loi refondue dans les art. 549-554 du projet de 1885.

2° Si le délit est commis par des parents envers leurs enfants légitimes ou envers leurs enfants naturels reconnus ou légalement déclarés, ou bien par l'adoptant envers ses enfants adoptifs ou *vice versa.*

ART. 388. Quand le coupable commet le délit prévu aux articles précédents envers un enfant non encore inscrit sur les registres de l'état civil, et dans les cinq premiers jours de sa naissance, pour sauver son propre honneur ou l'honneur de sa femme, de sa mère, de sa descendante, de sa fille adoptive ou de sa sœur, la peine est diminuée d'un sixième à un tiers, et à la reclusion est substituée la détention.

ART. 389. Quiconque, trouvant abandonné ou égaré un enfant, mineur de sept ans, ou une autre personne incapable, à raison d'une maladie mentale ou physique, de veiller sur elle-même, omet d'en donner immédiatement avis à l'autorité ou à ses agents, est puni d'une amende de cinquante à cinq cents livres.

Encourt la même peine celui qui, trouvant une personne blessée ou de toute autre manière en péril, ou un corps humain qui est ou paraît inanimé, omet, quand cela ne l'expose à aucun dommage ou péril personnel, de prêter l'assistance nécessaire ou d'en donner immédiatement avis à l'autorité ou à ses agents.

CHAPITRE VI.

DE L'ABUS DES MOYENS DE CORRECTION OU DE DISCIPLINE

ET DES MAUVAIS TRAITEMENTS AU SEIN DE LA FAMILLE OU ENVERS DES ENFANTS.

ART. 390. Quiconque, abusant des moyens de correction ou de discipline, cause un dommage ou un péril à la santé d'une

L'art. 389 s'est sagement inspiré de l'art. 97 de l'ancien règlement toscan sur la police répressive et de l'art. 450 du C. de Hollande. Voir le *Rapport au Roi*, p. 146.

ART. 390 à 392. Voir l. 5, *De lege*

personne soumise à son autorité, ou qui lui a été confiée pour raison d'éducation, d'instruction, de soin, de surveillance ou de garde, ou bien pour l'exercice d'une profession ou d'un métier, est puni de la détention, qui peut atteindre dix-huit mois.

Art. 391. Quiconque, en dehors des cas indiqués à l'article précédent, use de mauvais traitements envers des membres de sa famille ou envers un enfant, mineur de douze ans, est puni de la reclusion, qui peut être portée à trente mois.

Si les mauvais traitements sont exercés envers un descendant ou un ascendant, ou un allié en ligne directe, la peine est la reclusion d'un an à cinq ans.

Si les mauvais traitements sont pratiqués envers le conjoint, la poursuite n'est exercée que sur la plainte de la victime, et, si celle-ci est mineure, que sur la plainte de ceux qui, lorsqu'elle n'était point mariée, avaient sur elle la puissance paternelle ou l'autorité tutélaire.

Art. 392. Dans les cas prévus aux articles précédents, le juge peut déclarer que la condamnation a pour conséquence, à l'égard de l'ascendant, la perte de tout droit à lui dévolu, en vertu de la puissance paternelle, sur la personne et sur les biens du descen-

---

Pompeiâ de parricidiis, XLVIII, 9. Si les C. français et belge sont muets (sauf les dispositions de droit commun), les C. de Fribourg, art. 372; de Genève, art. 292; du Tessin, art. 330-334; de Vaud, art. 239; de Zurich, § 142, édictent des dispositions spéciales. Notons, sur ce sujet, le C. hongrois, art. 313, qui déclare qu'«il n'y a lieu de prononcer aucune peine, à raison de lésions coupables légères faites par une personne ayant droit de correction domestique et agissant dans l'exer-

cice de ce droit». Le droit de correction des parents envers leurs enfants, des tuteurs envers leurs pupilles, des instituteurs envers leurs élèves, des maîtres envers leurs ouvriers, des capitaines ou officiers commandant un bâtiment, pendant un voyage, envers les personnes de l'équipage, est expressément reconnu par le projet britannique, sect. 66, pourvu que la correction n'excède pas la mesure et soit appropriée aux circonstances.

dant au détriment duquel le délit est commis, et, à l'égard du tuteur, la destitution de la tutelle et l'exclusion de toute fonction analogue.

CHAPITRE VII.

DE LA DIFFAMATION ET DE L'INJURE.

ART. 393. Quiconque, en s'adressant à plusieurs personnes réunies ou même séparées, impute à quelqu'un un fait déterminé et de nature à l'exposer au mépris ou à l'animadversion publique, ou à porter atteinte à son honneur ou à sa réputation, est puni de la reclusion de trois à trente mois et d'une amende de cent à trois mille livres.

Si le délit est commis dans un acte public ou dans des écrits ou des dessins divulgués ou exposés en public, ou à l'aide de tout autre moyen de publicité, la peine est celle de la reclusion d'un an à cinq ans et d'une amende qui ne peut être inférieure à mille livres.

ART. 394. Le prévenu du délit prévu à l'article précédent n'est

ART. 393 à 395. Aux termes de la législation anglaise, les injures verbales ne donnent lieu qu'à une action civile en réparation du dommage, sauf celles dirigées contre un juge ou un haut fonctionnaire (*scandalum magnatum*) et qui, en vertu d'anciens statuts, comportent l'action pénale. Mais le libelle diffamatoire est passible de la double action. Voir le projet, sect. 227-240. La loi française distingue entre l'injure, terme offensant, et la diffamation, renfermant l'imputation d'un fait déterminé de nature à porter atteinte à l'honneur ou à la considération; mais, à la différence, notamment du C. espagnol, art. 468 et s., aucune distinction n'est faite entre la diffamation verbale et la diffamation écrite. Voir loi du 29 juillet 1881, art. 23, 29, 30 et suiv., et loi du 11 juin 1887 sur la diffamation par cartes postales.

Le C. belge, art. 443 et 444, distingue deux sortes de diffamation : l'une, diffamation proprement dite, lorsque la preuve du fait imputé n'est pas admise par la loi; l'autre, dénommée calomnie, quand cette preuve est légalement autorisée. Ce Code distingue, en outre, au point de vue de la peine, la diffamation verbale du libelle diffamatoire. Le C. d'Allemagne, §§ 186 et 187, distingue aussi la diffamation, *Üble*

pas admis à prouver, pour sa disculpation, la vérité ou la notoriété du fait attribué à la personne offensée.

La preuve de la vérité est cependant admise :

1° Si la personne outragée est un fonctionnaire public et si le fait qui lui est attribué se rapporte à l'exercice de ses fonctions, sauf ce que disposent les articles 194 et 198;

2° Si, relativement au fait imputé à la personne offensée, une procédure pénale est ouverte, ou s'il y a contre elle un commencement de procédure;

3° Si le plaignant demande formellement que le procès s'étende même à la recherche de la vérité ou de la fausseté du fait à lui imputé.

Si la vérité du fait est prouvée, ou si, à raison de ce fait, la personne outragée est ensuite condamnée, l'auteur de l'imputation est exempt de peine, à moins que les moyens dont il a été fait usage ne constituent par eux-mêmes le délit prévu à l'article suivant.

Art. 395. Quiconque, en s'adressant à plusieurs personnes

nachrede, relativement à laquelle la publicité ou l'écriture constituent des circonstances aggravantes de la calomnie, *Verleumdung*, pour laquelle il est exigé que le coupable « ait connaissance de la fausseté de son assertion». Voir les dispositions analogues du C. hollandais, art. 261 et 262; hongrois, art. 258-261. Voir aussi les C. du Tessin, art. 345 et 346; de Zurich, §§ 149 et 152; le projet espagnol, art. 661, et le texte de la commission législative, etc. Voir le *Rapport de M. Zanardelli au Roi*, p. 148-151.

L'art. 394, consacrant la maxime :

Veritas convicii non excusat, exclut la preuve, comme la loi française de 1881 (la loi de 1819 avait déjà, du reste, modifié, à cet égard, les règles posées par le Code de 1810), comme le C. belge, sauf en ce qui concerne la preuve résultant d'un jugement ou d'un autre acte authentique, art. 447, etc.

La preuve est, au contraire, admise, avec plus ou moins d'ampleur et à des conditions déterminées (sauf application de la peine d'injure, s'il y a lieu) par les C. d'Allemagne, § 192; d'Autriche, §§ 487 et s.; de Hongrie, art. 264 et 265; d'Espagne, art. 470 et 475; de

réunies ou même séparées, offense, de quelque manière que ce soit, l'honneur, la réputation ou la dignité d'une personne, est puni de la détention de quinze jours au plus, ou d'une amende de trois cents livres au plus.

Si le fait est commis en présence de la personne offensée, serait-elle seule, ou dans un écrit à elle adressé, ou bien s'il est commis publiquement, la peine est celle de la détention d'un mois au plus, ou d'une amende de cinq cents livres au plus; et si, en même temps que la présence de la personne offensée, se rencontre la circonstance de publicité, la peine est celle de la détention de deux mois au plus, ou d'une amende de mille livres au plus.

Si le fait est commis à l'aide de l'un des moyens indiqués au paragraphe de l'article 393, la peine est celle de la détention d'un mois à six mois, ou d'une amende de trois cents à trois mille livres.

Art. 396. Quand le délit prévu à l'article précédent est commis contre une personne légitimement chargée d'un service public, en sa présence et à cause de son service, le coupable est puni de la détention de trois mois au plus, ou d'une amende de quinze cents livres au plus; et, s'il y a publicité, la peine est celle de la déten-

---

Hollande, art. 261; du Tessin, art. 351; de Zurich, § 151, etc. Plusieurs de ces Codes permettent la preuve, «lorsque l'imputation a eu lieu pour des motifs honnêtes et dans un juste but», ou bien «dans l'intérêt public ou pour une défense nécessaire», etc.

Les lois qui repoussent, en principe, la preuve, l'admettent, quand l'imputation est produite contre un fonctionnaire public. Voir cependant le C. de Saint-Marin, art. 489.

Un grand nombre de Codes prescri-vent le sursis, quant à la poursuite de la diffamation ou de l'injure, jusqu'à la sentence définitive sur le fait imputé, si ce fait est l'objet d'une procédure pénale, ou même disciplinaire, aux termes de quelques Codes.

Art. 396 à 399. Les lois anglaises et les différents Codes répriment plus sévèrement les imputations diffamatoires dirigées contre des fonctionnaires ou des corps constitués, en aggravant la peine relativement aux libelles. Voir l'*Exposé min.* précité, vol. II, p. 346 et s.

tion de quatre mois au plus, ou d'une amende de cinquante à deux mille livres.

Art. 397. Quand, dans les cas prévus aux deux articles précédents, la personne offensée a été la cause déterminante et injuste du fait, la peine est diminuée d'un tiers aux deux tiers, et, si les offenses sont réciproques, le juge peut, suivant les circonstances, déclarer exemptes de peine les parties ou l'une d'elles.

N'est pas punissable celui qui a été entraîné à l'offense par des violences personnelles.

Art. 398. Aucune poursuite n'est exercée à raison d'offenses contenues dans des écrits présentés ou dans des discours prononcés par les parties ou par leurs défenseurs en cause, devant l'autorité judiciaire, et relatifs au litige; mais, indépendamment des mesures disciplinaires organisées par la loi, le juge, en rendant sa sentence dans la cause, peut ordonner la suppression, en tout ou en partie, des écrits outrageants, et, à la requête de la personne offensée, lui allouer une réparation pécuniaire.

Art. 399. Dans le cas de condamnation à raison de l'un des délits prévus au présent chapitre, le juge ordonne la confiscation et la suppression des écrits, dessins ou autres moyens à l'aide desquels le délit est commis, et, lorsqu'il s'agit d'écritures par rapport auxquelles cette mesure ne peut être prescrite, note de la sentence est mentionnée sur lesdites écritures.

A la requête du plaignant, la sentence de condamnation est publiée, aux frais du condamné, une ou deux fois dans les journaux qu'indique cette sentence, et dont le nombre ne peut être de plus de trois.

Art. 400. Relativement aux délits prévus au présent chapitre, la poursuite n'est exercée que sur la plainte de la partie.

Si la personne outragée meurt avant d'avoir porté plainte, ou si les délits sont commis contre la mémoire d'un défunt, peuvent porter plainte le conjoint, les ascendants, les descendants, les frères, les sœurs et les enfants de ceux-ci, les alliés en ligne directe et les héritiers immédiats.

Au cas d'outrage contre un corps judiciaire, politique ou administratif ou l'une de ses délégations, la poursuite n'est exercée que sur l'autorisation de ce corps ou de son chef hiérarchique, quand il s'agit d'un corps qui n'est pas constitué en collège.

Art. 401. L'action pénale, à raison des délits prévus au présent chapitre, se prescrit par un an, dans les cas prévus par l'article 393, et par trois mois, dans les cas prévus aux articles 395 et 396.

Art. 400 et 401. Presque tous les Codes modernes prévoient l'injure ou la diffamation contre la mémoire des morts : *ad existimationem nostram spectat, si qua eis fiat injuria.* Sauf le C. espagnol, ils n'exigent pas que l'injure faite au défunt rejaillisse sur la personne apte à intenter l'action. A l'exception des C. d'Espagne, du Tessin, de Zurich, de Saint-Marin, sous une réserve, presque tous les Codes s'accordent à ne reconnaître le droit d'agir qu'aux parents, en le refusant à la seule qualité d'héritiers.

Mais de grandes divergences existent quant à la compréhension du mot *parents.* L'un des Codes qui la restreignent le plus, le C. espagnol, art. 480, ne l'applique qu'aux ascendants, aux descendants, à l'époux, au frère et à la sœur. L'une des législations les plus extensives, le C. autrichien, § 495, confère le droit d'action aux père et mère, aux frères et sœurs, à l'époux, aux pères et mères adoptifs et nourriciers, aux fils adoptifs et nourrissons, aux pupilles, aux alliés en lignes ascendante et descendante, aux beaux-frères et belles-sœurs.

La loi française du 29 juillet 1881, art. 34, n'autorise la poursuite de la diffamation ou de l'injure envers les morts que si l'on a eu «l'intention de porter atteinte à l'honneur ou à la considération des héritiers vivants». C'est dire que, le plus souvent, la voie de l'action purement civile est seule ouverte.

TITRE X.

DES DÉLITS CONTRE LA PROPRIÉTÉ.

CHAPITRE PREMIER.

DU VOL.

Art. 402. Quiconque s'empare d'une chose meuble, appartenant à autrui, pour en tirer profit, en l'enlevant du lieu où elle se trouve, sans le consentement de celui à qui elle appartient, est puni de la reclusion, qui peut être portée à trois ans.

Il y a également délit par rapport aux choses d'une hérédité non encore acceptée, et de la part du copropriétaire, de l'associé ou du cohéritier, sur les choses communes ou dépendantes de l'hérédité indivise qu'il ne détient pas. La quantité de ce qui est volé est calculée, déduction faite de la part afférente au coupable.

Art. 402. Quelques Codes considèrent le déplacement de la chose comme caractérisant par lui-même la *contrectatio*, comme preuve de la consommation du méfait. Les C. français, art. 379, et belge, art. 461, définissent le vol *la soustraction frauduleuse de la chose d'autrui*, tout en impliquant la nécessité de l'enlèvement pour que le méfait soit accompli. Le C. d'Allemagne, S 242, ne consacre aucune des deux théories, au fond, du reste, peu distantes l'une de l'autre, mais fait consister le délit dans la prise de possession, *Besitzergreifung*. Le projet autrichien se rattache à cette notion, tandis que le Code en vigueur en Autriche, S 258, adhérerait plutôt à la définition française. Les C. hollandais, art. 310; hongrois, art. 333; espagnol, art. 530; de Genève, art. 316; du Tessin, art. 359; de Zurich, S 162, etc., adoptent des formules qui, avec quelques nuances, reproduisent ces notions, parfois, et non sans raison, associées. Les lois britanniques, 24 et 25 Vict., ch. xcvi, sect. 26; projet, sect. 244 et 245, n'exigent pas l'enlèvement pour qu'il y ait vol; la disposition illégale et frauduleuse du bien d'autrui suffit à caractériser cette infraction. Les lois anglaises sont particulièrement originales relativement au vol; la conciliation des règles du droit commun et de celles du droit statutaire présentent de singulières difficultés. Le projet ne distingue même pas entre le vol et le détournement.

Tous les Codes distinguent le vol *simple* du vol *qualifié*.

Art. 403. Relativement au délit prévu à l'article précédent, la reclusion est de trois mois à quatre ans, si le fait est commis :

1° Dans des offices, archives ou établissements publics sur des choses qui y sont conservées, ou ailleurs par rapport à des choses destinées à un usage d'utilité publique;

2° Dans les cimetières, tombes ou sépulcres, quant aux choses qui en constituent l'ornement ou la défense, ou qui se trouvent sur les cadavres, ou ont été placées dans leur sépulture;

3° Par rapport aux choses qui servent ou qui sont destinées à servir au culte, dans les lieux consacrés à l'exercice dudit culte ou dans les annexes de ces lieux et tous locaux où sont conservées les mêmes choses;

4° Par dextérité, sur une personne, dans un lieu public ou accessible au public;

5° En ce qui concerne les objets ou les sommes d'argent des voyageurs, dans toute espèce de véhicules, par terre ou sur eau, ou dans les stations ou salles d'attente des entreprises publiques de transport;

6° Sur les animaux, dans les lieux où ils sont élevés, ou sur les animaux laissés par nécessité en pleine campagne et par rapport auxquels n'est pas applicable le n° 12 de l'article suivant;

7° Sur le bois, dans les coupes, ou sur les plantes, dans les viviers, ou sur les produits du sol, détachés et laissés par nécessité en pleine campagne;

Art. 403 à 405. Tandis qu'en Angleterre, 24 et 25, 27 et 28, 42 et 43 Vict., et en Amérique, les vols par dextérité sont l'objet de sévères dispositions, le plus grand nombre des Codes de l'Europe n'en font pas mention. L'article 403 4° du C. italien fait de ce mode de soustraction une circonstance aggravante.

L'aggravation résultant de la qualité de ce qui est volé, notamment en ce qui touche les bestiaux qui paissent dans les champs, les animaux ou les choses confiées, en quelque sorte, à la foi publique, se retrouve, avec des prescriptions diverses, dans les lois anglaises, 24 et 25 Vict., ch. xcvi; dans les C. d'Autriche,

8° Sur les objets qui demeurent, par suite de l'habitude ou de leur destination, confiés à la foi publique.

Art. 404. Relativement au délit prévu à l'article 402, la reclusion est d'un an à six ans :

1° Si le fait est commis par abus de la confiance résultant des relations réciproques d'emploi, de prestation d'ouvrage ou de cohabitation, même temporaire, entre la victime du vol et le coupable, quant aux choses qui, en conséquence de ces relations, sont laissées ou remises à la foi de ce dernier;

2° Si le coupable commet le fait en profitant de la facilité qui résulte de désastres, de calamités, de commotions publiques ou d'un malheur particulier advenu à la victime du vol;

3° Si le coupable, sans vivre avec la victime, commet le fait de nuit dans un édifice ou autre lieu destiné à l'habitation;

4° Si le coupable, pour commettre le fait ou pour transporter la chose soustraite, détruit, démolit, rompt ou force des obstacles quelconques établis avec de solides matériaux, placés pour protéger la personne ou la propriété, alors même que l'effraction n'est pas accomplie dans le lieu du fait;

5° Si le coupable, pour commettre le fait ou pour transporter la chose soustraite, ouvre des serrures, en se servant de fausses clefs ou d'autres instruments, ou même de la véritable clef perdue par le propriétaire, ou soustraite à celui-ci, ou indûment possédée ou retenue par ledit coupable;

6° Si le coupable, pour commettre le fait ou pour transporter

§ 175; de France, art. 392; de Belgique, art. 481; de Suède, ch. xx, § 6, 7°; de Fribourg, art. 237; de Genève, art. 324; de Vaud, art. 271; du Tessin, art. 365, etc

Le C. danois range au nombre des vols qualifiés les vols commis au préjudice des naufragés, pendant des incendies, des sinistres.

la chose soustraite, entre dans un édifice, un enclos ou sort par une voie différente des voies destinées aup assage ordinaire des personnes, en franchissant des obstacles ou des barrières de nature à ne pouvoir être franchies qu'à l'aide de moyens artificiels ou de l'agilité personnelle;

7° Si le fait est commis au moyen de violation de sceaux apposés par un officier public, en vertu d'une disposition de la loi ou par ordre de l'autorité;

8° Si le fait est commis par une personne masquée;

9° Si le fait est commis en réunion de trois personnes ou d'un plus grand nombre;

10° Si le fait est commis en simulant la qualité de fonctionnaire public;

11° Si la chose soustraite est du nombre de celles qui sont ouvertement destinées à la défense publique ou à procurer une publique assistance dans des calamités;

12° Si le fait est commis sur une bête comprise dans un troupeau ou sur une grosse bête, quand même elle n'est pas comprise dans un troupeau, au pâturage ou en pleine campagne, ou bien dans des écuries ou des enclos qui ne constituent pas des dépendances immédiates de maisons habitées.

S'il se rencontre plus d'une des circonstances prévues sous les différents numéros du présent article, la reclusion est de deux à huit ans.

Art. 405. Quiconque, sans le consentement de qui de droit, glane, râtelle ou grapille sur les fonds d'autrui non encore entièrement dépouillés de la récolte, est puni, sur la plainte de la partie, d'une amende de cinquante livres au plus, et, au cas de récidive du même délit, de la détention d'un mois au plus.

CHAPITRE II.

DE LA RAPINE, DE L'EXTORSION ET DU RANÇONNEMENT.

Art. 406. Quiconque, à l'aide de violence ou de la menace de graves dangers imminents contre la personne ou les biens, contraint le détenteur ou un autre tiers présent sur le lieu du délit de livrer une chose mobilière ou de souffrir que l'on s'en empare, est puni de la reclusion de trois à dix ans.

Encourt la même peine quiconque, en s'emparant d'une chose mobilière appartenant à autrui, ou immédiatement après cet acte, use contre la personne qui en est victime, ou celle qui est accourue sur le lieu du délit, de violence ou de menace, dans le but de commettre le fait ou pour transporter la chose soustraite, ou pour se procurer l'impunité à lui-même ou à une autre personne qui a concouru au délit.

Si la violence a uniquement pour but d'arracher de force la chose des mains ou des vêtements de la personne, le coupable est puni de la reclusion d'un an à cinq ans.

Art. 407. Quiconque, à l'aide de violence ou de la menace de graves dangers quant à la personne ou aux biens, contraint quelqu'un à livrer, souscrire ou détruire, au préjudice de la victime ou d'autrui, un acte qui emporte un effet juridique, quel qu'il soit, est puni de la reclusion de trois à dix ans.

Art. 406 à 412. La notion de la rapine comprend les divers modes d'emploi de la violence, non seulement pour perpétrer le vol, mais encore, après l'avoir commis, soit pour se maintenir en possession de la chose volée ou pour la transporter, soit pour assurer l'impunité du coupable, des auteurs ou des complices du méfait. Voir l'ancien C. toscan, art. 389.

Les actes de brigandage qui jettent quelquefois dans la consternation certaines provinces de la péninsule rendaient particulièrement nécessaires les dispositions énoncées aux art. 408 et s. Voir les lois grecques des 13 février 1867, 11 mars 1871 et 9 décembre 1880.

Art. 408. Quand l'un des faits prévus aux articles précédents est commis avec menace contre la vie, à main armée, ou par plusieurs personnes, entre lesquelles une seule même est ouvertement armée, ou par plusieurs personnes masquées, ou bien si le fait est commis au moyen d'une atteinte portée à la liberté personnelle, la reclusion est de cinq à quinze ans.

Art. 409. Quiconque, en inspirant, de quelque manière que ce soit, la crainte de graves dangers quant à la personne, à l'honneur ou aux biens, ou en simulant l'ordre d'une autorité, contraint quelqu'un à envoyer, déposer, ou mettre à la disposition du coupable, de l'argent, des choses ou des actes qui emportent un effet juridique, quel qu'il soit, est puni de la reclusion de deux à dix ans.

Art. 410. Quiconque séquestre une personne, afin d'obtenir d'elle ou d'une autre, comme prix de la libération, de l'argent, des choses ou des actes qui emportent un effet juridique, quel qu'il soit, en faveur du coupable ou d'autres personnes par lui désignées, alors même que le but n'est pas atteint, est puni de la reclusion de cinq à quinze ans.

Art. 411. Quiconque, en dehors des cas prévus à l'article 64, sans en donner préalablement avis à l'autorité, porte des correspondances ou des messages écrits ou verbaux, pour faire atteindre le but du délit prévu à l'article précédent, est puni de la reclusion de six mois à cinq ans.

Art. 412. Aux peines édictées relativement aux délits prévus dans les articles 406 à 410, est toujours ajoutée la soumission à la surveillance spéciale de l'autorité de sûreté publique.

CHAPITRE III.

DE L'ESCROQUERIE ET D'AUTRES FRAUDES.

Art. 413. Quiconque, à l'aide d'artifices ou de ruses destinées à tromper ou à surprendre la bonne foi d'autrui, en induisant quelqu'un en erreur, se procure ou procure à autrui un injuste profit, au préjudice d'une autre personne, est puni de la reclusion, qui peut être portée à trois ans, et d'une amende de plus de cent livres.

La reclusion est d'un an à cinq ans, si le délit est commis :

1° Par des avocats, des procureurs ou des administrateurs, dans l'exercice de leurs fonctions;

2° Au détriment d'une administration publique ou d'un établissement de bienfaisance publique;

3° Sous le prétexte de faire exonérer quelqu'un du service militaire.

Art. 414. Quiconque, afin d'obtenir, pour lui-même ou pour

Art. 413 à 416. Le C. français, art. 405 et s., distingue nettement, entre les infractions dites *vols impropres*, l'escroquerie, *truffa*, qui a pour but de se faire remettre, de l'abus de confiance, appropriation indue de choses ou valeurs remises à des titres divers. Les C. belge, art. 496; suédois, ch. xxii, § 1; hollandais, art. 326; de Berne, art. 231; de Genève, art. 364; du Valais, art. 306; de Vaud, art. 282, font, comme le C. français, une énonciation plus ou moins variée des moyens frauduleux. La même tendance à l'énumération ne se rencontre pas dans les C. d'Allemagne, § 263; d'Autriche, § 197; de Hongrie, § 379; du Tessin, art. 384; de Zurich, § 182; ces Codes se bornent à faire consister la *truffa* dans l'acte d'induire ou de maintenir une personne en erreur, pour se procurer un avantage illégitime. Les lois anglaises renferment des distinctions spéciales, 27 et 28, 37 et 38 Vict., au sujet de ce qu'elles dénomment *false pretence*.

Une juste répression atteint le fait de pousser, en le trompant, quelqu'un à émigrer, art. 416.

L'art. 395 du projet, qui eût été l'art. 416 du Code, a été supprimé lors de la rédaction du texte définitif.

autrui, le prix d'une assurance contre des sinistres ou autre indû profit, détruit, disperse ou détériore, de quelque manière que ce soit, des choses qui lui appartiennent, est puni de la reclusion d'un an au plus, et, si le but est atteint, on applique les dispositions de l'article précédent.

ART. 415. Quiconque, en abusant, pour son profit ou le profit d'autrui, des besoins, des passions ou de l'inexpérience d'un mineur, d'un interdit ou d'un incapable, lui fait souscrire un acte qui emporte un effet juridique, quel qu'il soit, au détriment du souscrivant ou d'autrui, est puni, nonobstant la nullité qui résulte de l'incapacité personnelle, de la reclusion d'un an à cinq ans et d'une amende de plus de trois cents livres.

ART. 416. Quiconque, dans un but de lucre, détermine un citoyen à émigrer en le trompant par l'allégation de faits inexistants ou par de fausses informations, est puni de la reclusion d'un an à

Cet article se référait, non à la banqueroute, qui est régie par les dispositions de l'art. 861 du C. de commerce, mais à l'insolvabilité dolosive des non-commerçants. Cette inculpation, ayant soulevé de graves objections, a été écartée.

Le C. français, art. 402 et s., imité par le C. belge, les anciens C. italiens, plusieurs des anciens C. des États d'Allemagne, ne prévoit que la banqueroute, soit simple, soit frauduleuse, dont l'un des éléments essentiels est, chez l'inculpé, la qualité de commerçant; la *déconfiture dolosive* n'est pas qualifiée délit. Mais l'ordonnance allemande du 10 février 1877, en abrogeant les §§ 281-283 du C. p., ne restreint plus la banqueroute aux commerçants. Il en est de même, depuis 1869, en Angleterre (Voir le projet, sect. 408-411), et en Autriche, depuis 1872, en Danemark. Le C. de Zurich, §§ 191 et s., réprime la banqueroute simple et la banqueroute frauduleuse, sans distinguer entre les négociants et ceux qui n'exercent pas le commerce. D'autres Codes, comme ceux d'Autriche, § 199; de Hongrie, art. 386; de Hollande, art. 346; du Tessin, art. 233, relèvent, à la fois, la banqueroute, à la charge des commerçants faillis, et un délit spécial d'insolvabilité dolosive vis-à-vis de quiconque. Tel était aussi l'objet de la disposition inscrite dans le projet et finalement abandonnée.

cinq ans et d'une amende qui ne peut être inférieure à cinq cents livres.

CHAPITRE IV.

DES APPROPRIATIONS INDUES.

Art. 417. Quiconque s'approprie, en la tournant à son profit ou au profit d'un tiers, une chose appartenant à autrui et qui lui a été confiée ou remise, en vertu d'un titre, quel qu'il soit, emportant l'obligation de la restituer ou d'en faire un emploi déterminé, est puni, sur la plainte de la partie, de la reclusion, qui peut être portée à deux ans, et d'une amende de plus de cent livres.

Art. 418. Quiconque, en abusant d'une feuille revêtue d'une signature en blanc, à lui confiée avec l'obligation de la restituer ou d'en faire un emploi déterminé, y écrit ou fait écrire un acte emportant un effet juridique, quel qu'il soit, au préjudice de celui qui l'a signée, est puni, sur la plainte de la partie, de la reclusion de trois mois à trois ans et d'une amende qui ne peut être inférieure à trois cents livres.

Si la feuille revêtue de la signature n'avait pas été confiée au coupable, on applique les dispositions des chapitres III et IV du titre VI.

Art. 419. La reclusion est d'un an à cinq ans et la poursuite a

---

Art. 417 à 420. Ces articles se rapprochent des dispositions des C. hongrois, art. 358; hollandais, art. 322; de Berne, § 220; de Genève, art. 361; du Tessin, art. 430; de Zurich, § 173, etc.

La poursuite des délits d'escroquerie et d'abus de confiance a lieu d'office en France, en Belgique, sauf quelques exceptions, en Allemagne, en Autriche, dans les cantons du Tessin et de Zurich, etc. Au contraire, avec une restriction pour les cas les plus graves, la poursuite de l'escroquerie n'a lieu, en Hongrie, qu'à la requête de la partie lésée; mais les délits d'appropriation indue y sont, sauf une seule exception, poursuivis d'office.

lieu d'office, quand le délit prévu aux articles précédents est commis sur des choses confiées ou remises pour raison de profession, d'industrie, commerce, administration d'affaires, charge, service ou dépôt nécessaire.

Art. 420. Est puni, sur la plainte de la partie, de la détention d'un an au plus, ou d'une amende de cinquante à mille livres :

1° Quiconque, trouvant des choses égarées par autrui, se les approprie, sans observer les prescriptions de la loi civile quant à l'acquisition de la propriété des choses trouvées;

2° Quiconque, découvrant un trésor, s'approprie, en tout ou en partie, la quote-part due au propriétaire du fonds;

3° Quiconque s'approprie des choses appartenant à autrui et desquelles il est entré en possession, à la suite d'une erreur ou d'un cas fortuit.

Si le coupable connaît le propriétaire de la chose qu'il s'est appropriée, on applique la reclusion, qui peut être portée à deux ans.

CHAPITRE V.

DU RECEL.

Art. 421. Quiconque, en dehors du cas prévu à l'article 225, acquiert, reçoit ou recèle de l'argent ou des choses provenant d'un délit, ou s'entremet, de quelque manière que ce soit, pour les faire

Art. 421. La notion du C. français, art. 62, qui considère le recel comme l'un des modes de complicité, tend de plus en plus à être abandonnée, pour le faire ranger dans les catégories d'*assistance subséquente*. Voir cependant Carrara, *Du recel frauduleux*, etc., traduit par nous, et plus haut, la note sous l'art. 225.

Pour les uns, le recel implique un profit, pour d'autres, expressément un but de lucre. Les anciens C. toscan, art. 417 et 418, et subalpin, art. 639, considéraient la connaissance de l'origine

acquérir, recevoir ou recéler, sans avoir concouru au délit même, est puni de la reclusion, qui peut être portée à deux ans, et d'une amende qui peut atteindre mille livres.

Si l'argent ou les choses proviennent d'un délit passible d'une peine restrictive de la liberté personnelle pendant une durée de plus de cinq ans, le coupable est puni de la reclusion d'un an à quatre ans et d'une amende de cent à trois mille livres.

Dans les deux cas prévus aux précédentes dispositions, la reclusion ne peut dépasser la moitié de la peine édictée relativement au délit duquel les choses proviennent; et, lorsqu'il s'agit d'une peine pécuniaire, pour déterminer cette mesure, on établit la proportion suivant les règles posées dans l'article 19.

Si le coupable est receleur habituel, la reclusion est de trois à sept ans, au cas prévu dans la première partie du présent article, et de cinq à dix ans, dans le cas prévu au premier paragraphe; et l'on ajoute toujours une amende de trois cents à trois mille livres.

---

frauduleuse de la chose recélée comme suffisante pour caractériser le délit. Les Codes qui, en punissant le recel des choses provenant des méfaits contre la propriété, n'exigent pas le but de lucre ou le profit, sont nombreux, notamment les C. d'Autriche, §§ 185 et 186; de Suède, ch. xx, § 16; de Fribourg, art. 253; de Zurich, § 178, etc.; de même les C. de Belgique, art. 505; de Genève, art. 334; de Saint-Marin, art. 515, qui prévoient le recel d'objets provenant de tout méfait, quel qu'il soit. Au contraire, le C. hongrois, art. 370, et le projet autrichien, § 273, énoncent que le receleur a dû se proposer un avantage pécuniaire.

Les C. d'Allemagne, § 257; de Berne, art. 41, 217, 223; de Hollande, art. 416; de Danemark, §§ 238 et s., considèrent le recel, soit comme un mode d'*assistance subséquente*, soit, dans tous les cas, comme un délit spécial. Les deux premiers, comme le C. français, ne visent pas, de la part du receleur, le dessein de se procurer un profit personnel, but qu'indique, au contraire, le C. hollandais.

CHAPITRE VI.

DE L'USURPATION.

Art. 422. Quiconque, pour s'approprier, en tout ou en partie, une chose immobilière appartenant à autrui, ou pour en tirer profit, en enlève ou altère les bornes, est puni de la reclusion, qui peut être portée à trente mois, et d'une amende de cinquante à trois mille livres.

Encourt la même peine celui qui, pour se procurer un indû profit, détourne des eaux publiques ou privées.

Si le fait est commis à l'aide de violence ou de menace envers les personnes, ou par plusieurs personnes avec armes, ou par plus de dix personnes même sans armes, la reclusion est d'un an à cinq ans et l'amende de quinze cents à cinq mille livres.

Art. 423. Quiconque trouble, à l'aide de violence envers les personnes, la pacifique possession d'autrui sur des choses immobilières, est puni de la reclusion d'un an au plus, ou d'une amende de cent à deux mille livres.

Si le fait est commis par plusieurs personnes avec armes, ou par plus de dix personnes même sans armes, la peine est celle de la reclusion d'un an à trois ans et d'une amende de deux mille à cinq mille livres.

Art. 422 et 423. Sauf le C. d'Allemagne, S 274, qui classe le déplacement de bornes au nombre des falsifications de documents, l'ensemble des Codes le range parmi les méfaits contre la propriété. Voir les C. français, art. 389; belge, art. 546; espagnol, art. 535; portugais, art. 445, 446; hongrois, art. 421; du Valais, art. 337; de Vaud, art. 327; de Saint-Marin, art. 504. Les C. de Hollande, art. 333, et de Berne, art. 235, qualifient ce fait comme une espèce do fraude.

Le C. de Suède, ch. xxiv, S 1, le classe sous le titre des délits en matière forestière.

CHAPITRE VII.

DES DOMMAGES.

Art. 424. Quiconque détruit, disperse, dégrade ou de quelque manière que ce soit, détériore des choses mobilières ou immobilières appartenant à autrui, est puni, sur la plainte de la partie, de la reclusion ou de la détention de six mois au plus et d'une amende de cinq cents livres au plus.

La peine est celle de la reclusion d'un mois à trois ans et d'une amende qui peut atteindre trois mille livres, et la poursuite a lieu d'office, si le fait est commis :

1° Par vengeance contre un fonctionnaire public, à cause de ses fonctions;

2° A l'aide de violence envers les personnes ou par l'un des moyens indiqués aux n°ˢ 4 et 5 de l'article 404;

3° Sur des édifices publics ou destinés à un usage public, à l'utilité publique ou à l'exercice d'un culte, ou bien sur des édifices ou des ouvrages de l'espèce indiquée à l'article 405, ou sur des monuments publics, des cimetières ou leurs dépendances;

4° Sur des digues, des défenses ou autres ouvrages destinés à servir de secours publics contre des sinistres, ou bien sur des appareils ou des signaux destinés aux services publics;

5° Sur des canaux, des conduites d'eau ou autres ouvrages servant à l'irrigation;

6° Sur des plants de vignes, d'arbres ou d'arbustes fruitiers.

Art. 425. Quand le fait prévu à l'article précédent est commis à l'occasion de violence ou de résistance envers l'autorité, ou en réunion de dix personnes ou d'un plus grand nombre, tous ceux

Art. 424 à 430. Toutes ces dispositions visent le *damnum injuriâ datum*.

qui concourent au délit sont punis, dans le cas de la première
partie, de la reclusion ou de la détention de huit mois au plus
et d'une amende pouvant atteindre mille livres, et, dans les cas
prévus au paragraphe, de la reclusion de deux mois à quatre ans
et d'une amende pouvant atteindre quatre mille livres, et la poursuite a toujours lieu d'office.

Art. 426. Quiconque cause du dommage au fonds d'autrui en
y introduisant, sans droit, ou en y abandonnant des animaux, est
puni suivant les dispositions de l'article 424.

A raison du seul fait de les avoir introduits ou abandonnés
abusivement pour les faire paître, le coupable est puni, sur la plainte
de la partie, de la détention de trois mois au plus et d'une
amende pouvant atteindre cinq cents livres.

Art. 427. Quiconque pénètre arbitrairement sur le fonds d'autrui, entouré d'un fossé, d'une haie vive ou d'une barrière stable,
est puni, sur la plainte de la partie, d'une amende pouvant atteindre cinquante livres, et, au cas de récidive du même délit, de
la détention d'un mois au plus.

Art. 428. Quiconque chasse sur le fonds d'autrui, lorsque le
propriétaire, suivant les conditions établies par la loi, en a fait
défense, est, s'il existe des signes qui rendent ostensible cette inhi-
bition, puni, sur la plainte de la partie, d'une amende pouvant
atteindre cinquante livres, et, au cas de récidive du même délit,
de la détention de quinze jours au plus.

Art. 429. Quiconque, sans nécessité, tue ou de toute manière
rend impropres au service des animaux qui appartiennent à autrui,
est puni, sur la plainte de la partie, de la détention de trois mois
au plus et d'une amende pouvant atteindre mille livres.

Si le dommage est léger, on peut n'appliquer que l'amende, dont le maximum est de trois cents livres.

Si l'animal est seulement déprécié, la peine est celle de la détention d'un mois au plus, ou d'une amende pouvant atteindre trois cents livres.

Est exempt de peine celui qui commet le fait envers des volatiles surpris sur un fonds par lui possédé et au moment où ils causent du dommage.

Art. 430. Quiconque, en dehors des cas prévus aux articles précédents, dégrade ou souille des choses mobilières ou immobilières appartenant à autrui, est puni, sur la plainte de la partie, d'une amende qui peut atteindre cinq cents livres.

Si l'on constate l'une des circonstances énumérées à l'article 425, on ajoute la reclusion de trois mois au plus, et la poursuite a lieu d'office.

CHAPITRE VIII.

DISPOSITIONS COMMUNES AUX CHAPITRES PRÉCÉDENTS.

Art. 431. Relativement aux délits prévus au présent titre, si la valeur de la chose qui en est l'objet ou la valeur correspondant au dommage causé est très importante, le juge peut augmenter la peine même de moitié; s'il s'agit d'une chose ou d'un dommage de peu de valeur, le juge peut réduire la peine jusqu'à la

Art. 431. Le C. danois, le projet autrichien, etc., font aussi de l'importance de la valeur soustraite une cause d'aggravation de la pénalité.

Les C. d'Allemagne, de France, de Belgique, de Hollande, ne tiennent pas compte de la valeur de l'objet volé, sauf pour caractériser de minimes contraventions, tandis que les C. de Hongrie, art. 334-340; de Zurich, §§ 163-165, etc., fondent sur la valeur plusieurs de leurs distinctions. Le C. de Suède, ch. xx, §§ 1 et 2, qui adopte aussi ce criterium, sépare, dans cet ordre d'idées, le *vol* du *petit vol*. La loi norvégienne du 29 mai 1879 dispose que l'action publique peut être supprimée, lorsque l'objet volé est de valeur minime, ou que le vol a été commis avec des circonstances très atténuantes.

moitié, et, si la chose ou le dommage sont de très peu de valeur, la réduction peut être étendue jusqu'au tiers.

Pour déterminer la valeur, on tient compte de celle que la chose avait et du préjudice causé au moment du délit, et non du profit obtenu par le coupable.

Les diminutions précitées de peine ne sont pas appliquées, si le coupable est récidiviste à raison d'un délit de même nature, ou s'il s'agit de l'un des délits prévus au chapitre II du présent titre.

Art. 432. Quand le coupable de l'un des délits prévus aux chapitres I, III, IV et V du présent titre et dans les articles 424, première partie, 426 et 429, avant tout renvoi de l'affaire à l'audience, restitue le produit du vol, ou bien si, par suite de la nature du fait ou à raison d'autres circonstances, la restitution n'étant pas possible, il dédommage entièrement la victime du vol du préjudice, la peine est diminuée d'un tiers aux deux tiers.

La peine est diminuée d'un sixième à un tiers, si la restitution ou le dédommagement a lieu durant la procédure, mais avant le renvoi de l'affaire à l'audience.

Art. 433. Relativement aux faits prévus aux chapitres I, III, IV et V du présent titre et dans les articles 424, première partie,

---

Art. 432. Plus large que tout autre, le C. autrichien, §§ 187 et 188, accorde, dans ce cas, l'impunité. Le C. de Berne l'autorise aussi, quant aux appropriations indues, § 221, mais n'édicte qu'une réduction de peine, quant au vol, § 215. Le C. du Tessin, art. 368, admet l'impunité, mais à la condition que la restitution ou le dédommagement ait lieu dans les vingt-quatre heures qui suivent le délit et que ce méfait ne soit pas encore connu de l'autorité. Le C. de Fribourg, art. 245, avec des conditions spéciales, accorde une réduction de peine dans ces différents cas. De même le C. de Vaud, art. 307.

Art. 433. Voir à ce sujet les dispositions et les distinctions particulières des C. d'Allemagne, § 247, modifié par la loi du 26 février 1876; d'Autriche, § 463; de France, art. 380; de Hollande, art. 316; du Tessin, art. 367, 383 et 389; de Zurich, §§ 177 et 187, etc.

426 et 429, aucune poursuite n'est exercée contre celui qui les a commis au détriment :

1° Du conjoint non légalement séparé;

2° Du père, de la mère ou d'alliés en ligne ascendante ou descendante, du père ou de la mère adoptifs, ou de l'enfant adoptif;

3° D'un frère ou d'une sœur qui vivent, avec l'auteur du fait, en famille.

Si le fait est commis au détriment du conjoint légalement séparé, ou d'un frère ou d'une sœur qui ne vivent pas en famille avec l'auteur du fait, ou d'un oncle, d'une tante, d'un neveu ou d'une nièce ou bien d'alliés au second degré, vivant en famille avec ledit auteur, la poursuite n'est exercée que sur la plainte de la partie, et la peine est diminuée d'un tiers.

LIVRE TROISIÈME.

DES DIFFÉRENTES ESPÈCES DE CONTRAVENTIONS.

TITRE PREMIER.

DES CONTRAVENTIONS CONCERNANT L'ORDRE PUBLIC.

CHAPITRE PREMIER.

DU REFUS D'OBÉISSANCE À L'AUTORITÉ.

Art. 434. Quiconque transgresse un ordre légalement donné par l'autorité compétente ou bien n'observe pas une prescription légalement émanée de ladite autorité, pour raison de justice ou de sûreté publique, est puni de l'arrêt, pouvant atteindre un mois, ou d'une amende de vingt à trois cents livres.

Art. 435. Quiconque, à l'occasion d'un tumulte ou d'une calamité, ou d'infractions flagrantes, refuse, sans juste motif, de prêter aide ou assistance, ou bien refuse de fournir les informations ou indications qui lui sont demandées par un fonctionnaire public, dans l'exercice de ses fonctions, est puni d'une amende pouvant atteindre cinquante livres, et, s'il fournit des informations ou indications mensongères, d'une amende de cent à cinq cents livres.

Art. 436. Quiconque refuse de déclarer à un fonctionnaire

Art. 434 à 438. Voir, dans le même sens que les art. 435 et 436, les C. d'Allemagne, § 360 10°; de France, art. 475 12°; de Hollande, art. 446, etc. Voir le *Rapport au Roi*, p. 67-172.

public, dans l'exercice de ses fonctions, ses nom, surnom, état ou profession, lieu de naissance ou de domicile ou autres qualités personnelles, est puni d'une amende pouvant atteindre cinquante livres, et, s'il donne des indications mensongères, d'une amende de cinquante à trois cents livres.

ART. 437. Quiconque, malgré la défense légale de l'autorité compétente, organise ou dirige des cérémonies religieuses en dehors des lieux destinés au culte ou bien des processions religieuses ou civiles sur des places ou des voies publiques, est puni d'une amende pouvant atteindre cent livres, et, si le fait produit un désordre public, de l'arrêt, pouvant être porté à un mois, et d'une amende de cinquante à trois cents livres.

ART. 438. Le ministre d'un culte qui accomplit des actes de culte extérieur, en violation des prescriptions légalement émanées de l'autorité compétente, est puni de l'arrêt, pouvant être porté à trois mois, et d'une amende de cinquante à quinze cents livres.

CHAPITRE II.

DE L'OMISSION DE RAPPORT.

ART. 439. Le médecin, le chirurgien, la sage-femme ou autre officier de santé qui, ayant donné l'assistance de sa profession dans des cas qui peuvent présenter les caractères de délit contre la personne, omet ou retarde d'en rendre compte à l'autorité judiciaire ou de sûreté publique, est puni, à moins que le rapport n'exposât la personne assistée à une poursuite pénale, d'une amende pouvant atteindre cinquante livres.

ART. 439 à 456. Voir le *Rapport au Roi*, p. 172-173.

CHAPITRE III.

DES CONTRAVENTIONS CONCERNANT LES MONNAIES.

Art. 440. Quiconque, ayant reçu comme bonnes des monnaies pour une valeur d'ensemble de plus de dix livres, reconnaît ensuite qu'elles sont contrefaites ou altérées, et ne les remet pas, dans les trois jours, à l'autorité, en indiquant autant que possible leur provenance, est puni d'une amende pouvant atteindre trois cents livres.

Art. 441. Quiconque refuse de recevoir, pour leur valeur, des monnaies ayant cours légal dans l'État, est puni d'une amende pouvant atteindre cinquante livres.

CHAPITRE IV.

DES CONTRAVENTIONS CONCERNANT L'EXERCICE DE L'ART TYPOGRAPHIQUE, LA VENTE DES IMPRIMÉS ET LES AFFICHES.

Art. 442. Quiconque exerce l'art typographique, lithographique ou autre art de reproduction en multiples exemplaires à l'aide de moyens mécaniques ou chimiques, sans observer les prescriptions de la loi, est puni d'une amende de cent à quinze cents livres.

Art. 443. Quiconque vend ou distribue, dans un lieu public ou ouvert au public, des imprimés, dessins ou manuscrits, sans permission de l'autorité, quand cette permission est exigée par la loi, est puni d'une amende pouvant atteindre cinquante livres.

S'il s'agit d'imprimés ou dessins dont l'autorité a ordonné la saisie, la peine est celle de l'arrêt, pouvant être porté à un mois, et d'une amende de cinquante à cinq cents livres.

Art. 444. Quiconque, en vendant ou distribuant des imprimés, dessins ou manuscrits dans un lieu public ou ouvert au public, annonce ou crie des informations de nature à troubler la tranquillité publique ou la tranquillité des personnes, est puni d'une amende pouvant atteindre deux cents livres, et, si les informations sont fausses ou supposées, d'une amende de cent à trois cents livres, ou de l'arrêt, pouvant être porté à un mois.

Art. 445. Quiconque, sans permission de l'autorité, ou bien en dehors des lieux où l'affichage est permis, affiche ou fait afficher des imprimés, dessins ou manuscrits, est puni d'une amende pouvant atteindre cinquante livres.

Art. 446. Quiconque arrache, lacère ou, de toute autre manière, met hors d'usage les imprimés, dessins ou manuscrits que l'autorité a fait afficher, est puni d'une amende pouvant atteindre cent livres, et, s'il le fait par mépris de l'autorité, de l'arrêt de quinze jours au plus.

S'il s'agit d'imprimés, dessins ou manuscrits que des particuliers ont fait afficher dans les lieux et suivant les conditions fixés par la loi ou par l'autorité, et si le fait est commis avant le lendemain du jour où l'affichage a eu lieu, la peine est celle de l'amende, pouvant atteindre cinquante livres.

CHAPITRE V.

DES CONTRAVENTIONS CONCERNANT LES SPECTACLES, LES ÉTABLISSEMENTS

ET EXERCICES PUBLICS.

Art. 447. Quiconque ouvre ou tient ouverts des lieux de spectacle public ou de réunion, sans avoir observé les prescriptions déterminées par l'autorité pour protéger la sécurité publique, est puni de l'arrêt, pouvant être porté à un mois, et de l'amende; et, au cas de récidive de la même infraction, l'amende ne peut être inférieure à trois cents livres.

Art. 448. Quiconque, sans permission de l'autorité, donne des spectacles ou divertissements de quelque nature qu'ils soient, dans un lieu public ou ouvert au public, est puni d'une amende de dix à cent livres, et, si le fait a lieu malgré la défense de l'autorité, de l'arrêt de quinze jours au plus et d'une amende de cinquante à trois cents livres.

Art. 449. Quiconque ouvre des agences d'affaires ou des établissements ou exercices publics, pour lesquels est nécessaire une permission de l'autorité, sans l'avoir préalablement obtenue, est puni d'une amende pouvant atteindre trois cents livres, à laquelle, au cas de récidive de la même infraction, s'ajoute l'arrêt d'un mois au plus.

Si la permission a été refusée, la peine est celle de l'amende pouvant atteindre cinq cents livres, à laquelle, au cas de récidive de la même infraction, s'ajoute l'arrêt, pouvant être porté à trois mois.

Art. 450. Le propriétaire ou administrateur d'une agence ou de l'un des établissements ou exercices indiqués à l'article précédent, qui n'observe pas les prescriptions déterminées par la loi ou par l'autorité, est puni d'une amende pouvant atteindre cinquante livres, à laquelle, au cas de récidive de la même infraction, s'ajoutent l'arrêt de quinze jours au plus et la suspension de l'exercice de la profession ou du métier pendant un mois au plus.

Art. 451. Quiconque, moyennant salaire, loge ou reçoit quelqu'un pour le nourrir ou lui donner des soins, sans observer ce qui est légalement prescrit relativement à l'obligation de tenue de registres, de déclaration ou avis à l'autorité, est puni d'une amende pouvant atteindre cinquante livres, et, au cas de récidive de la même infraction, d'une amende de vingt à deux cents livres.

Si l'industrie est exercée malgré la défense de l'autorité, la peine est celle de l'amende, pouvant atteindre cent livres, et, au cas de récidive de la même infraction, d'une amende de cinquante à cinq cents livres.

CHAPITRE VI.

DES ENRÔLEMENTS SANS PERMISSION DE L'AUTORITÉ.

Art. 452. Quiconque, sans permission de l'autorité, ouvre des enrôlements, est puni de l'arrêt, pouvant être porté à un an, et d'une amende de cinquante à mille livres.

CHAPITRE VII.

DE LA MENDICITÉ.

Art. 453. Quiconque, étant en état de travailler, est trouvé mendiant, est puni de l'arrêt de cinq jours au plus, et, au cas de récidive de la même infraction, de l'arrêt, pouvant être porté à un mois.

Les mêmes peines sont appliquées à celui qui, étant hors d'état de travailler, est trouvé mendiant, sans avoir observé les prescriptions déterminées par la loi.

La contravention n'est pas écartée par le fait que le coupable mendie, sous prétexte de rendre des services aux personnes ou en simulant ces services ou en vendant des objets.

Art. 454. Quiconque mendie, d'une manière menaçante, vexatoire ou inconvenante, eu égard aux circonstances de temps, de lieu, de moyen ou de personne, est puni de l'arrêt d'un mois

au plus, et, au cas de récidive de la même infraction, de l'arrêt
d'un à six mois.

Art. 455. Le juge peut ordonner que la peine de l'arrêt, édictée aux articles précédents, soit subie suivant l'un des modes
prévus à l'article 22.

Art. 456. Quiconque permet qu'une personne mineure de
quatorze ans, soumise à son autorité ou confiée à sa garde ou à
sa surveillance, aille mendier, ou qu'un autre se serve de celle-ci
pour mendier, est puni de l'arrêt, pouvant être porté à deux mois,
et d'une amende pouvant atteindre trois cents livres, et, au cas de
récidive de la même infraction, l'arrêt est de deux à quatre mois.

CHAPITRE VIII.
DU TROUBLE DE LA TRANQUILLITÉ PUBLIQUE ET PRIVÉE.

Art. 457. Quiconque, au moyen de bruits ou clameurs, par
abus de cloches ou d'autres instruments, ou bien en exerçant des
professions ou métiers bruyants, en violation des dispositions de la
loi ou des règlements, trouble les occupations ou le repos des citoyens ou les assemblées publiques, est puni d'une amende pouvant atteindre trente livres, et qui peut être élevée à cinquante
livres, au cas de récidive de la même infraction.

Si le fait est commis de nuit, à partir de onze heures, l'amende
est de vingt à cinquante livres, et peut, en cas de récidive de la
même infraction, atteindre cent livres.

Si le fait est de nature à alarmer le public, à l'amende peut
être ajouté l'arrêt d'un mois au plus.

Art. 457 à 459. L'art. 459 réprime, en classant l'infraction à un degré moindre que l'escroquerie, l'agissement du charlatan qui commet ses tromperies dans les lieux publics, tels que les champs de foire.

Art. 458. Quiconque publiquement, par insolence ou autre motif blâmable, moleste quelqu'un ou trouble son repos, est puni d'une amende pouvant atteindre cent livres et de l'arrêt de quinze jours au plus.

CHAPITRE IX.

DE L'ABUS DE LA CRÉDULITÉ D'AUTRUI.

Art. 459. Quiconque, dans un lieu public ou ouvert au public, cherche, par une imposture quelle qu'elle soit, à abuser de la crédulité populaire, de manière à pouvoir causer un préjudice à autrui ou à troubler l'ordre public, est puni de l'arrêt de quinze jours au plus, et pouvant être porté à un mois, au cas de récidive de la même infraction.

TITRE II.

DES CONTRAVENTIONS CONCERNANT LA SÉCURITÉ PUBLIQUE.

CHAPITRE PREMIER.

DES CONTRAVENTIONS CONCERNANT LES ARMES ET LES MATIÈRES EXPLOSIBLES.

Art. 460. Quiconque, sans en avoir préalablement donné avis à l'autorité compétente, établit une fabrique d'armes ou introduit dans l'État une quantité d'armes excédant ce qui est nécessaire à son propre usage, est puni de l'arrêt de trois mois au plus, ou d'une amende de cinquante à mille livres.

Art. 461. Quiconque, sans permission de l'autorité compétente, fabrique ou introduit dans l'État, ou bien vend ou met en

Art. 460 à 470. Voir les C. français, art. 314, et loi du 24 mai 1834; belge, art. 316, 317, 344, et loi du 26 mai 1876; d'Allemagne, §§ 360, 367; d'Autriche, § 372, et patente du 24 octobre 1852, § 2; de Hongrie (cont^ons), art. 34 et 61; du Tessin, art. 416; de Saint-Marin, art. 549; la loi danoise du 5 mai 1885 et le projet autrichien, §§ 389-392, etc. — En Angleterre, le droit de

vente des armes insidieuses, est puni de l'arrêt de six mois au moins et de la suspension de l'exercice de sa profession ou de son métier.

Art. 462. Quiconque, sans permission de l'autorité compétente, fabrique ou introduit dans l'État des poudres inflammables ou autres matières explosibles, est puni de l'arrêt de trois mois au plus et d'une amende pouvant atteindre cinq cents livres.

Art. 463. Quiconque vend ou met en vente des armes, sans permission de l'autorité compétente, quand cette permission est légalement exigée, est puni de l'arrêt d'un mois au plus et d'une amende de cinquante à cinq cents livres.

Art. 464. Quiconque, sans permission de l'autorité compétente et en dehors de sa propre habitation ou des dépendances de cette habitation, porte des armes pour lesquelles une permission est nécessaire, est puni de l'arrêt d'un mois au plus, ou d'une amende pouvant atteindre deux cents livres.

Le coupable est puni de l'arrêt :

1° Pouvant être porté à quatre mois, si l'arme est un pistolet ou un revolver;

porter des armes est considéré comme inhérent au droit de liberté et de sécurité personnelle. Toutefois il est interdit de marcher armé, de manière à causer de l'alarme, à troubler la paix publique, 2 Edw., 3, ch. ii. De plus, à raison de sa prérogative, le chef de l'État peut, par un manifeste ou un ordre en Conseil, interdire l'importation et l'exportation des armes.

Les utiles prescriptions contre l'aban-

don d'armes aux enfants, art. 466, se sont inspirées de l'ancien règlement toscan sur la police répressive, art. 95.

Voir les lois intervenues sur les substances explosibles, notamment en Angleterre, le 10 avril 1883, *Act* amendant les lois des 6 août 1861 et 14 juin 1875, 46 et 47 Vict., ch. iii; en Hollande, le 20 avril 1884; dans le canton de Glaris, le 20 février 1886; en Hongrie, le C. p. des contraventions, art. 109 et 110, etc.

2° D'un mois à un an, si l'arme est insidieuse.

Art. 465. Les peines édictées à l'article précédent sont augmentées :

1° D'un tiers, si l'arme est portée dans un lieu où se tient une assemblée ou une réunion de peuple, ou de nuit dans un lieu habité, ou si le coupable a été condamné pour mendicité;

2° D'un tiers à la moitié, si le coupable a été condamné à raison de délits commis avec violence contre la personne ou la propriété, ou bien comme auteur de violence ou de résistance envers l'autorité, ou s'il se trouve soumis à la surveillance spéciale de l'autorité de sûreté publique, et l'on applique toujours la peine de l'arrêt.

Art. 466. Est puni de l'amende de cent livres au plus quiconque, bien que muni de la permission de port d'armes à décharger :

1° Donne à garder ou laisse porter l'une de ces armes chargée par une personne âgée de moins de quatorze ans ou par toute autre personne qui ne sait ou ne peut la manier avec discernement;

2° Néglige d'observer dans la garde desdites armes les précautions de nature à empêcher que l'une des personnes prémentionnées parvienne à s'en emparer facilement;

3° Porte un fusil chargé dans un lieu où est tenue une assemblée ou concours de peuple.

Art. 467. Quiconque, sans permission de l'autorité compétente, tire des armes à feu ou allume des feux d'artifice ou des machines explosibles, ou bien pratique d'autres explosions ou embrasements périlleux ou incommodes dans un lieu habité, ou dans le voisinage d'un tel lieu, ou bien le long ou dans la direction d'une voie publique, est puni d'une amende pouvant atteindre cinquante livres, à laquelle peut être ajouté, dans les cas les plus graves, l'arrêt de quinze jours au plus.

ART. 468. Quiconque, clandestinement ou malgré la défense de la loi ou de l'autorité compétente, tient dans une maison ou autre lieu un amas d'armes, au nombre de vingt au moins, ou bien une ou plusieurs pièces d'artillerie, ou d'autres machines analogues, ou bien des matières explosibles ou inflammables dangereuses par leur qualité ou quantité, est puni de l'arrêt de trois mois au moins, et, si les armes sont insidieuses, à l'arrêt peut être ajoutée la soumission à la surveillance spéciale de l'autorité de sûreté publique.

ART. 469. Quiconque, sans permission de l'autorité compétente, transporte d'un lieu à un autre des poudres inflammables ou autres matières explosibles en quantité supérieure à ses propres besoins ou à un besoin industriel, ou bien sans les précautions prescrites par la loi ou les règlements, est puni de l'arrêt d'un mois au plus, ou d'une amende pouvant atteindre trois cents livres.

ART. 470. Pour l'application de la loi pénale, on considère comme armes insidieuses :

1° Les stylets, petits stylets et poignards, de quelque forme qu'ils soient, et les couteaux pointus dont la lame est fixe ou peut être rendue fixe, au moyen soit d'un ressort, soit de tout autre mécanisme;

2° Les armes à décharger, dont le canon, mesuré intérieurement, est inférieur à cent soixante-dix millimètres, les bombes et toute autre machine ou capsule explosible;

3° Les armes blanches ou à décharger, de quelques dimensions qu'elles soient, renfermées dans des bâtons, cannes ou massues.

14

CHAPITRE II.

DE LA RUINE ET DE L'OMISSION DE RÉPARER LES ÉDIFICES.

Art. 471. Quiconque a participé au plan ou à la construction d'un édifice, si cet édifice tombe en ruine par sa négligence ou impéritie, sans mettre en péril la sécurité d'autrui, est puni d'une amende de cent livres au moins, à laquelle peut être ajoutée la suspension de l'exercice de la profession ou du métier.

La disposition du présent article est applicable également au cas de ruine de ponts ou d'armatures pour la construction ou réparation de fabriques ou établissements semblables.

Art. 472. Quand un édifice ou une autre construction menace ruine, en tout ou en partie, avec péril pour la sécurité d'autrui, le propriétaire ou celui qui le représente, ou celui qui, à tout autre titre, est tenu de la conservation ou de la surveillance de l'édifice ou de la construction, s'il n'accomplit pas les travaux nécessaires pour écarter le péril, est puni d'une amende de dix à cent livres, et pouvant atteindre mille livres, s'il a transgressé l'injonction de l'autorité compétente.

Lorsqu'il s'agit d'un édifice ou d'une autre construction qui, en tout ou en partie, est tombée en ruine, celui qui, en ayant l'obligation, néglige d'écarter, par des réparations ou une autre mesure, quelle qu'elle soit, le péril persistant à cause de la ruine, est puni d'une amende de cinquante à mille livres.

CHAPITRE III.

DES CONTRAVENTIONS CONCERNANT LES SIGNAUX ET APPAREILS DE SERVICE PUBLIC.

Art. 473. Quiconque omet de placer les signaux et défenses

Art. 471 à 483. Voir l'*Exp. min.*, vol. II, p. 459 et s.

prescrits par les règlements, pour obvier aux périls résultant de travaux faits ou d'objets laissés en un lieu de passage public, est puni d'une amende pouvant atteindre trois cents livres, à laquelle peut être ajouté, dans les cas les plus graves, l'arrêt de douze jours au plus.

Celui qui arbitrairement enlève les signaux susdits est puni d'une amende de cinquante à cinq cents livres, à laquelle peut être ajouté l'arrêt de vingt jours au plus.

Art. 474. Quiconque arbitrairement éteint les lanternes qui servent à l'éclairage public, ou bien enlève des appareils ou signaux différents de ceux indiqués à l'article précédent et destinés à un service public, est puni d'une amende pouvant atteindre deux cents livres.

CHAPITRE IV.

DU JET ET DU DÉPÔT DANGEREUX DE CHOSES.

Art. 475. Quiconque jette ou déverse en un lieu de passage public ou même dans un enclos privé, commun à plusieurs familles, des choses de nature à blesser ou à salir les personnes, est puni de l'arrêt de dix jours au plus, ou d'une amende pouvant atteindre cent livres.

Art. 476. Quiconque, sans observer les précautions exigées, place sur des fenêtres, toits, terrasses ou autres lieux analogues, ou suspend des choses qui, en tombant, peuvent blesser ou salir les personnes, est puni d'une amende de trente livres au plus.

Si l'on ne connaît pas l'auteur du fait, la peine est appliquée à l'administrateur ou au possesseur de l'édifice, lorsqu'il s'est trouvé en situation d'empêcher ce fait.

CHAPITRE V.

DES CONTRAVENTIONS CONCERNANT LA GARDE DES PERSONNES
ATTEINTES D'ALIÉNATION MENTALE.

Art. 477. Quiconque laisse errer des fous confiés à sa garde, ou, quand ils se sont soustraits à sa garde, n'en donne pas immédiatement avis à l'autorité, est puni d'une amende pouvant atteindre deux cent cinquante livres.

Art. 478. Quiconque, sans en donner immédiatement avis à l'autorité ou sans en obtenir l'autorisation, quand elle est exigée, reçoit en garde des personnes à lui déclarées atteintes d'aliénation mentale, ou les congédie, est puni d'une amende de cinquante à cinq cents livres, à laquelle peut être ajouté, dans les cas les plus graves, l'arrêt d'un mois au plus.

Art. 479. Aux peines édictées dans les articles précédents, quand le coupable est une personne préposée à la direction des asiles ou exerçant une profession touchant à la santé, on ajoute la suspension de l'exercice de la profession ou du métier.

CHAPITRE VI.

DU DÉFAUT DE GARDE ET DE LA MAUVAISE CONDUITE D'ANIMAUX
OU DE VÉHICULES.

Art. 480. Quiconque laisse libres ou ne garde pas, avec les précautions exigées par les règlements, des bêtes féroces ou animaux dangereux dont il a la propriété ou la garde, et, au cas d'animaux suspects d'hydrophobie, n'en donne pas immédiatement avis à l'autorité, est puni de l'arrêt d'un mois au plus.

Art. 481. Quiconque laisse sans gardien ou, de toute autre

manière, abandonne à eux-mêmes, dans des lieux ouverts, des animaux de trait ou de course, déliés ou attachés, ou bien les conduit sans capacité suffisante, ou les confie à des personnes inexpérimentées, ou bien par le moyen employé pour les attacher ou les conduire, ou en les excitant ou les effrayant, met en péril la sécurité publique, est puni de l'arrêt d'un mois au plus.

Si l'auteur de la contravention est cocher ou conducteur soumis à licence, on ajoute la suspension de l'exercice de la profession ou du métier pendant vingt-quatre jours au plus.

Art. 482. Quiconque conduit des animaux ou des véhicules dans des voies ou passages publics ou ouverts au public, d'une manière dangereuse, quant à la sécurité des personnes ou des choses, est puni d'une amende dé cinquante livres au plus, et, si l'auteur de la contravention est cocher ou conducteur soumis à licence, peut être ajoutée la suspension de l'exercice de la profession ou du métier pendant quinze jours au plus.

CHAPITRE VII.

D'AUTRES CONTRAVENTIONS DE COMMUN PÉRIL.

Art. 483. Quiconque, même par négligence ou impéritie, fait surgir, de quelque manière que ce soit, le péril d'un préjudice envers les personnes ou de graves dommages par rapport aux choses, est puni d'une amende de deux cents livres au plus, ou de l'arrêt de vingt jours au plus.

Si le fait constitue en même temps une infraction aux règlements en matière de métiers, commerces ou industries, et si la loi n'en dispose pas autrement, la peine est celle de l'arrêt de six à trente jours et de la suspension de l'exercice de la profession ou du métier pendant un mois au plus.

TITRE III.

DES CONTRAVENTIONS CONCERNANT LA MORALITÉ PUBLIQUE.

CHAPITRE PREMIER.

DES JEUX DE HASARD.

ART. 484. Quiconque, dans un lieu public ou ouvert au public, tient un jeu de hasard ou procure le local nécessaire, est puni de l'arrêt d'un mois au plus, qui peut être porté à deux mois, au cas de récidive de la même infraction, et d'une amende de cent livres au moins.

L'arrêt est d'un à deux mois et peut être porté à deux mois, au cas de récidive de la même infraction :

1° Si le fait est habituel;

2° Si celui qui tient le jeu est directeur de l'établissement public où la contravention est commise, auquel cas on ajoute la suspension de l'exercice de la profession ou du métier pendant un mois au plus.

ART. 485. Quiconque, sans avoir participé à la contravention prévue à l'article précédent, est surpris, pendant qu'il prend part dans un lieu, soit public, soit ouvert au public, à un jeu de hasard, est puni d'une amende qui peut atteindre cinq cents livres.

ART. 486. Dans tous les cas de contravention de jeu de ha-

ART. 484 à 487. Les lois anglaises, 33 Henr. VIII, ch. IX, s. 11; 9 Ann., ch. XIX, etc., renferment une énumération détaillée des jeux prohibés, des jeux où soit le gain, soit la perte dépendent du hasard. Dans l'art. 487, le C. italien définit les « jeux de hasard »; les C. de Hongrie (contᵐˢ), art. 91, et du Tessin, art. 195, les définissent aussi, à la différence des C. d'Allemagne, d'Autriche, de France, de Belgique, de Hollande, d'Espagne, de Bâle-Ville, de Berne, de Fribourg, de Genève, qui ne les définissent pas.

De grandes divergences existent entre les législations, quant aux personnes dé-

sard, l'argent mis comme enjeu et les meubles ou objets employés pour le jeu ou y servant sont confisqués.

Art. 487. Pour l'application de la loi pénale, on considère comme *jeux de hasard* ceux dans lesquels le gain ou la perte, dans un but de lucre, dépend entièrement ou presque entièrement du hasard.

Relativement aux contraventions prévues dans les articles précédents, on considère comme ouverts au public les lieux de réunion privée où l'on exige une indemnité, pour l'usage du mobilier servant aux jeux ou pour la facilité de jouer, même sans prix, si ces lieux sont accessibles à quelque personne que ce soit dans le but de jouer.

CHAPITRE II.

DE L'IVRESSE.

Art. 488. Quiconque, dans un lieu public, est surpris en état d'ivresse manifeste, inconvenante ou repoussante, est puni d'une amende de trente livres au plus.

Si le fait est habituel, le peine est celle de l'arrêt d'un mois

clarées punissables. Comme le présent Code, art. 485, les lois anglaises, 33 Henr. VIII, ch. ix, s. 11, etc., les C. d'Allemagne, §§ 284 et 285; d'Autriche, § 522, de Hongrie, art. 87 et 88; d'Espagne, art. 358; de Hollande, art. 456 et 457; du Tessin, art. 194, punissent, quelquefois de la même peine, le plus souvent de peines distinctes, tant les simples joueurs que les teneurs de maisons de jeux. Les C. français, art. 410; belge, art. 557; de Genève, art. 208, ne punissent pas les simples joueurs, mais seulement ceux qui tiennent les jeux, les administrateurs ou entrepreneurs.

Art. 488 et 489. En Angleterre, l'*Act* du 10 août 1872, 35 et 36 Vict., ch. xciv; en France, la loi du 23 janvier 1873; en Belgique, la loi du 22 juillet 1887; en Autriche, celle du 19 juillet 1877, pour une partie de l'empire; en Hongrie, les art. 84 et 85 du C. des contraventions; en Hollande, les art. 252, 453, 454 du C. pén.; en Suède, le S. 15 du ch. xviii du Code; le ch. viii du C. de Saint-Gall, etc., édictent des dispositions spéciales contre l'ivresse constatée dans un lieu public. La loi française exige que l'ivresse soit « manifeste »; le C. hongrois, que l'état d'ivresse soit

au plus, et le juge peut ordonner que l'arrêt soit subi suivant l'un des modes prévus à l'article 22.

Art. 489. Quiconque, dans un lieu public ou ouvert au public, occasionne l'ivresse de quelqu'un en administrant, dans ce but, des breuvages ou autres substances enivrantes, ou bien les administre à une personne déjà ivre, est puni de l'arrêt de dix jours au plus.

Si le fait est commis envers une personne qui n'a pas accompli quatorze ans, ou qui est ostensiblement dans un état anormal par suite de faiblesse ou d'altération mentale, la peine est celle de l'arrêt de dix jours à un mois.

Si le contrevenant fait commerce des breuvages ou substances enivrantes, on ajoute la suspension de l'exercice de la profession ou du métier.

CHAPITRE III.

DES ACTES CONTRAIRES À LA DÉCENCE PUBLIQUE.

Art. 490. Quiconque, en public, montre des nudités indécentes, ou bien par paroles, chants ou autres actes, offense la dé-

«scandaleux»; le C. hollandais, qu'il soit «évident»; le C. suédois, qu'il soit «tel qu'on puisse le remarquer clairement aux manières de l'inculpé ou à la confusion de ses idées»; l'art. 60 de l'ancien règlement toscan, que l'ivresse ait été «contractée par suite d'une faute, *colpevolmente contratta»;* le présent Code, art. 488, qu'elle «soit manifeste, inconvenante ou repoussante».

L'art. 471 du projet, devancé en cela par le § 523 du C. autrichien, édictait une peine spéciale contre celui qui, ayant commis une infraction en état d'ivresse, aurait été, à raison de cet état, déclaré non punissable. Ce texte, qui appelait d'importantes observations, n'a pas été maintenu dans la rédaction définitive.

Art. 490. On comprend que l'on réprime, non comme délit, mais comme simple contravention (Voir art. 338 ci-dessus), le fait de montrer des nudités indécentes, par négligence et sans intention mauvaise; mais on comprend moins cette distinction relativement aux paroles, chants ou autres actes offensant la décence publique.

cence publique, est puni de l'arrêt d'un mois au plus, ou d'une amende de dix à trois cents livres.

CHAPITRE IV.

DES MAUVAIS TRAITEMENTS ENVERS LES ANIMAUX.

ART. 491. Quiconque sévit cruellement envers des animaux, ou sans nécessité les maltraite, ou bien les astreint à des fatigues manifestement excessives, est puni d'une amende de cent livres au plus.

Encourt la même peine celui qui, même dans un but exclusivement scientifique ou didactique, mais en dehors des lieux affectés à l'enseignement, soumet des animaux à des expériences de nature à faire frissonner.

TITRE IV.

DES CONTRAVENTIONS CONCERNANT LA PROTECTION PUBLIQUE DE LA PROPRIÉTÉ.

CHAPITRE PREMIER.

DE LA POSSESSION NON JUSTIFIÉE D'OBJETS ET VALEURS.

ART. 492. Quiconque, ayant été condamné à raison de mendicité ou de vol, brigandage, extorsion, rançonnement, escroquerie ou recel, est trouvé en possession d'argent ou d'objets non

ART. 491. Les législateurs sont de plus en plus pénétrés de la pensée exprimée par l'adage : *sævitia in bruta est tirocinium crudelitatis in homines.* Voir la loi française du 2 juillet 1850; les C. d'Allemagne, § 360 13°; de Belgique, art. 561 5° et 6°; de Hollande, art. 254 et 255; de Hongrie (c^{ons}), art. 86; de Suède, ch. xviii, § 16; de Bâle-Ville (c^{ons}), § 59; de Neufchâtel, art. 260; du Tessin, art. 424; de Vaud, art. 159, etc. Voir l'*Exp. min.*, vol. II, p. 479, et le *Rapport au Roi*, p. 179.

ART. 492. Voir les C. français, art. 277 et 278; belge, art. 343 et 344; du Tessin, art. 419, etc.

en rapport avec sa condition et dont il ne peut justifier la légitime provenance, est puni de l'arrêt de deux mois au plus.

S'il est trouvé en possession de clefs altérées ou contrefaites, ou d'instruments de nature à ouvrir ou à forcer les serrures, sans pouvoir en justifier la légitime destination actuelle, il est puni de l'arrêt de deux mois au plus, et de deux à six mois, si le fait a lieu de nuit.

L'argent et les objets sont confisqués.

CHAPITRE II.

DE L'OMISSION DES PRÉCAUTIONS DANS LES OPÉRATIONS DE COMMERCE OU DE GAGE.

Art. 493. Quiconque, sans s'être préalablement assuré de leur légitime provenance, acquiert ou reçoit en gage, payement ou dépôt, des objets qui, à raison de leurs qualités ou de la condition de la personne qui les offre, ou du prix demandé ou accepté, paraissent provenir d'une infraction, est puni de l'amende, et, si le contrevenant est l'une des personnes indiquées à l'article 492, en outre, de l'arrêt de deux mois au plus.

Est exempt de peine celui qui prouve la légitime provenance des objets.

Art. 494. Quiconque, ayant reçu de l'argent ou acheté ou, de toute autre manière, obtenu des choses provenant d'un délit, et qui parvient ensuite à en connaître l'illégitime provenance, omet d'en donner immédiatement avis à l'autorité, est puni d'une amende de trente livres au moins, à laquelle peut être ajouté l'arrêt de vingt jours au plus.

Art. 495. Quiconque, en vaquant au commerce ou aux opérations de mise en gage de choses précieuses ou de choses qui ont servi, n'observe pas les prescriptions déterminées par la loi ou les règlements par rapport à ce commerce ou à ces opérations, est puni d'une amende pouvant atteindre trois cents livres, à laquelle, au cas de récidive de la même infraction, s'ajoutent l'arrêt d'un mois au plus et la suspension de l'exercice de la profession ou du métier.

CHAPITRE III.

DE LA VENTE ILLICITE DE CLEFS ET ROSSIGNOLS ET DE L'OUVERTURE ILLICITE
DE SERRURES.

ART. 496. Le taillandier, serrurier ou autre ouvrier qui vend ou remet à qui que ce soit des rossignols, ou fabrique pour quelqu'un qui n'est ni le propriétaire du lieu ou de l'objet auquel elles sont destinées, ni le représentant du propriétaire, connu dudit ouvrier, des clefs, de quelque espèce qu'elles soient, d'après des empreintes de cire ou d'autres moules ou modèles, est puni de l'arrêt de deux mois au plus et d'une amende de dix à cent livres.

ART. 497. Le taillandier, serrurier ou autre ouvrier qui ouvre des serrures, de quelque espèce qu'elles soient, sur la demande d'une personne, sans s'être préalablement assuré que cette personne est propriétaire des lieux ou des objets que l'on veut ouvrir, ou représentant du propriétaire, est puni de l'arrêt de vingt jours au plus et d'une amende de cinquante livres au plus.

ART. 495. Voir les C. français, art. 411; d'Allemagne, § 360 12°; espagnol, art. 559; hollandais, art. 437; hongrois (c^{ons}), art. 129-132; les lois d'Autriche, du 28 mai 1881; de Zurich, du 21 mai 1882; les anciens C. subalpin, art. 640, et règlement toscan, art. 197-200, etc.

ART. 497. Voir les C. d'Allemagne, § 369 1°; de Hongrie (c^{ons}), art. 133-135; les anciens C. subalpin, art. 646-648, et règlement toscan, art. 201-203.

CHAPITRE IV.

DE LA DÉTENTION ILLICITE DE POIDS ET MESURES.

Art. 498. Celui qui exerce un négoce public et qui, dans son négoce, détient des mesures ou des poids différents de ceux qui sont établis par la loi, est puni d'une amende de dix à cinquante livres, laquelle, au cas de récidive de la même infraction, peut être portée à cent livres.

Donné à Rome, le 30 juin 1889.

HUMBERT, signé.

G. Zanardelli, signé.

APPENDICE.

***

DÉCRET ROYAL

CONTENANT LES DISPOSITIONS POUR LA MISE EN VIGUEUR DU CODE PÉNAL
DU ROYAUME D'ITALIE [1].

1er décembre 1889.

***

HUMBERT Ier, par la grâce de Dieu et la volonté nationale, Roi d'Italie,

Vu la loi du 22 novembre 1888, n° 5801 (3° série), par laquelle le Gouvernement a été autorisé à publier le Code pénal annexé à ladite loi, en introduisant dans le texte les modifications qui, en tenant compte des votes du Parlement, seraient jugées nécessaires pour en amender les dispositions et les coordonner entre elles et avec celles des autres Codes et lois, et à édicter par décret royal les dispositions transitoires et toutes autres nécessaires en vue de la mise en vigueur dudit Code;

Vu notre décret du 30 juin dernier, n° 6133 (3° série), qui a approuvé le texte définitif de ce Code et prescrit qu'il serait appliqué à dater du 1er janvier 1890;

Le Conseil des ministres entendu;

Sur la proposition de notre Garde des sceaux, Ministre secrétaire d'État pour les affaires de grâce, de justice et des cultes,

Avons décrété et décrétons :

[1] Ce décret réglementaire était indispensable, soit pour bien préciser le sens de quelques dispositions, soit pour coordonner les textes du nouveau *Code pénal* avec le *Code de procédure pénale* et d'autres documents législatifs, soit pour édicter des prescriptions transitoires.

CHAPITRE PREMIER.

RÈGLES POUR L'APPLICATION DE QUELQUES DISPOSITIONS DU CODE PÉNAL.

ARTICLE PREMIER.

Pour la déclaration prévue au paragraphe de l'article 7 du Code pénal, la Cour d'appel (section des appels en matière pénale) est compétente, et l'on observe les dispositions du Code de procédure pénale quant à l'appel relevé envers les sentences des tribunaux, en tant que ces dispositions sont applicables.

La compétence est déterminée par le lieu du domicile du condamné; à défaut de domicile, par celui de sa résidence; à défaut de sa résidence, par le lieu de sa demeure.

Si l'on ne connaît ni le domicile, ni la résidence, ni la demeure, est compétente la Cour près laquelle le ministère public a introduit la procédure.

ART. 2.

Pour la délibération requise au paragraphe de l'article 9 du Code pénal, est compétente la Cour d'appel (section d'accusation) dans le ressort de laquelle est compris le district où l'étranger est trouvé.

ART. 3.

L'admission à l'établissement pénitentiaire, agricole ou industriel, ou au travail dans les entreprises publiques ou privées en dehors de l'établissement pénal, suivant l'article 14 du Code pénal, est ordonnée par le Ministre de l'intérieur, sur la proposition motivée du conseil de surveillance près l'établissement où le condamné subit sa peine.

Les mêmes règles sont observées pour la révocation de l'admission susdite.

ART. 4.

La libération conditionnelle est accordée par décision du Ministre de la justice.

La demande pour l'obtenir est présentée par le condamné à la direction de l'établissement où il subit sa peine, et cette direction transmet la demande au procureur général près la Cour d'appel, dans le ressort de laquelle est compris le district où la condamnation a été prononcée, avec les observations de la direction sur la conduite et l'amendement du condamné et avec celles du conseil de surveillance.

Le procureur général, après avoir recueilli les informations nécessaires, provoque, par des conclusions motivées, l'avis de la section d'accusation, et le transmet, en même temps que la demande et tous les documents, au Ministre de la justice.

Le condamné admis à la libération conditionnelle est soumis à celles des dispositions édictées par rapport aux individus soumis à la surveillance spéciale de l'autorité de sûreté publique, qui sont déterminées par la décision d'admission.

ART. 5.

La libération conditionnelle, dans les cas indiqués à l'article 17 du Code pénal, est révoquée par décision du Ministre de la justice.

La proposition de révocation est adressée par l'autorité de sûreté publique au procureur général près la Cour d'appel indiquée à l'article précédent. Le procureur général provoque, par des conclusions motivées, l'avis de la section d'accusation, et transmet ensuite la proposition et les pièces au Ministre de la justice.

Dans le cas où la proposition est formulée à raison de l'inobservation des conditions imposées, le procureur général, avant de donner ses conclusions, doit recevoir les explications du condamné ; et la libération conditionnelle ne peut être révoquée, si la section d'accusation n'a pas émis un avis dans ce sens.

L'autorité de sûreté publique, en même temps qu'elle propose la révocation, peut procéder à l'arrestation du libéré.

Dans ce cas, si la section d'accusation exprime un avis contraire à la proposition, le procureur général ordonne l'élargissement immédiat.

ART. 6.

Pour l'exécution du dernier paragraphe de l'article 19 et de la première partie de l'article 22 du Code pénal, le procureur du Roi, après avoir recueilli les informations nécessaires de l'autorité administrative compétente, assigne au condamné les travaux auxquels il est possible de l'employer.

Le condamné doit se présenter, pour s'acquitter du travail déterminé, au jour fixé par le procureur du Roi.

Des dispositions spéciales réglementaires déterminent la part de gain à concéder au condamné pour son entretien et celle due à l'État.

ART. 7.

Dans le cas prévu au paragraphe de l'article 21 du Code pénal, le juge indique dans la sentence l'habitation où la peine doit être subie.

L'habitation indiquée dans la sentence peut, pour de justes motifs, être changée par le juge, à la demande du condamné, le ministère public entendu.

Une copie de la sentence est adressée à l'autorité de sûreté publique, qui est tenue de veiller et de s'assurer que le condamné ne sort pas de sa propre habitation.

Au cas de transgression, l'autorité de sûreté publique en dresse un procès-verbal, qu'elle transmet au préteur du lieu, où la transgression a été commise.

Le préteur, après avoir reçu les explications du condamné, prescrit, par une décision motivée, que le transgresseur subira sa peine suivant les modes ordinaires.

Cette décision n'est pas sujette à appel.

ART. 8.

Dans le cas prévu par l'article 26 du Code pénal, le président de la Cour ou du tribunal, ou le préteur, qui a prononcé la condamnation, fixe, dans les trois jours où la sentence est devenue irrévocable, l'audience à laquelle le condamné doit se présenter pour recevoir la réprimande judiciaire.

Le condamné qui ne comparaît pas peut faire opposition à la décision qui déclare qu'il a encouru la peine à laquelle la réprimande avait été substituée, et ce, dans les trois jours de la notification de cette décision.

ART. 9.

L'obligation prescrite dans la première partie de l'article 27 du Code pénal est contractée par un acte, dressé en même temps que le procès-verbal constatant la réprimande, devant le juge qui la prononce.

Le juge statue sur l'idonéité des cautions et, dans le cas prévu au dernier paragraphe du même article, déclare que le condamné a encouru la peine à laquelle la réprimande a été substituée.

ART. 10.

La déclaration prescrite au paragraphe 1ᵉʳ de l'article 28 du Code pénal doit être faite devant l'autorité de sûreté publique du lieu où le condamné a fini de subir sa peine, ou du lieu où la même autorité lui a permis de se rendre.

ART. 11.

Dans le cas prévu à l'article 33 du Code pénal, le ministère public, chargé d'assurer l'exécution de la sentence de condamnation, provoque, dans les deux mois à partir de cette sentence, en transmettant une copie de la décision au préteur compétent, les mesures de tutelle et de vigilance qui sont nécessaires.

ART. 12.

Dans le cas prévu au paragraphe 1er de l'article 42 du Code pénal, la mission de statuer appartient à la Cour, au tribunal ou au préteur qui a prononcé la sentence. La Cour et le tribunal procèdent en chambre du conseil, le ministère public entendu.

ART. 13.

Dans le cas prévu au paragraphe de l'article 46 du Code pénal, la Cour d'assises pourvoit, par une ordonnance motivée, à la remise de l'accusé absous à l'autorité de sûreté publique, qui le fait entrer provisoirement dans un asile en état d'observation, jusqu'à ce que soit rendue la décision prévue dans l'article suivant.

Les autres autorités judiciaires statuent par la sentence même qui prononce l'absolution de l'inculpé.

Dans tous les cas, la mesure est prise d'office, et personne n'a le droit de la provoquer.

ART. 14.

Le président du tribunal civil, dans le ressort duquel a été rendue l'ordonnance ou la sentence, à la requête du ministère public, après avoir recueilli les informations nécessaires, ordonne l'internement définitif ou la libération de l'inculpé absous et provisoirement renfermé dans un asile, suivant l'article précédent.

Lorsque cessent d'exister les raisons qui ont déterminé l'internement définitif, il appartient au même président, à la requête des parties ou même d'office, de révoquer cette mesure.

Le même président peut toujours ordonner la remise de la personne renfermée dans un asile à celui qui consent à en assumer le soin et la garde, et offre des garanties suffisantes.

15

ART. 15.

La révocation de la mesure indiquée au paragraphe de l'article 47 du Code
pénal appartient au président du tribunal dans le ressort duquel a été prononcée la condamnation, sur la proposition du conseil de surveillance près
l'établissement dans lequel le condamné se trouve, et sur les conclusions du
ministère public.

ART. 16.

La révocation de la mesure par laquelle a été ordonné l'internement du
mineur ou du sourd-muet dans un établissement d'éducation et de correction,
suivant les articles 54 et 58 du Code pénal, appartient au président du tribunal civil, dans le ressort duquel cette mesure a été prescrite, à la demande
des parties ou même d'office.

ART. 17.

Dans le cas prévu en la première partie de l'article 58 du Code pénal, par
rapport au sourd-muet majeur de vingt-quatre ans, absous de l'inculpation
pour défaut de discernement, on procède d'après le mode indiqué aux précédents articles 13 et 14, et l'internement a lieu dans l'établissement désigné par
l'autorité.

ART. 18.

Pour l'exécution des articles 3, 4 et 15 du présent décret, près des établissements destinés à l'exécution des peines de la reclusion et de la détention et
près les maisons de garde, un conseil de surveillance est institué.

Ce conseil est composé du procureur du Roi près le tribunal dans le ressort
duquel se trouve l'établissement, du président de la société de patronage des
prisonniers libérés, ou, à son défaut, d'une personne choisie par le conseil
de l'ordre des avocats, et du directeur de l'établissement, lequel directeur
remplit les fonctions de rapporteur.

ART. 19.

Des règlements spéciaux approuvés par décret royal, sur la proposition des
Ministres de la justice et de l'intérieur, le Conseil d'État entendu, déterminent
les règles quant au régime des condamnés aux peines de l'*ergastolo*, de la reclusion, de la détention et de l'arrêt, en ce qui concerne la discipline, l'ali-

mentation, le vestiaire, le travail et le salaire, durant les diverses périodes de la peine, de même que pour appliquer les dispositions du Code pénal et du présent décret par rapport aux divers modes d'exécution de la peine.

CHAPITRE II.

DISPOSITIONS DE COORDINATION.

ART. 20.

Dans tous les cas et pour l'application des lois, décrets, règlements, traités et conventions internationales qui parlent de peines criminelles, correctionnelles et de police, on doit considérer comme correspondant :

1° Aux « peines criminelles » les peines de l'*ergastolo*, de l'interdiction perpétuelle des fonctions publiques et celles de la reclusion et de la détention, d'une durée non inférieure, au minimum, à trois ans ;

2° Aux « peines correctionnelles » les peines non indiquées aux n°˙ 1 et 3 ;

3° Aux « peines de police » les peines de l'arrêt, d'une durée non supérieure, au maximum, à cinq jours, et de l'amende (*ammenda*) non supérieure, au maximum, à cinquante livres.

Lorsqu'il s'agit de condamnations, on considère comme peines criminelles l'*ergastolo*, l'interdiction perpétuelle des fonctions publiques, la reclusion et la détention, d'une durée de plus de cinq ans.

ART. 21.

Quand les lois, décrets, règlements, traités et conventions internationales parlent de « crimes », pour les distinguer des délits, on entend par crimes les infractions passibles de peines indiquées au n° 1 de l'article précédent.

Pour déterminer si une infraction prévue aux lois, décrets, règlements, traités et conventions internationales est un « délit » ou une « contravention », on ne doit pas se référer à la peine, mais seulement au caractère de l'infraction, suivant la distinction établie au Code pénal entre délits et contraventions.

ART. 22.

Quand dans les lois, décrets, règlements, traités et conventions internationales, on parle de « peines restrictives de la liberté personnelle » ou « individuelle » ou bien de « peines corporelles », et de leur durée déterminée, on entend faire mention de celles que le Code pénal comprend sous la dénomination de «peines restrictives de la liberté personnelle», avec la même durée.

Lorsqu'est édictée ou mentionnée une espèce déterminée de peine, on entend faire correspondre :

1° Aux travaux forcés à vie et à l'*ergastolo*, tel que l'établit le Code toscan, l'*ergastolo ;*

2° Aux travaux forcés à temps, la reclusion de dix à vingt ans ;

3° A la maison de force, la reclusion de trois à vingt ans ;

4° A la reclusion, la reclusion de trois à dix ans ;

5° A la relégation, la détention de trois à vingt ans ;

6° A la prison, la détention jusqu'à cinq ans, et, si l'on fait mention de la prison, non comme peine à appliquer, mais par rapport à une conséquence juridique, quelle qu'elle soit, la reclusion d'une égale durée ;

7° Aux arrêts, l'arrêt non supérieur à cinq jours.

Dans le cas du n° 6, si l'infraction, à raison de laquelle la peine a été édictée, est, par son caractère, une contravention, à la prison correspond l'arrêt non inférieur à six jours.

Aux n°ˢ 2 à 7, la reclusion, la détention et l'arrêt sont substitués aux peines correspondantes, avec une égale durée, et quant à l'arrêt, on peut dépasser le maximum déterminé au Code pénal.

A la peine de mort, édictée dans le Code pour la marine marchande, est substituée la peine de l'*ergastolo*.

ART. 23.

Quand dans les lois, décrets et règlements est édictée l'amende (*multa*), sans fixation du chiffre auquel elle peut être élevée, on doit entendre que c'est l'amende (*multa*) établie dans le Code pénal, mais fixée à une somme de cinquante et une à cinq mille livres ; quand est édictée l'amende (*ammenda*), on doit entendre que c'est l'amende (*multa* ou *ammenda*), fixée à une somme non supérieure à cinquante livres.

ART. 24.

Quand dans les lois, décrets, règlements, traités et conventions internationales, on parle de «suspension de l'exercice des fonctions publiques», à cette peine correspond l'interdiction temporaire des fonctions publiques ; et quand on parle «d'interdiction des fonctions publiques», à cette peine correspond l'interdiction perpétuelle des fonctions publiques, suivant le Code pénal.

ART. 25.

Quand dans les lois, décrets et règlements, on dispose que la peine doit être augmentée ou diminuée par degrés, on doit considérer comme correspondant à un degré l'augmentation ou la diminution de la peine d'un tiers à la moitié. S'il s'agit de plusieurs degrés, l'augmentation ou la diminution est calculée, pour chaque degré, sur la quantité de peine augmentée ou diminuée au degré précédent.

ART. 26.

Quand dans les lois, décrets, règlements, traités et conventions internationales, on emploie les expressions de «tribunaux correctionnels», «d'appels correctionnels» et «d'appels en matière correctionnelle», on entend qu'à ces expressions sont substituées celles de tribunaux *pénaux* (*penali*), *appels pénaux* (*penali*) et *appels en matière pénale*.

ART. 27.

Quand dans les lois, décrets, règlements, traités et conventions internationales, on se réfère aux titres ou aux dispositions des lois pénales abrogées par la loi du 22 novembre 1888, n° 5801 (3ᵉ série), ces références s'appliquent aux dispositions correspondantes du nouveau Code pénal et de la nouvelle loi sur la sûreté publique.

ART. 28.

Les dispositions des articles 9, 10, 11, 12, 19, 24, 26, 27, 34, 66, 102, 105, 116, 117, 133, 159, 172, 178, 179, 182, 206, 224, 228, 252, 253, 255, 256, 267, 271, 274, 285, 299, 326, 330, 332, 346, 353, 399, 419, 423, 431, 437, 438, 439, 442, 453, 496, 497, 515, 520, 564, 586, 594, 600, 603, 635, 803, 809, 830, 832 et 846 du Code de procédure pénale sont modifiées comme il suit:

«9. — A la Cour d'assises appartient, avec le concours des jurés, la connaissance:

«1° Des délits contre la sûreté de l'État et d'instigation ou provocation à les commettre, même commise par la voie de la presse, à moins que le Sénat n'ait été constitué en Haute Cour de justice, aux termes de l'article 36 du statut;

« 2° Des délits prévus aux articles 89-96 de la loi électorale politique du 22 janvier 1882, approuvée par décret royal du 24 septembre de la même année, n° 999 (3° série), aux articles 92 à 99 de la loi communale et provinciale du 30 décembre 1888, approuvée par décret royal du 10 février 1889, n° 5921 (3° série), et à l'article 139 du Code pénal, et de l'instigation à commettre ces délits;

« 3° Des délits prévus aux articles 14, 15, 16, 18 à 24 de la loi du 26 mars 1848 et aux articles correspondants des lois sur la presse, publiées dans les provinces napolitaines et siciliennes;

« 4° Des abus des ministres des cultes dans l'exercice de leurs fonctions, abus prévus aux articles 182 et 183 du Code pénal;

« 5° De tout autre délit par rapport auquel la loi édicte la peine de l'*ergastolo*, ou bien une autre peine restrictive de la liberté personnelle non inférieure, au minimum, à cinq ans, et supérieure, au maximum, à dix ans. Si le délit est celui de la banqueroute frauduleuse, prévu à l'article 861 du Code de commerce, la Cour d'assises est compétente pour en connaître, seulement lorsqu'il s'agit des cas les plus graves. »

« 10. — Au tribunal pénal appartient la connaissance des infractions non comprises aux articles 9 et 11. »

« 11. — Au préteur appartient la connaissance :

« 1° Des délits par rapport auxquels la loi édicte la peine de la reclusion ou de la détention, non supérieure, au maximum, à trois mois, ou du confinement, non supérieur, au maximum, à un an, ou bien de l'amende (*multa*), seule ou jointe à l'une desdites peines, non supérieure, au maximum, à trois mille livres;

« 2° Des contraventions prévues au Code pénal;

« 3° Des contraventions prévues par les lois spéciales et par rapport auxquelles est édictée une peine restrictive de la liberté personnelle non supérieure, au maximum, à deux ans, ou une peine pécuniaire non supérieure, au maximum, à deux mille livres.

« Sont exceptés les délits prévus à l'article 9, toutes les infractions de presse, et les autres infractions relativement auxquelles est réglée par la loi une compétence différente. »

« 12. — Pour déterminer la compétence, on ne tient pas compte de l'augmentation de peine découlant du concours des infractions, des peines et de la récidive, et, sauf les dispositions de l'article 252, on ne tient compte d'aucune circonstance, à raison de laquelle, sans que la qualification de l'infraction soit modifiée, peut être diminuée la peine édictée par la loi, excepté lorsqu'il s'agit de diminutions pour raison d'âge. »

« **19.** — Si une personne est inculpée d'un ou de plusieurs délits de la compétence de la Cour d'assises et d'une ou de plusieurs infractions de la compétence du tribunal ou du préteur, méfaits commis dans le même territoire ou dans celui d'une autre Cour d'appel, la connaissance de toutes ces infractions appartient à la Cour d'assises.

« Dans ces cas, on procède, par rapport à toutes lesdites infractions, suivant le même mode que relativement aux délits de la compétence de la Cour d'assises.

« Néanmoins, la section d'accusation, si à raison, soit de la nature ou du nombre des infractions, soit d'autres circonstances, elle le juge convenable, peut renvoyer l'inculpé à la Cour d'assises, seulement quant aux infractions de la compétence de cette Cour, et au tribunal ou au préteur, quant aux infractions de la compétence de l'une et de l'autre de ces deux dernières juridictions. »

« **24.** — Si la section d'accusation déclare qu'il n'y a pas lieu à suivre quant aux délits de la compétence de la Cour d'assises, elle renvoie par la même sentence la cause, à raison des autres infractions, à la juridiction compétente, pour en connaître suivant les règles établies dans ce chapitre. »

« **26.** — Si la même personne est inculpée de plusieurs infractions commises dans le ressort de différentes Cours, la connaissance de ces infractions appartient à la Cour sur le territoire de laquelle cette personne a commis l'infraction la plus grave, ou, à défaut de cette raison de décider, le plus grand nombre d'infractions.

« Si les infractions sont de la même gravité et en égal nombre, ou bien si, dans l'intérêt de la justice, ou en considération d'autres circonstances, il est plus convenable de ne pas appliquer les règles ci-dessus prescrites, les officiers du ministère public près les différentes Cours transmettent les pièces et documents, avec leur avis, à la Cour de cassation, qui désigne la Cour appelée à en connaître.

« Lorsqu'il s'agit d'une personne inculpée de deux ou de plusieurs infractions, les unes de la compétence ordinaire, les autres d'une compétence spéciale par rapport à la matière ou à la personne, la Cour et le tribunal spécial procèdent, d'une manière distincte, au jugement quant aux infractions de leur compétence respective, en observant, pour l'application des peines, les règles édictées par les lois spéciales ou, à leur défaut, par l'article 76 du Code pénal. Lorsque l'ordre de priorité des différentes poursuites n'est pas réglé par la loi, elle est réglée par la Cour de cassation, à laquelle les officiers du ministère public doivent transmettre les pièces et documents, avec leur avis. »

« **27.** — Si la même personne est inculpée d'une ou plusieurs infractions de la compétence des tribunaux *pénaux* (*penali*), commises sur le territoire d'un tribunal, et d'une ou plusieurs infractions, de la compétence des préteurs, infractions perpétrées sur le même territoire ou dans la circonscription d'un autre tribunal, la connaissance de ces infractions appartient au tribunal dans la circonscription duquel ont été commises les infractions les plus graves.

« Dans ce cas, la procédure à raison de toutes les infractions est celle qui est prescrite par rapport aux infractions de la compétence des tribunaux *pénaux* (*penali*).

« Néanmoins la chambre du conseil ou le juge d'instruction, s'il est jugé convenable à raison de la nature ou du nombre des infractions ou en considération d'autres circonstances, peut renvoyer l'inculpé devant le préteur quant aux infractions de la compétence de ce magistrat. »

« **34.** — Relativement aux délits par rapport auxquels, aux termes des articles 4, 5 et 6 du Code pénal, la poursuite est exercée dans le royaume, et pour la nouvelle procédure admise au paragraphe de l'article 7 dudit Code, le lieu du domicile ou celui de l'arrestation ou du dépôt de l'inculpé détermine la compétence, et il est donné suite à la prévention.

« Néanmoins la Cour de cassation, à la requête du ministère public ou des autres parties, peut attribuer la connaissance de l'affaire à la Cour ou au tribunal le plus voisin du lieu où les délits ont été commis. »

« **66.** — Les officiers susdits doivent également ordonner et faire exécuter l'arrestation des gens oisifs, des vagabonds, des mendiants, de ceux qui se trouvent soumis à la surveillance spéciale de l'autorité de sûreté publique et des personnes désignées aux articles 95 et 96 de la loi sur la sûreté publique, toutes les fois qu'apparaît, quant à eux, quelque indice qu'ils ont commis l'infraction. »

« **102.** — Dans les cas prévus à l'article 439 du Code pénal et sous menace de la peine édictée par cet article, le rapport qui y est prescrit doit être fait dans les vingt-quatre heures, ou, s'il y a grave péril, immédiatement, au juge chargé de l'instruction ou à tout autre officier de police judiciaire du lieu où se trouve la victime, ou, à leur défaut, à l'officier de police judiciaire le plus voisin.

« Dans le rapport, on doit indiquer le lieu où se trouve la victime, et autant que possible, les nom, prénoms et toutes les autres circonstances précisées dans l'article 131 du présent Code.

« Lorsque le rapport ne peut être affirmé sur-le-champ par serment, il doit être procédé le plus tôt possible à la prestation de ce serment devant le juge instructeur ou le préteur. »

« **105.** — Peuvent également porter plainte le mari pour la femme, l'ascendant pour les descendants mineurs placés sous son autorité, le tuteur et le protecteur pour celui qui est soumis à la tutelle, sauf les dispositions de l'article 356 du Code pénal. »

« **116.** — Relativement aux infractions par rapport auxquelles l'action pénale ne peut être exercée que sur la plainte de la partie, l'officier qui a reçu la plainte doit avertir la partie elle-même du droit qui lui appartient de faire rémission et des termes dans lesquels cette rémission peut être formulée. »

« **117.** — La rémission est exprimée dans les mêmes formes que la plainte et devant les mêmes officiers autorisés à la recevoir.

« La rémission peut intervenir en tout état et à toute phase de la cause, sauf les dispositions des articles 336, 344 et 358 du Code pénal.

« Quand la rémission a été régularisée, celui qui l'a accordée est obligé de payer les frais exposés. L'ordonnance ou la sentence, par laquelle, à la suite de la rémission, il est déclaré n'y avoir lieu à suivre, renferme la condamnation de celui qui a accordé la rémission au payement desdits frais. »

« **133.** — Si le péril indiqué dans la première procédure cesse ou augmente, l'expert en donne avis au juge, et il est procédé à un nouveau rapport. Il en est de même, si le fait imputé est accompagné ou suivi de l'une des circonstances aggravantes indiquées aux n°ˢ 1 et 2 du paragraphe de l'article 372 du Code pénal. »

« **159.** — Les experts qui refusent, sans justes motifs, de prêter leur concours, d'exprimer leur opinion, encourent les peines édictées par l'article 210 du Code pénal. Le juge dresse procès-verbal du refus et le communique au procureur du Roi, aux fins de telles réquisitions qu'il juge convenables. »

« **172.** — En dehors des cas prévus aux articles 126, 128, 175 et 242, les témoins sont entendus sans serment.

« Dans tous les cas, avant de recevoir leurs dépositions, le juge instructeur leur rappelle l'obligation à laquelle ils sont tenus, comme hommes et comme citoyens, de dire toute la vérité et rien que la vérité par rapport aux faits sur lesquels ils sont appelés à déposer; le juge leur rappelle également les peines édictées par l'article 214 du Code pénal contre les témoins dont les dépositions sont fausses ou accompagnées de réticences.

« Puis il les interroge sur leurs nom, prénoms, surnom, sur le nom de leur père, sur leur âge, leur nationalité, leur domicile, état, profession, sur la valeur de leurs biens, et encore sur le point de savoir s'ils sont parents ou alliés à quelque degré, domestiques, créanciers ou débiteurs de l'inculpé ou bien de la partie offensée ou lésée [1]. »

« **178.** — Si le juge, en se transportant dans la demeure du témoin, au cas prévu par l'article 169, constate que celui-ci n'était pas dans l'impossibilité de comparaître en exécution de la citation qui lui a été signifiée, il peut décerner contre lui un mandat d'arrêt pour le faire examiner dans le local affecté à l'instruction.

« Le juge peut aussi, suivant les cas, le condamner à une amende, comme il est dit en l'article 176.

« Ces peines sont prononcées dans les formes prescrites par le même article, sauf les autres peines édictées aux articles 210 et 289 du Code pénal. »

« **179.** — Si le témoin assigné à comparaître refuse de déposer sur les faits relativement auxquels il vient d'être interrogé, le juge l'avertit des peines édictées par l'article 210 du Code pénal. Si l'avertissement demeure inefficace, le juge dresse procès-verbal et peut procéder contre lui aux termes de la loi.

« Si des résultats de l'instruction apparaît la fausseté de la déposition d'un témoin, ou si un témoin dans sa déposition cache la vérité sur un fait dont l'instruction prouve qu'il a eu connaissance, le juge l'avertit de nouveau des peines édictées par l'article 214 du Code pénal; et, si l'avertissement demeure inefficace, il est procédé contre lui aux formes légales, à l'issue de la poursuite, à l'occasion de laquelle il s'est rendu coupable de fausseté ou de réticence. »

« **182.** — S'il s'agit d'un délit à raison duquel la loi inflige l'amende

---

[1] S'enquérir toujours, en la personne du témoin, de la qualité de créancier ou de débiteur vis-à-vis soit de l'inculpé, soit de la victime, c'est là l'objet d'une très sage prescription; mais on ne saurait également adhérer à la nécessité imposée, *dans tous les cas,* de questionner le témoin sur sa fortune; il peut résulter de cette obligation de graves inconvénients.

Il y a lieu de regretter encore plus la suppression du serment dans beaucoup de circonstances; car c'est sous l'autorité du serment qu'est placée la déposition, et c'est surtout parce qu'il le viole que le témoin encourt la peine du faux témoignage. Voir notre étude sur le *Serment judiciaire* (*le Correspondant*, 10 juin 1882).

(*multa*), le confinement, ou bien la reclusion ou la détention inférieure, au minimum, à trois ans, ou bien l'interdiction des fonctions publiques, seule ou jointe à l'une desdites peines, le juge décerne un mandat de comparution.

«Il peut aussi décerner un mandat de capture :

«1° Contre les personnes indiquées au n° 1 de l'article 206 du présent Code et aux articles 95 et 96 de la loi sur la sûreté publique, quand elles sont inculpées d'un délit à raison duquel la loi édicte une peine supérieure, au maximum, à trois mois de reclusion ou de détention;

«2° Contre les inculpés de violence, résistance ou outrage envers les personnes investies de l'autorité publique ou envers les agents de la force publique, ou d'association pour commettre des délits, association prévue à l'article 248 du Code pénal;

«3° Contre les inculpés de fabrication, introduction dans le royaume, port ou détention d'armes, déjà condamnés à raison de violence ou de résistance envers les personnes ou les agents susdésignés;

«4° Contre les inculpés de vol, de rapine, d'extorsion, d'escroquerie, pourvu que la peine édictée par la loi soit supérieure, au maximum, à trois mois de reclusion ou de détention, et contre les inculpés de l'un des délits prévus au paragraphe 1ᵉʳ de l'article 202, aux nᵒˢ 1 et 2 de l'article 218, à l'article 257, à la première partie de l'article 258, au paragraphe de l'article 333 et aux paragraphes de l'article 345 du Code pénal;

«5° Contre les étrangers inculpés d'un délit commis dans le royaume et à raison duquel la loi édicte une peine supérieure, au maximum, à trois mois de reclusion ou de détention.

«Relativement aux délits par rapport auxquels la loi édicte la peine de l'*ergastolo* ou une autre peine restrictive de la liberté personnelle non inférieure, au maximum, à trois ans, le juge peut décerner un mandat de comparution ou de capture, et il a la faculté de convertir le mandat de comparution en mandat de capture, après avoir interrogé l'inculpé, toutes les fois qu'il surgit des circonstances qui démontrent la nécessité de l'incarcération de celui-ci. Lorsque l'inculpé appartient à la catégorie des personnes désignées au n° 1 de l'article 206 du présent Code ou aux articles 95 et 96 de la loi sur la sûreté publique, le juge décerne un mandat de capture.

«Il décerne également un mandat de capture contre l'inculpé des délits indiqués au paragraphe précédent, qui n'a ni domicile ni résidence fixe dans l'État, ou qui s'est par le fait éloigné de sa résidence. »

«206. — Ne peuvent, dans aucun cas, être mis en liberté provisoire :

« 1° Les gens oisifs, les vagabonds, les mendiants; ceux qui se trouvent placés sous la surveillance de l'autorité de sûreté publique, ou qui ont été condamnés, soit à l'interdiction perpétuelle des fonctions publiques, soit à une peine restrictive de la liberté personnelle supérieure à cinq ans, ou bien qui se trouvent dans les conditions prévues aux n°° 1, 2 et 3 de l'article 182; les inculpés de vol ou d'escroquerie, récidivistes quant aux mêmes infractions, et les inculpés de rapine, d'extorsion et de rançonnement;

« 2° Les personnes arrêtées, au moment où elles commettaient l'un des délits à raison desquels la loi édicte une peine restrictive de la liberté personnelle non inférieure, au maximum, à trois ans, où immédiatement après l'avoir commis, ou pendant qu'elles étaient poursuivies par la victime ou par la clameur publique;

« 3° Les inculpés de l'un des délits contre la sûreté de l'État, ou de vol, ou bien de violence ou résistance envers les personnes investies de l'autorité publique ou envers les agents de la force publique, quand il s'agit d'un délit à l'égard duquel la loi édicte une peine restrictive de la liberté personnelle non inférieure, au minimum, à trois ans, sauf en ce qui concerne les mineurs de dix-huit ans inculpés de vol et non récidivistes. »

« **224.** — Si l'inculpé ne se présente pas, à la suite de la citation ou signification à lui faite, il est arrêté en vertu d'un mandat décerné par le juge d'instruction, par le rapporteur ou le juge délégué, lequel rend, en même temps, une ordonnance aux fins du payement de la caution, et si l'inculpé en a été dispensé, le condamne au payement d'une amende (*multa*) pouvant atteindre cinq cents livres, convertible, aux termes du Code pénal. Cette ordonnance est notifiée à l'inculpé et au fidéjusseur. »

« **228.** — Si l'inculpé a obéi aux ordres donnés en conformité de l'article 213, s'il a comparu pour tous les actes de la procédure, et, au cas de condamnation à une peine restrictive de la liberté personnelle, s'il s'est présenté pour l'exécution de la sentence, dans les cinq jours de la signification qui lui en est faite, ou dans les quinze jours de l'injonction, à laquelle se réfère l'article 778 du présent Code, et si, au cas prévu par l'article 439, il s'est constitué prisonnier dans les délais à lui fixés, la caution, si elle a été fournie par un fidéjusseur, lui est restituée, et si le montant en a été versé par l'inculpé, restitution lui en est également faite, à moins qu'il ne soit déjà intervenu contre lui une sentence de condamnation, auquel cas la caution peut être retenue pour assurer le payement des amendes (*multe* ou *ammende*), des frais et des dommages causés par l'infraction. »

«**252.** — Toutes les fois qu'il s'agit de l'un des délits à raison desquels la loi édicte une peine restrictive de la liberté personnelle, non supérieure, au maximum, à trois ans, et, au minimum, à trois mois, ou bien une peine pécuniaire, non supérieure, au maximum, à trois mille livres, seule ou jointe à ladite peine, la chambre du conseil peut aussi renvoyer l'inculpé devant le préteur, si elle reconnaît qu'en considération de son état mental ou d'autres circonstances qui diminuent la peine, à l'exclusion des circonstances atténuantes prévues à l'article 59 du Code pénal, ou à raison du très peu d'importance de l'infraction, on peut se borner à l'application d'une peine qui ne dépasse pas la compétence du préteur.

«Ce renvoi ne peut être prononcé que par une délibération prise à l'unanimité.

«L'inculpé renvoyé devant le préteur, aux termes du présent article, est mis en liberté, s'il est détenu, sauf les dispositions de l'article 251.

«Dans aucun cas, le renvoi devant le préteur ne peut être ordonné, à raison des délits prévus à l'article 9 et des infractions de presse[1].»

«**253.** — Si l'infraction est reconnue comme étant de la compétence du tribunal, la chambre du conseil ordonne le renvoi de l'inculpé devant cette juridiction, sauf les dispositions de l'article précédent.

«L'inculpé renvoyé devant le tribunal, aux termes du présent article, est mis aussi en liberté, s'il est détenu, à moins qu'il ne s'agisse des cas dans lesquels un mandat de capture peut être décerné.»

«**255.** — Si la chambre du conseil reconnaît que l'inculpation constitue un délit de la compétence de la Cour d'assises et qu'il y a des indices suffisants de culpabilité à la charge de l'inculpé, elle ordonne la transmission des pièces et des documents au procureur général, afin qu'il procède comme il est prescrit au chapitre 1, titre III, livre II.

«Les objets constituant le corps de délit doivent rester à la chancellerie du tribunal d'instruction, sauf le cas prévu au paragraphe de l'article 432.»

«**256.** — Au cas visé à l'article précédent, le mandat de capture décerné contre l'inculpé demeure exécuté tant que la section d'accusation n'a pas statué. Et lorsqu'il s'agit d'un délit relativement auquel la liberté provisoire n'est pas admise, si le juge n'a décerné contre l'inculpé qu'un simple

---

[1] Ce texte confère à la magistrature une latitude d'appréciation qui peut paraître excessive et dont les conséquences dépasseront de beaucoup celles notamment de la pratique française extra-légale, dite *correctionnalisation.*

mandat de comparution, la chambre du conseil, par la même ordonnance prescrivant la transmission des pièces, décerne contre ledit inculpé un mandat de capture.

«La chambre du conseil décerne également, par la même ordonnance, un mandat de capture contre l'inculpé d'un délit à raison duquel la loi édicte la peine de l'*ergastolo* ou une autre peine restrictive de la liberté personnelle non inférieure, au minimum, à trois ans, inculpé qui a été temporairement incarcéré, avec insuffisance de preuves, aux termes de la section VIII, et n'a pas obtenu la liberté provisoire en conformité de la section IX. »

«**267.** — Lorsqu'il est déclaré qu'il n'y a pas lieu de suivre contre un mineur de quatorze ans ou contre un sourd-muet, inculpé d'un délit passible de l'*ergastolo* ou de la reclusion, ou bien de la détention non inférieure à un an, parce qu'il n'est pas constaté que ledit inculpé a agi avec discernement, le juge instructeur ou la chambre du conseil ordonne la transmission des pièces au procureur général, qui provoque la décision de la section d'accusation, suivant les articles 54 et 58 du Code pénal. »

«**271.** — La comparution de l'inculpé ou de l'accusé est prescrite avec les distinctions suivantes :

« 1° Dans les causes relatives aux infractions de la compétence des préteurs et à raison desquelles la loi édicte l'arrêt non supérieur, au maximum, à cinq jours ou une peine seulement pécuniaire, l'inculpé peut comparaître à l'audience en personne ou se faire représenter par un mandataire spécial. Pour la procédure d'appel, s'il comparaît en personne, il doit élire domicile dans le lieu où siège le tribunal, par acte reçu au greffe dudit tribunal, et toutes les significations relatives à l'affaire sont notifiées à ce domicile; à défaut d'élection de domicile, l'inculpé ne peut exciper du défaut de notification, quant aux actes qui avaient dû lui être signifiés, aux termes de la loi. Si, dans la procédure d'appel, il ne comparaît pas en personne, l'inculpé doit se faire représenter par un procureur en exercice près le tribunal et muni d'un pouvoir spécial;

« 2° Dans les causes relatives à des infractions autres que celles énoncées au numéro précédent, l'inculpé doit comparaître à l'audience, en personne. Cependant s'il s'agit d'une infraction, à raison de laquelle la loi édicte seulement une peine pécuniaire, il peut se faire représenter par un procureur en exercice muni d'un pouvoir spécial, à moins que l'ordre d'assignation ne prescrive sa comparution personnelle. »

«**274.** — Dans les causes concernant des contraventions à raison desquelles la loi édicte une peine non supérieure, au maximum, à cinq jours ou à cent cinquante livres, il n'est pas indispensable que l'inculpé soit assisté d'un défenseur.

« Néanmoins, en appel, si l'inculpé n'est pas assisté d'un défenseur et si sa condition ou la nature de l'affaire l'exige, le président peut lui en désigner un d'office entre es avocats en résidence dans le lieu où l'affaire se débat, ou les procureurs en exercice près le tribunal. »

« 285. — Sont admises à déposer ou à remplir la mission d'expert toutes les personnes de l'un ou de l'autre sexe qui ont accompli l'âge de quatorze ans, sauf, quant à la mission d'expert, le cas où aurait été prononcée contre elles l'interdiction des fonctions publiques ou la suspension de l'exercice d'une profession ou d'un métier, pendant la durée de l'interdiction ou de la suspension.

« Les personnes qui n'ont pas atteint cet âge ou qui ne peuvent remplir la mission d'expert ne peuvent, à peine de nullité, être acceptées comme témoins, ni, d'autre part, remplir l'office d'expert, sinon par de simples indications ou éclaircissements, et sans serment. »

« 299. — Le serment est prêté par les témoins ou experts, debout, en présence des juges, après le sérieux avertissement du président ou du préteur sur l'importance morale d'un tel acte, sur le lien religieux que les croyants contractent par le serment devant Dieu, et sur les peines édictées contre les coupables de faux témoignage, de fausse expertise ou de réticence, dans les articles 214 et 217 du Code pénal.

« Aux témoins et aux experts qui doivent être entendus sous serment est adressé l'avertissement prescrit au paragraphe de l'article 172. »

« 326. — Le greffier qui délivre copie d'une sentence avant qu'elle ait été signée, comme il est prescrit plus haut, encourt une amende (*multa*) non inférieure à trois cents livres, sauf, quand se rencontrent les éléments du faux, l'application de la première partie de l'article 277 du Code pénal.

« Il doit présenter chaque mois les minutes des sentences au procureur du Roi, qui, au cas d'inobservation des dispositions du présent article ou du précédent, dresse procès-verbal à telles fins que de droit. »

« 330. — La présence de la partie civile est nécessaire pour procéder en matière de contravention, dans les cas seuls où les lois spéciales l'exigent expressément.

« Dans ces cas, les contraventions sont, s'il est nécessaire, attestées par les officiers désignés aux articles 58 et 62, et suivant le mode prescrit aux articles 59 et 67. »

« **332.** — L'exploit d'assignation énonce, à peine de nullité :

« 1° La date du jour, mois et an, et le lieu ;

« 2° L'indication de la partie publique ou privée, à la requête de laquelle l'exploit est signifié, ou du préteur qui ordonne l'assignation ;

« 3° Les nom et prénoms de la personne assignée ; le surnom, s'il en existe un ; sa profession, sa résidence, son domicile ou sa demeure ;

« 4° L'exposé succinct du fait imputé et l'indication de l'article de la loi dont l'application est requise ;

« 5° La désignation du lieu, du jour et de l'heure de l'audience ;

« 6° L'avertissement à la personne assignée de comparaître en personne, ou, dans les cas déterminés par la loi, par l'intermédiaire d'un mandataire spécial, de faire présenter à la même audience ses témoins et d'administrer toutes autres preuves pour sa disculpation ;

« 7° La mention de l'ordonnance de renvoi de l'affaire au préteur, dans tous les cas où ce renvoi a eu lieu.

« L'exploit d'assignation est signé par l'huissier. »

« **346.** — Quand le préteur procède, à l'occasion d'un délit, en vertu du renvoi prévu en l'article 252, et si les circonstances qui diminuent la peine, circonstances admises dans l'ordonnance de renvoi, ne résultent pas du débat, il doit retenir la cause et peut doubler la mesure de la peine, relativement à laquelle le préteur est compétent.

« Et si des circonstances nouvelles il résulte que le fait constitue un délit différent et qui excède la compétence du préteur, on observe les règles énoncées à l'article précédent.

« Si le renvoi a lieu, à raison de contraventions prévues par des lois spéciales, dans l'un et l'autre cas indiqués en cet article, on observe les règles du paragraphe 2 de l'article précédent. »

« **353.** — Peuvent relever appel devant les tribunaux *pénaux (penali)* envers les sentences émanées des préteurs :

« 1° L'inculpé, quand il s'agit de délits, ou de contraventions relativement auxquelles est infligée la peine de l'arrêt ou celle de l'amende fixée à une somme supérieure à cent cinquante livres, ou bien la suspension de l'exercice d'une profession ou d'un métier pendant une durée supérieure à un mois ;

« 2° Le ministère public près le préteur, quand il s'agit de délits, ou en ce qui concerne des contraventions, lorsqu'a été requise l'une des peines susdites, et que l'inculpé a été acquitté, même si la sentence déclare qu'il n'y a lieu à poursuite.

«La même faculté est accordée au ministère public près le tribunal d'appel, nonobstant le silence ou l'acquiescement du ministère public près le préteur;

«3° La partie civile et l'inculpé, en ce qui touche la détermination des dommages, toute les fois que la demande excède trente livres.

«La disposition de l'article 400 s'applique à l'appel des sentences préparatoires ou interlocutoires des préteurs. »

«**399.** — La faculté de relever appel appartient :

«1° Au condamné, excepté lorsqu'il s'agit de délits à raison desquels la loi édicte une peine pécuniaire n'excédant pas mille livres, y compris la valeur des objets confisqués, et non accompagnée d'une autre peine;

«2° Au ministère public près le tribunal, dans les limites déterminées au numéro précédent.

«La même faculté est dévolue au ministère public près la Cour qui doit connaître de l'appel, nonobstant le silence du procureur du Roi ou son acquiescement à l'exécution de la sentence;

«3° A la partie civile et à l'inculpé, en ce qui touche la détermination des dommages, toutes les fois que la demande excède quinze cents livres.

«L'appel est cependant recevable, quoique la somme demandée à titre de dommage soit inférieure à quinze cents livres, toutes les fois qu'il y a appel, quant à l'action pénale, de la part du ministère public ou de l'inculpé.»

«**419.** — Si la Cour reconnaît que le fait imputé constitue un délit de la compétence de la Cour d'assises, elle le déclare et elle transmet les pièces à la Cour de cassation, toutes les fois que le tribunal a statué sur ordonnance ou sentence de renvoi, et que la déclaration d'incompétence est fondée sur la qualification différente de l'infraction.

«La Cour de cassation résout la question de compétence, en réglant le conflit.

«Si le tribunal a statué sur citation directe, ou si la déclaration d'incompétence a été motivée par des circonstances nouvelles, constatées au cours des débats devant le tribunal ou la Cour, la sentence est annulée et il est ordonné qu'il sera procédé dans les formes ordinaires.

«Si l'appel a été interjeté seulement par l'inculpé, la peine ne peut être augmentée. Il en est de même par rapport aux autres personnes qui ont concouru à l'infraction, encore qu'elles n'aient pas relevé appel, en conformité de l'article 403.

« Dans tous les autres cas prévus aux articles 365, 366 et 367, on observe les dispositions énoncées aux mêmes articles.

« Contre les sentences rendues par défaut, en appel, l'opposition n'est pas admise, sous la réserve, s'il y a lieu, du pourvoi en cassation. »

« **423.** — Une fois accomplie la notification prescrite à l'article précédent, les pièces de la procédure sont déposées au greffe de la Cour d'appel et y restent huit jours.

« Durant ce délai, il est permis à la partie civile ou à l'inculpé, lorsqu'il est détenu, de faire prendre connaissance de ces pièces par un avocat admis à l'exercice de sa profession près la Cour d'appel et de présenter tels mémoires jugés utiles.

« Le même droit appartient à l'individu inculpé d'un délit, à raison duquel la loi édicte l'une des peines énoncées dans la première partie de l'article 182, lorsqu'il n'est pas détenu, mais est présent au jugement.

« L'individu inculpé d'un délit, à raison duquel la loi édicte une peine restrictive de la liberté personnelle non inférieure, au minimum, à trois ans, s'il a obtenu la liberté provisoire ou s'il a été l'objet d'un mandat de comparution, n'est pas admis à faire prendre connaissance, dans ledit délai de huit jours, des pièces de la procédure, s'il ne s'est préalablement constitué prisonnier; auquel cas le ministère public avise aux mesures nécessaires.

« Si l'inculpé d'un délit à raison duquel la loi édicte la peine énoncée au précédent paragraphe se présente dans l'affaire, mais ne s'est pas, comme il est dit ci-dessus, constitué prisonnier, ou si l'inculpé n'est pas présent, il n'a pas le droit de faire prendre connaissance des pièces de la procédure, et il peut seulement produire les mémoires qu'il croit utiles à sa défense.

« L'avocat qui se présente pour prendre communication des pièces de la procédure doit justifier au greffier de la Cour d'appel qu'il en est chargé, en vertu d'une déclaration authentique de la partie civile ou de l'inculpé. Si l'inculpé est détenu, il suffit d'une déclaration signée par lui et certifiée sincère par le fonctionnaire préposé à la direction de la prison ou par le syndic, ou, si l'inculpé ne sait pas écrire, tient lieu de sa déclaration une attestation émanée dudit directeur et de laquelle il résulte que le détenu lui a fait connaître le choix de l'avocat, par lui désigné [1]. »

_____

[1] Cette prescription du Code ne serait pas compatible, notamment en France, avec la confiance inhérente, suivant les traditions judiciaires, à la déclaration d'un avocat inscrit au tableau de l'ordre.

«**431**. — En dehors du cas prévu en l'article précédent, la section examine s'il existe contre l'inculpé des preuves ou indices d'un délit de la compétence de la Cour d'assises, et si les preuves ou indices sont suffisamment graves pour motiver la mise en accusation. »

«**437**. — S'il s'agit d'un délit de la compétence de la Cour d'assises, et si la section découvre des preuves ou indices suffisants de culpabilité, elle prononce la mise en accusation et ordonne le renvoi de l'inculpé devant ladite Cour.

«Dans ce cas, s'il s'agit d'un délit à raison duquel la loi édicte l'*ergastolo* ou une autre peine restrictive de la liberté personnelle, non inférieure, au minimum, à trois ans, la section décerne une ordonnance de prise de corps.

«L'ordonnance de prise de corps énonce les nom et prénoms, l'âge, le lieu de naissance, la résidence, le domicile ou la demeure et la profession de l'accusé. Elle contient, en outre, à peine de nullité, l'exposé sommaire et la qualification légale du fait, objet de l'accusation, et l'indication de l'article de la loi relatif à l'infraction.

«L'ordonnance de prise de corps est insérée dans la sentence de mise en accusation.

«Cette sentence contient aussi l'ordre de transférer l'accusé dans les prisons judiciaires de la ville où il doit être jugé. »

«**438**. — Quand la section prononce la mise en accusation, à raison d'un délit, relativement auquel la loi édicte l'une des peines énoncées dans la première partie de l'article 182, sans qu'un mandat de capture ait été décerné, ou bien si l'accusé a été temporairement incarcéré ou admis à la liberté provisoire, la sentence de mise en accusation renferme l'ordre à l'accusé de comparaître devant le président de la Cour ou le magistrat qui le remplace, dans le délai de cinq jours, outre un jour par trois myriamètres de distance. »

«**439**. — Quand l'accusé d'un délit à raison duquel la loi édicte une peine restrictive de la liberté personnelle, non inférieure, au minimum, à trois ans, a été admis à la liberté provisoire, ou s'il a été décerné contre lui un mandat de comparution, la section d'accusation, en même temps que l'ordonnance de prise de corps, rend une autre ordonnance qui enjoint à l'accusé de se constituer prisonnier dans le délai de vingt-quatre heures.

«Cette dernière ordonnance contient les indications prescrites au paragraphe de l'article 437; elle est immédiatement notifiée, avant la signification de la sentence de la mise en accusation, à l'accusé et à son fidéjusseur, dans les formes déterminées aux articles 377 et 380. Passé le délai de vingt-quatre heures à partir de la notification, l'ordonnance de prise de corps est exécutée, et il y a lieu, en outre, si l'accusé a été admis à la liberté provisoire, à l'application des dispositions des articles 224 et suivants. L'ordonnance mentionnée à l'article 224 est rendue par un conseiller de la section de mise en accusation, en délégation de ladite section, et l'ordonnance de confirmation ou de révocation, prescrite à l'article 225, est rendue par la section. »

« 442. — Dans tout les cas où l'accusé est renvoyé devant la Cour, le procureur général est tenu de rédiger l'acte d'accusation.

« Cet acte expose :

« 1° La nature de l'infraction, objet de l'accusation ;

« 2° Le fait et toutes les circonstances qui peuvent faire aggraver ou diminuer la peine.

« Cet acte nomme et désigne clairement l'accusé.

« Ledit acte se termine par un résumé ainsi conçu :

« En conséquence, N. N. est accusé de (on indique le fait ou les faits qui constituent les éléments matériels ou moraux de l'infraction, sans leur appliquer aucune dénomination juridique). »

« 453. — La citation directe devant la Cour d'assises peut avoir lieu seulement à raison des délits mentionnés au n° 3 de l'article 9 du présent Code, aux termes de l'article 62 de la loi du 26 mars 1848.

« En dehors de ce cas, on procède, quant à la mise en accusation, comme il est dit au chapitre précédent. »

« 496. — Si l'accusé a moins de quatorze ans, ou si, s'agissant d'un délit de presse, il a moins de seize ans, ou bien s'il est sourd-muet, le président pose la question suivante :

« L'accusé a-t-il agi avec discernement ? »

« 497. — Le président avertit les jurés que, s'il est admis à la majorité des voix qu'il existe, en faveur d'un ou plusieurs accusés, des circonstances atténuantes, ils doivent le déclarer relativement à chaque chef d'accusation, en ces termes :

« Il existe des circonstances atténuantes en faveur de l'accusé N. N. »

« Les parties ont le droit de demander que les questions soient posées autrement que ne les a formulées le président.

« Si le président n'accueille pas la demande des parties, la Cour délibère, aux termes du n° 4 de l'article 281. »

«**515.** — Si le fait dont l'accusé est déclaré coupable ou convaincu ne constitue pas une infraction, aux termes de la loi pénale, ou bien si le verdict du jury a été négatif sur la question énoncée à l'article 496, la Cour décide que le fait ne motive aucune répression, sauf, lorsqu'il y a lieu, à l'application de la première partie de l'article 54 du Code pénal, quant au mineur de quatorze ans, et de la première partie de l'article 58, quant au sourd-muet.

«Pareillement la Cour prononce qu'il n'y a pas lieu à répression, si l'action pénale est prescrite, ou éteinte d'une autre manière. »

«**520.** — Si la nouvelle inculpation n'emporte ni augmentation de peine, ni application d'une peine d'un degré supérieur, ni l'adjonction de l'interdiction perpétuelle des fonctions publiques, ou d'une peine pécuniaire, mais s'il est établi que l'accusé a des complices, la Cour prononce, comme il est énoncé ci-dessus, sur le fait, objet de l'accusation, et ordonne, quant à la nouvelle inculpation, qu'il soit procédé contre les complices, sauf toutefois le droit, pour la partie lésée, d'agir, par la voie civile, contre le condamné en remboursement des dommages.»

«**564.** — L'officier de justice qui, aux termes de l'article 116, doit avertir le plaignant du droit qui lui appartient de faire rémission, et des termes dans lesquels cette rémission peut être accordée, doit aussi l'informer qu'en persistant dans sa plainte, il est tenu, au cas où l'on déclare qu'il n'y a pas lieu à suivre, ou si l'inculpé est acquitté, à rembourser les frais exposés par le Trésor.»

«**586.** — L'exécution des sentences de condamnation à une peine restrictive de la liberté personnelle, sentences qui ont acquis l'autorité de la chose jugée, est suspendue, si le condamné se trouve en état de démence ou de maladie grave. »

«**594.** — Quand le condamné n'effectue pas le payement de l'amende (*multa* ou *ammenda*), s'il est insolvable, il y a lieu à l'application de la peine subsidiaire, aux termes des articles 19 et 24 du Code pénal, même lorsque dans la sentence de condamnation il est omis de faire mention de la peine subsidiaire.

«A cet effet, le ministère public près la Cour ou le tribunal, ou près le même préteur qui a rendu la sentence, adresse au commandant des carabiniers royaux une réquisition aux fins d'arrestation du condammé, aussitôt qu'il a reçu de l'administration chargée du recouvrement des amendes les documents établissant l'insolvabilité du condamné.»

«**600.** — La sentence dont il est fait mention à l'article précédent, sauf le cas prévu au paragraphe de l'article 544, est aussi exécutoire en ce qui concerne le remboursement des dommages, à l'expiration du délai de trente jours à partir de la notification au condamné et suivant les formes réglées aux articles 573 à 583 du présent Code. Il en est de même relativement aux conséquences civiles précisées au Code pénal, sauf ce qui est prescrit aux deux derniers paragraphes de l'article 543 et à l'article 544 du présent Code. »

« 603. — Les ascendants peuvent, relativement aux offenses qu'ils subissent de la part de leurs descendants ou alliés en ligne directe, alors même qu'ils constituent une infraction qui relève de l'action publique, faire rémission de la moitié de la peine restrictive de la liberté personnelle non supérieure à cinq ans, ou de la peine pécuniaire prononcée contre lesdits descendants. La même faculté est accordée à l'époux relativement aux offenses de la même nature dont l'autre époux s'est rendu coupable, sauf les dispositions de l'article 358 du Code pénal.

« Toute demande dans ce but est présentée au préteur, au tribunal ou à la Cour qui a prononcé la condamnation; il est statué, sur les conclusions du ministère public, en chambre du conseil. »

« 635. — Si la défense des prévenus ou accusés a été abandonnée, la Cour ou le tribunal peut, suivant les cas, et par voie disciplinaire, admonester les défenseurs désignés, et, au cas de récidive, prononcer contre eux la suspension de l'exercice de leurs fonctions, pendant quinze jours au moins et trois mois au plus, sans préjudice du remboursement des frais occasionnés par le retard advenu.

« Les mêmes mesures disciplinaires peuvent être prises contre les avocats ou les procureurs qui, dans leurs discours ou leurs actes, ont manqué au respect dû à la dignité des juges, ou de quelque autre manière se sont rendus répréhensibles dans l'exercice de leur ministère, sous réserve des dispositions de l'article 398 du Code pénal et sauf à procéder suivant les formes ordinaires, si les manquements constituent une infraction spéciale.

« Au cas de suspension prononcée par le tribunal, le président en informe la Cour d'appel. »

« 803. — L'autorité et les officiers susmentionnés, sur l'avis qu'ils reçoivent ou à la nouvelle qui leur parvient, de toute autre manière, d'un acte arbitraire, de la nature des infractions prévues aux articles 145 et suivants du Code pénal, doivent se transporter immédiatement sur les lieux et faire remettre en liberté la personne détenue ou séquestrée, ou si quelque motif légal de détention est allégué, la faire traduire sur-le-champ devant le juge compétent.

« Ils dressent du tout procès-verbal. »

«**809.** — Aucun gardien de prison ne peut, sous peine d'application de l'article 150 du Code pénal, recevoir ni retenir quelque personne que ce soit, sinon en vertu d'un mandat de capture, ou d'une sentence de renvoi devant la Cour, ou d'une sentence de condamnation à une peine restrictive de la liberté personnelle autre que le confinement, ou bien encore en exécution d'un ordre écrit d'une autorité légitime[1]. »

«**830.** — L'amnistie est accordée par décret royal, sur la proposition du Ministre de grâce et de justice, le Conseil des ministres entendu.

«Si le décret d'amnistie n'impose pas de conditions ou d'obligations à l'inculpé, à l'accusé ou au condamné, pour être admis à en bénéficier, ce décret produit, de plein droit, son effet. Lorsque l'amnistie n'a pas été appliquée par le juge, durant l'instruction lors de la sentence, ou bien quand l'amnistie fait cesser l'exécution de la condamnation, le procureur général près la Cour d'appel dans le ressort de laquelle la décision aurait dû intervenir ou qui renferme la juridiction par laquelle la condamnation a été rendue, provoque d'office la déclaration d'admission au bénéfice de l'amnistie et l'ordre d'élargissement des détenus. La section d'accusation statue sur ses réquisitions.

«Lorsque des pièces il ne résulte pas encore suffisamment que l'infraction, objet de la procédure, est comprise dans l'amnistie, on suspend la décision jusqu'à ce que la qualification soit suffisamment constatée par les pièces du dossier.

«Si l'infraction est de la compétence des tribunaux *pénaux* (*penali*) ou des préteurs, le procureur général doit transmettre aussitôt au procureur du Roi ou au préteur copie de la déclaration d'admission au bénéfice de l'amnistie et de l'ordre d'élargissement, émané de la section d'accusation.

«L'inculpé, l'accusé ou le condamné, qui prétend avoir droit à bénéficier de l'amnistie et à l'égard duquel le procureur général n'a pas formulé d'office des réquisitions, peut, dans les six mois de la publication du décret royal, recourir, pour obtenir ladite déclaration, à la section d'accusation, qui statue immédiatement sur le recours, le ministère public entendu.

«Si le décret d'amnistie impose des conditions ou obligations pour l'admission, ceux qui entendent en bénéficier doivent, dans le délai imparti par le décret royal, ou, à défaut d'indication, dans les six mois de la publication, recourir à la section d'accusation, dans le ressort de laquelle la cause aurait dû être ou a été jugée, pour obtenir la déclaration d'admission. La section statue, le ministère public entendu.

[1] L'indication n'est pas assez nette; pour prévenir l'arbitraire, elle ne saurait être jamais, en pareil cas, trop précise.

«Dans les cas prévus aux deux paragraphes précédents, si l'infraction est de la compétence des tribunaux ou des préteurs, ceux qui ont formé le recours doivent produire devant l'une ou l'autre de ces juridictions, dans le délai de deux mois, la déclaration obtenue de la section d'accusation.»

«832. — Le recours formé dans le but de bénéficier de l'amnistie ne suspend pas le cours de la procédure déjà commencée, quand des pièces de la procédure ne résulte pas encore suffisamment que l'infraction est comprise dans ladite amnistie; dans ce cas, le recours est joint aux actes de la procédure, en vue de la décision à intervenir ultérieurement dans l'affaire.

«Si la qualification est suffisamment indiquée, en l'état des actes, il est immédiatement statué sur le recours.»

«846. — La réhabilitation produit son effet, à dater du jour où la Cour qui a prononcé la sentence en a fait donner lecture, en audience publique, aux termes du paragraphe de l'article 844.»

ART. 29.

Les dispositions du Code de procédure pénale concernant les délits de la compétence des tribunaux *pénaux* (*penali*) s'appliquent également en ce qui touche les contraventions de la compétence des mêmes tribunaux.

ART. 30.

Pour l'application des dispositions contenues au titre X, livre II du Code de procédure pénale, par l'expression «matière criminelle», on entend matière de la compétence de la Cour d'assises; par celle de «matière correctionnelle et de police», on entend matière de la compétence des tribunaux *pénaux* (*penali*) et du préteur.

ART. 31.

Sont abrogés les articles 22, 23, 25, 119, le paragraphe de l'article 205, et les articles 396, 440, 587, 588, 589, 650, 785, 786, 833, 834, 835, 836 et 847 du Code de procédure pénale.

ART. 32.

Les dispositions des articles 5 et 6 de la loi du 8 juin 1874, n° 1937 (2ᵉ série), sont modifiées comme suit :

«Art. 5. Sont exclus des fonctions de juré :

«1° Ceux qui ont été condamnés à une peine emportant l'interdiction des fonctions de juré ou bien auxquels cette interdiction a été infligée par une sentence;

« 2° Ceux qui ont été condamnés à raison d'un délit par rapport auquel la loi édicte la peine de l'interdiction perpétuelle des fonctions publiques, de l'*ergastolo,* ou une autre peine restrictive de la liberté personnelle non inférieure, au minimum, à trois ans, quoique par l'effet de circonstances d'excuse une peine de moindre durée ait été infligée;

« 3° Ceux qui ont été condamnés à raison de fausse monnaie, ou de faux, en matière de papiers de crédit public, de falsifications de sceaux, de timbres publics et de leurs empreintes, de faux en écritures, ou dans des passeports, licences, certificats, attestations et déclarations, de simulation d'infraction, calomnie et faux en justice, d'instigation à commettre des délits, d'associations en vue de les perpétrer, suivant les prévisions de l'article 248 du Code pénal, de violence privée et des menaces prévues aux articles 154 et 156 du Code pénal; de mendicité, oisiveté, vagabondage [1]; de vol, rapine, extorsion, escroquerie, appropriation indue, recel de choses volées, péculat, concussion, corruption, contrebande; d'outrage à la pudeur, corruption de mineurs, violence charnelle, proxénétisme, actes violents de débauche; d'outrage, violence ou menace envers des juges ou des jurés. »

« Art. 6. Ne peuvent être appelés à remplir les fonctions de juré :

« 1° Ceux qui sont en état d'accusation ou de contumace, ou sous le coup d'un mandat de capture, ou ceux contre lesquels, à raison de l'une des infractions prévues à l'article précédent, un mandat de comparution a été décerné;

« 2° Ceux qui, ayant été acquittés de la prévention de l'un des délits indiqués à l'article précédent, ou ayant bénéficié d'une ordonnance de non-lieu, n'ont pas obtenu et ne peuvent obtenir, aux termes du Code de procédure pénale, que l'énoncé de la prévention soit effacé des registres *pénaux (penali)*;

« 3° Les officiers publics et fonctionnaires civils et militaires, les employés des provinces et des communes ou d'autres institutions publiques, renvoyés ou destitués de leurs charges, quand le renvoi ou la destitution a été motivée par une cause que l'assemblée organisée aux termes de l'article 18 a reconnue déshonorante;

« 4° Les avocats et procureurs exclus de l'exercice de leur profession;

[1] Disposition relative au passé; car le délit de vagabondage n'est pas visé dans le Code pénal du 30 juin 1889.

« 5° Les oisifs, les vagabonds, les mendiants et les individus soumis à la surveillance spéciale de l'autorité de sûreté publique. »

ART. 33.

Les dispositions de l'article 1ᵉʳ du décret royal du 6 décembre 1865, n° 2644, sur le casier judiciaire, sont modifiées comme suit :

« ARTICLE PREMIER. Il est établi dans tout tribunal *pénal.*(*penale*) un *casier judiciaire,* dans lequel sont conservés, en extraits, en vue des vérifications et attestations nécessaires, toutes les décisions successives devenues irrévocables, concernant des personnes nées sur le territoire soumis à la juridiction de ce tribunal :

« 1° Les sentences par lesquelles un prévenu est déclaré coupable de délit ou de contravention, sans distinguer si elles émanent de juridictions *pénales* ordinaires, militaires ou maritimes, pourvu que l'infraction soit prévue dans le Code pénal commun et sans distinguer davantage si elles ont été rendues contradictoirement ou par défaut, à l'exception seulement, dans ce dernier cas, de celles émanées des tribunaux ou des préteurs et auxquelles il a été fait opposition ;

« 2° Les ordonnances et sentences de non-lieu, sauf celles qui ont été rendues, motif pris de ce que le fait n'était pas prouvé ou ne constituait pas une infraction, et celles à l'occasion desquelles a été prononcée la décision mentionnée en l'article 604 du Code de procédure pénale ;

« 3° Les décisions contre les mineurs et sourds-muets qui ont commis sans discernement un délit ;

« 4° Les décrets de pardon, de diminution ou commutation de peine par grâce souveraine, et aussi ceux d'amnistie et d'*indult,* quand il en est fait application à une personne déterminée ;

« 5° Les décrets de réhabilitation obtenus par les condamnés.

« Les bulletins de condamnation ne doivent pas mentionner les peines prononcées à raison de contraventions, si ce n'est quand ils sont rédigés à la requête de l'autorité publique [1]. »

---

[1] Le *casier judiciaire* est une institution éminemment utile à la justice criminelle. Loin d'en restreindre l'organisation, le présent décret l'étend. Toutefois la restriction énoncée au dernier alinéa de l'art. 1, ci-dessus, du décret du 6 décembre 1865 devrait s'appliquer aussi aux décisions indiquées sous les

ART. 34.

Les bulletins relatifs aux condamnations prononcées à raison de contraventions doivent être retirés du casier, à l'expiration de la cinquième année, à partir de la date à laquelle la peine a été subie ou la condamnation a été éteinte.

ART. 35.

Le procureur du Roi, d'office, ou à la requête de qui y a intérêt, procède au retrait du casier du bulletin concernant les sentences ou ordonnances, prononcées à raison d'un fait qui, aux termes d'une loi postérieure, ne constitue plus une infraction.

Si le procureur du Roi n'ordonne pas le retrait du bulletin, celui qui a demandé le retrait peut recourir aux autorités indiquées à l'article 604 du Code de procédure pénale, pour être statué suivant les règles y énoncées [1].

CHAPITRE III.

DISPOSITIONS TRANSITOIRES.

ART. 36.

Pour l'exécution des condamnations aux peines non admises dans le Code pénal on observe les règles suivantes :

1° La peine de mort et celle des travaux forcés à vie suivant le Code pénal de 1859, et la peine de *l'ergastolo*, suivant le Code pénal toscan, sont commuées en celle de *l'ergastolo*, telle qu'elle est édictée dans le nouveau Code ;

2° Les peines des travaux forcés à temps et de la reclusion, suivant le Code

---

n°⁵ 2 et 3 dudit article. Non à toute autorité, mais au ministère public *seul* devraient être délivrés des bulletins constatant ces décisions. Il devrait être formellement reconnu que, sauf en ce qui concerne l'action du ministère public, des bulletins ne pourraient être délivrés, avec la restriction qui précède, qu'aux *seules* personnes auxquelles ces bulletins s'appliquent. Voir le rapport de M. Bonneville de Marsangy, et la discussion, *Bulletin de la Société générale des prisons*, 11ᵉ année, 1887, p. 300 et s.

[1] La faculté de recours et les garanties qui en découlent tendent très heureusement à faire du *casier* une institution, non de simple administration judiciaire, mais de justice proprement dite.

de 1859, et de la maison de force, suivant le Code toscan, sont commuées en la peine de la reclusion, telle que l'édicte le nouveau Code.

Les condamnés à la relégation et à la prison, suivant le Code de 1859 et le Code toscan, continuent à subir ces peines conformément aux règles édictées par ces Codes.

Dans l'exécution de la peine substituée aux travaux forcés et à la reclusion, on n'applique pas l'isolement cellulaire continu.

Par décret royal, sur la proposition des Ministres de la justice et de l'intérieur, sont déterminées les règles suivant lesquelles, dans l'exécution des peines substituées, peuvent être appliquées les dispositions afférentes à l'admission dans les établissements pénitentiaires agricoles ou industriels et à la libération conditionnelle.

ART. 37.

Quand, aux termes de l'article 2 du nouveau Code, on doit prononcer une peine qui n'y est pas admise, le juge applique celle qui y correspond, suivant les dispositions de l'article 22, en observant les prescriptions des paragraphes 1 et 2 de l'article précédent.

ART. 38.

Jusqu'à ce que les établissements pénitentiaires soient organisés suivant le système du nouveau Code, les peines sont subies dans les établissements actuels, suivant les règles aujourd'hui en vigueur, si elles n'ont pas été modifiées par décret royal, sur la proposition des Ministres de la justice et de l'intérieur.

ART. 39.

Les peines perpétuelles prononcées conformément aux lois antérieures au nouveau Code, à raison de délits, à l'égard desquels, en tenant compte du fait qualifié par la sentence, ce Code édicte une peine temporaire, sont commuées en reclusion d'une durée de vingt-quatre ans.

Si la peine perpétuelle a été appliquée par suite d'admission de circonstances atténuantes, elle est commuée en reclusion d'une durée de trente ans.

A la peine substituée dans les deux cas susindiqués est ajoutée la surveillance spéciale de l'autorité de sûreté publique pendant trois ans.

La commutation est ordonnée, à la requête du ministère public ou de l'intéressé, par la section d'accusation de la Cour d'appel du ressort où a été prononcée la condamnation.

ART. 4o.

Quant à la conversion en peines restrictives de la liberté personnelle, des peines pécuniaires, prononcées avant le 1ᵉʳ janvier 1890, on applique les dispositions des articles 19 et 24 du nouveau Code.

ART. 41.

Les dispositions du nouveau Code concernant l'interdiction des fonctions publiques, la suspension de l'exercice d'une profession ou d'un métier, ou toute autre incapacité, à titre de peine ou de conséquence pénale d'une condamnation, et les prescriptions relatives à la surveillance spéciale de l'autorité de sûreté publique, sont applicables aux condamnations prononcées d'après les lois antérieures, en tant qu'elles sont plus favorables au condamné.

ART. 42.

Lorsque les dispositions du nouveau Code, relatives à la prescription de l'action pénale et des condamnations, diffèrent des prescriptions édictées par les lois antérieures, on applique les plus favorables.

Les actes interruptifs de la prescription, accomplis sous la loi antérieure, conservent leur effet sous la loi nouvelle, alors même que celle-ci ne les reconnaît pas comme interruptifs.

Quand, par rapport à une infraction, la loi antérieure détermine un délai de prescription plus long, sans admettre des actes interruptifs de la prescription, pendant que le nouveau Code fixe un délai plus court, mais comportant des actes interruptifs, on applique le délai déterminé par la loi antérieure, toutes les fois que la part de ce délai qui reste à courir est plus courte que le délai fixé dans le nouveau Code, à partir de sa mise en vigueur.

ART. 43.

Relativement aux infractions commises antérieurement au 1ᵉʳ janvier 1890, on ne peut procéder d'office :

1° Si, d'après la loi du temps de la perpétration, la plainte de la partie était nécessaire;

2° Si la plainte de la partie, quoique non exigée par la loi antérieure, est devenue nécessaire d'après le nouveau Code.

Si le nouveau Code édicte un délai pour former une plainte, ce délai court à partir de la mise en vigueur de ce Code. Lorsque le Code n'édicte pas ce délai et qu'une procédure est en cours, cette procédure ne peut être continuée que si, dans les six mois à partir de la mise en vigueur du nouveau Code, la plainte n'est pas formée.

ART. 44.

Les affaires pénales, dans lesquelles, antérieurement au 1er janvier 1890, a été lancé un ordre de citation à l'audience, ou a été prononcée soit une sentence, soit une ordonnance de renvoi pour jugement, sont débattues devant l'autorité judiciaire compétente, suivant les règles des articles 9, 10 et 11 du Code de procédure pénale, modifiés par le présent décret.

A ces fins, le ministère public provoque du juge d'instruction, de la chambre du conseil ou de la section d'accusation une nouvelle décision, en vue du renvoi de l'inculpé devant le préteur, le tribunal ou la Cour ayant compétence.

ART. 45.

Dans les débats *pénaux* (*penali*) déjà commencés et dans les affaires pendantes, par suite d'opposition ou d'appel, au 1er janvier 1890, la compétence est réglée suivant la loi antérieure.

Nous ordonnons que le présent décret, revêtu du sceau de l'État, soit inséré dans le recueil officiel des lois et des décrets du royaume d'Italie, mandant à qui il appartient de l'observer et de le faire observer.

Donné à Rome, aujourd'hui 1er décembre 1889.

Signé : HUMBERT.

Enregistré à la Cour des comptes,

aujourd'hui 1er décembre 1889.

Registre 171, actes du Gouvernement a f 96.

Signé : Mandillo.　　　　　　　　Signé : G. Zanardelli.

(Empreinte du sceau.)

Vu : le Garde des sceaux,

Signé : G. Zanardelli.

TABLE ANALYTIQUE DES MATIÈRES.

A

B

C

D

E

F

G

H

I

J

L

M

N

O

P

Q

R

S

T

U

V

ERRATA.

Page xxxii, au lieu de : *xxxii*, lire *xxxiii*.

Page xliii, 17ᵉ ligne, au lieu de : *et suivant le*, lire *ou suivant. le*.

Page xlix, 7ᵉ ligne, au lieu de : *.cquittés*, lire *acquittés*.

Page lxxxiv, au lieu de : *xxxiv*, lire *lxxxiv*.

Page 10, note sous l'art. 11, 2ᵉ col., 10ᵉ ligne, au lieu de : *Appenzell-Rhodes intérieurs*, lire *Appenzell-Rhodes intérieures*.

Page 54, 1ʳᵉ ligne, au lieu de : *édicte a*, lire *édicte la*.

Page 114, note sous les art. 226 à 234, 1ʳᵉ col., 3ᵉ ligne, au lieu de : *fugitive offenders act*, lire *fugitive offender's act*.

Page 126, note sous les art. 256 à 263, 2ᵉ col., 2ᵉ ligne, au lieu de : *dans le pays des monnaies*, lire *dans le pays, des monnaies*.

Page 176, note sous les art. 390 à 392, 1ʳᵉ col., 10ᵉ ligne, au lieu de : *lésions coupables légères*, lire *lésions corporelles légères*.

Dans la traduction du Code, *passim*, au lieu de : *reclusion*, lire *réclusion*.

COLLECTION DES PRINCIPAUX CODES ÉTRANGERS.

VOLUMES PARUS :

Code d'instruction criminelle autrichien de 1873, traduit et annoté par MM. Ed. Bertrand et Ch. Lyon-Caen, 1 vol. in-8°, 1875 (*épuisé*).

Code de commerce allemand de 1869 et loi allemande sur le change, traduits et annotés par MM. P. Gide, Ch. Lyon-Caen, J. Flach et J. Dietz, 1 vol. in-8°, 1881.

Code pénal des Pays-Bas de 1881, traduit et annoté par M. Willem-Joan Wintgens, 1 vol. in-8°, 1884.

Code de procédure pénale allemand de 1877, traduit et annoté par M. F. Daguin, 1 vol. in-8°, 1884.

Code d'organisation judiciaire allemand de 1877, traduit et annoté par M. L. Dubarle, 2 vol. in-8°, 1885.

Chartes coloniales et constitutions des États-Unis de l'Amérique du Nord, par M. A. Gourd, tomes I et II, 2 vol. in-8° parus, 1885.

Code pénal hongrois des crimes et des délits de 1878 et Code pénal hongrois des contraventions de 1879, traduits et annotés par MM. P. Dareste et C. Martinet, 1 vol. in-8°, 1885.

Code de procédure civile allemand de 1877, traduit et annoté par MM. E. Glasson, E. Lederlin et F.-R. Dareste, 1 vol. in-8°, 1887.

Loi anglaise de 1883 sur la faillite, traduite et annotée par M. Ch. Lyon-Caen, 1 vol. in-8°, 1888.

Code de commerce portugais de 1888, traduit et annoté par M. E. Lehr, 1 vol. in-8°, 1889.

Lois françaises et étrangères sur la propriété littéraire et artistique, recueillies par MM. Ch. Lyon-Caen et P. Delalain, 2 vol. in-8°, 1889.

Code pénal italien de 1889, traduit, annoté et précédé d'une introduction par M. J. Lacointa, 1 vol. in-8°, 1890.

SOUS PRESSE :

Loi d'organisation judiciaire de l'empire de Russie.

Recueil de Kânoun kabyles.

Code civil du canton de Zurich de 1887.

EN PRÉPARATION :

Code de commerce autrichien de 1863.

Code civil portugais de 1867.

Code civil de la République Argentine de 1871.

Code de commerce hongrois de 1876 et loi sur le change de 1877.

Code des faillites de l'empire d'Allemagne de 1877.

Code pénal et Code de procédure pénale de l'État de New-York de 1881 et 1882.

Code de commerce italien de 1882.

Code civil du Monténégro de 1888.

Chartes coloniales et constitutions des États-Unis de l'Amérique du Nord, tome III.

PARIS,

Chez F. PICHON, libraire du Conseil d'État,

RUE SOUFFLOT, 24.